TV뉴스의 이해

시민저널리스트시대의 필독서

양 영 철

한림대학교

목 차

제 5장 방송뉴스의 취재, 기사작성, 리포트

제 6장 방송뉴스 현장의 윤리

제 7장 뉴미디어 시대의 방송

제 8장 시청자가 뉴스를 만드는 시대

머리말

한국은 하루도 조용할 날이 없을 정도로 큰 사건이 자주 터지는 나라입니다. 자고 일어나면 사람들이 깜짝 놀랄만한 사건들이 잇달아 터지고 있습니다. 가히 뉴스의 천국이라 불릴만합니다. 그래서 외국인들은 한국을 “country of morning surprise”라고 합니다.

또한 보수와 진보 세력 간에 이해관계가 첨예하게 맞닿아 있기 때문에 국가의 대소사를 놓고 항상 충돌하여 혼란한 사회를 이루고 있습니다. 여기에 언론까지 가세하여 갈등을 증폭시키고 있는 게 현실입니다.

어떤 사람들은 한국 사회가 아직도 안정되지 못하고 불안한 상태가 지속되고 있기 때문에 크고 작은 사건들이 잇달아 터진다고 말합니다. 또 어떤 사람들은 한국사회가 그 만큼 역동적인 즉, 다이내믹한 사회라고 의미를 부여하기도 합니다.

뉴스를 전달하는 미디어 환경도 급변하고 있습니다. 특히 방송에서는 멀티미디어, 다채널화, 디지털화 등 기술면에서 획기적인 발전이 이루어지고 있습니다. 미디어법 시행으로 독과점에 머물던 지상파 방송 시장도 경쟁 체제로 들어섰습니다. 또한 국경을 넘어오는 전파의 특성으로 인해 방송 사업에도 국제자본이 유입되면서 방송의 글로벌화가 진행되고 있습니다. 그 변화 속도는 가늠할 수 없을 정도여서 일반인은 물론 방송계 종사자조차도 따라잡기가 벅찰 정도입니다.

이렇듯 방송을 둘러싼 환경은 엄청난 지각변동을 일으키고 있습니다. 하지만 방송기술 등이 아무리 발달해도 중요한 것은 사람입니다. 방송은 기계가 하는 것이 아니고 사람이 하는 것이기 때문입니다.

우리 방송계의 가장 큰 취약점은 콘텐츠 분야에서 답보 상태를 면치 못하고 있다는 점입니다. ‘디지털’이라는 간판을 내세운 방송 기술의 발달이 약진을 거듭하고 있는데 반해 방송의 가장 핵심 요소인 소프트웨어 부문은 제자리걸음을 하고 있습니다. 특히 TV뉴스는 초창기 제작 방식에서 탈피하지 못한 채 구태의연한 제작방식을 답습하고 있는 실정입니다. 하드웨어가 아무리 발달해도 소프트웨어가 따라가지 못하면 방송의 선진화는 요원한 일일 것입니다.

오늘날 방송이 우리 사회에서 막중한 역할을 담당하고 있다고 볼 때 방송인들이 미디어 문화를 건전하게 이끌어나가는 일은 시대적 사명이라 할 수 있습니다. 미디어가 제대로 기능을 하면 사람들은 정치, 경제, 사회 등 각 분야에서 벌어지고 있는 일들을 공정하고 올바른 안목으로 바라볼 수 있기 때문입니다.

그런데 지금의 우리 언론은 오만과 독선의 울타리에 갇혀 지나친 자기주장만 난무한 나머지 건전한 미디어 문화를 이끌어가지 못하고 있습니다. 오히려 사실(Fact)을 오도(誤導)하는 측면도 없지 않습니다. 시청자와 독자들은 무엇을 믿어야할지 알 수 없어 혼란에 빠져들고 있습니다. 그 결과 방송 · 신문 등 기존 오프라인 언론은 신뢰를 잃었고 이런 틈새를 인터넷 등 경쟁매체가 파고들고 있습니다.

하루 단위로 기사를 마감하고 정리하는 방송언론 현장에서 언론의 정도(正道)를 논하는 것은 사치스러운 얘기일 수도 있습니다. 그러나 언론인은 어떤 상황에서도 언론의 원칙을 지켜나가야 하고 한시라도 저널리즘의 기본 정신을 잃어서는 안 됩니다.

하지만 이제 저널리즘 현장에서 물러나 강단에서 예비언론인들을 가르치는 입장에 선 필자가 오늘 날 한국 언론의 모습에 대해 느끼는 것은, 우리 사회에 정도를 걷는 언론이 별로 없다는 사실입니다.

이러한 언론 현실 속에서도 방송기자직에 대한 젊은이들의 선호도는 계속 높아져 온 것은 놀라운 사실입니다. 불과 몇 명 뽑는 방송사 기자 선발 시험에는 수 천 명이 몰려들고 있습니다. 방송 기자 지망생들은 꿈에 부풀어 방송사의 문을 두드리고 있습니다. 그러나 예비언론인들은 방송계가 차갑고 혹독한 자기성찰을 요구하는 세계라는 사실을 잘 알 수 없을 것입니다. 방송 현장에 대한 깊은 이해 없이 방송계에 발을 들여 놓는다면 자칫하면 언론인으로서의 자긍심을 지키기 어려울 뿐만 아니라 자신이 세웠던 순수했던 뜻에 회의감을 느끼고 크게 실망할 수도 있습니다.

이에 본서는 한국 저널리즘의 명(明)과 암(暗)을 짚어보고 특히 방송 언론에 대한 이해도를 높이고자 하는 취지에서 씌어졌습니다. 우선 뉴스에 대한 정의 및 뉴스의 실상에 대하여 언급하고 이어서 방송뉴스의 특성에 대해 소개했습니다. 다음으로 TV뉴스에서 가장 중요한 영상취재에 관해 소개하고 취재윤리 문제를 다루었습니다. 마지막으로 뉴미디어 시대에 맞추어 이에 관해 간략하게 언급했습니다.

또한 본서는 다음과 같은 취지로 집필하였음을 밝히며 방송기자 지망생, 방송 현업에 종사하는 후배들 그리고 시청자 여러분들께 TV뉴스를 이해하는데 다소나마 도움이 되기를 기대해 봅니다.

첫째, 방송기자 지망생들이 방송에 대한 이해를 통하여 진로에 대해 올바른 판단을 하고 확고한 기자관을 정립하는데 도움이 되기를 기대합니다.

둘째, 21세기를 살아가는 일반 대중들 즉, 시청자들의 방송뉴스에 대한 이해도를 향상시켜 방송의 품격이 향상되도록 하는데 도움이 되었으면 합니다.

셋째, 방송 현업에 종사하는 방송인들이 자신을 성찰하고 더욱 바람직한 정통 방송뉴스의 길을 모색하는데 도움이 되었으면 하는 바람입니다.

본서는 방송뉴스에 대한 정형화된 모든 것을 다루었다기 보다는 일반적으로 사람들이 흔히 접하면서도 뉴스에 대한 심층이해가 부족한 부분들을 발췌하여 다루었습니다. 이론이 충분히 뒷받침되지 못하고 필자 개인의 생각이 가미되어 객관성이 다소 부족한 점도 있으리라는 것을 덧붙이며 독자 여러분들의 고견으로 그 부족함을 채워주시기를 부탁드립니다.

끝으로 본서를 출간하는데 기획 단계에서부터 최종 마무리까지 힘써 준 아내 장인순에게 고마운 마음을 전합니다. 개정판을 출간하는데 수고를 아끼지 않은 한림대학교 출판부 김두헌 조교에게도 감사의 뜻을 전합니다.

2012. 9.

양 영 철

제 1 장

뉴스

제 1 장 뉴스

1. 뉴스란 무엇인가?

(1) 신선하고 중요도가 높은 공적 정보

텔레비전 뉴스를 보면 대통령의 발언이나 동향은 상당히 자세히 보도합니다. 그러나 일반인들은 웬만한 큰 사건과 관련되지 않고서는 뉴스에 나오지 않습니다. 또 미국 대통령은 뉴스에 자주 나오지만 제3세계의 대통령은 거의 볼 수 없지요. 이 지극히 당연한 사실 속에 뉴스가 무엇인지 알 수 있는 열쇠가 숨겨져 있습니다.

뉴스는 일반적으로 신선하고 중요도가 높은 정보를 말합니다. 한 개인이나 가족에게 신선하고 중요한 정보 혹은 놀랄 만한 정보는 그 가족 내에서는 뉴스가 될 수 있을 것입니다. 그러나 현대 사회에서 그런 것들을 뉴스라 부르기는 어렵습니다. 왜냐하면 그 정보가 다른 사람이나 다른 가족에게, 나아가서는 사회 전체에 똑같이 영향이나 충격을 준다고 할 수 없기 때문이지요. 한 개인이나 가족에게는 뉴스라 할 만한 가치 있는 정보라도, 사회 전체로서는 보도할 가치가 없는 경우가 대부분입니다.

사회의 대다수의 사람에게 가치 있는 신선한 정보, 그것이 뉴스의 자격이 있다 하겠지요. 일반인에 비해 대통령의 발언은 사람들의 생활에 많은 영향을 미치기 때문에 대통령의 발언이나 행동에 관한 정보는 전달할만한 가치가 있다고 판단하여 뉴스가 되는 것입니다. 또 미국 대통령은 제3세계의 지도

자보다 우리나라에 영향을 크게 미칩니다. 따라서 그의 발언이나 행동은 우리나라에서 비중 있는 뉴스가 되는 것이지요.

앞의 이야기를 바탕으로 뉴스의 특징을 간단히 정리해 보면 다음과 같습니다.

첫째, 뉴스는 사람들이 새롭게 인식하는 정보입니다. 대부분의 사람들이 이미 알고 있는 정보는 뉴스가 아닙니다.

둘째, 뉴스는 공적(公的)인 정보입니다. 뉴스는 개인이나 가족 등 사적(私的)인 영역에 머무는 정보가 아니고 사회를 향하여 발신하는 공적인 정보입니다.

셋째, 뉴스는 사람들의 관심을 끄는 정보 혹은 사람들이 자신의 이해관계가 걸렸다고 생각하는 정보입니다.

(2) 나쁜 소식이 많은 뉴스

저녁 식사 후 가족들이 거실에 모여 단란한 시간을 보내고 있다가 9시가 되어 뉴스를 보려고 채널을 돌리면 텔레비전 뉴스는 먼저 주요뉴스를 간략하게 소개한 다음, 앵커가 뉴스를 시작합니다.

"북한이 이명박 정부를 비난하며 서해상에서 도발 움직임을 보이고 있습니다."

"미국발 금융위기가 세계 경제를 불황속에 빠뜨리고 있습니다."

"경기도 화성에서 또 부녀자 납치사건이 발생했습니다."

마치 시청자들에게 겁이라도 주려는 듯 흥분된 기자들의 목소리와 함께 나쁜 소식 일색으로 뉴스가 터져 나옵니다.

가끔은 세계대회에서 우리 선수들이 좋은 성적을 거둔 기쁜 소식이나 인간승리 같은 성공담 그리고 이웃에게 온정을 베푼 사람들의 훈훈한 사연도 전해주지만 그런 경우는 흔치 않지요. 왜 이렇게 뉴스는 나쁜 소식이 많은 것일까요?

그것은 저널리스트들이 뉴스 가치를 판단하는 기준이 다음과 같기 때문입니다.

기자들이 뉴스 가치를 생각할 때 첫 번째로 생각하는 것은 돌발성입니다.

전쟁이나 자연재해, 대형사건 등 돌발적인 사건은 우선 시청자들에게 엄청난 충격을 줍니다. 자다가도 깜짝 놀라 일어날 만큼 충격적이고 중대한 사건을 큰 뉴스라고 보는 것입니다. 불행한 사건이 역설적으로 좋은 뉴스 소재가 되는 것입니다. 그래서 기자들은 대형사건을 접하게 되면 흥분하고 긴장하는 등 직업의식이 발동합니다.

두 번째로 기자들이 뉴스거리로 생각하는 것은 특정인물에 대한 흥미로운 소식입니다. VIP나 연예인 등 유명인사의 동정(動靜), 가십거리 등인데 그 중에서도 이들의 스캔들이나 부정부패, 비리 같은 이야기를 주로 뉴스로 다룹니다. 이런 내용이 시청자들의 흥미를 끌기 때문이기도 하지요.

세 번째로는 국내외적인 분쟁이나 이해집단 간의 갈등입니다. 사람들은 평온한 것보다는 대립하고 있는 것, 치열하게 싸우는 것, 긴장된 상황 등에 관심을 나타내는 속성을 가지고 있지요.

네 번째는 이상성(異常性)입니다. 정상적인 것은 화제 거리가 될 수 없습니다. 정상적인 것에서 벗어난 것에 사람들은 호기심과 관심을 갖습니다. "개가 사람을 물면 뉴스거리가 되지 않지만 사람이 개를 물면 뉴스가 된다.(If a dog bites a man, that's not news. But if a man bites a dog, that's news.)" 이 말은 이상성을 설명하는 좋은 예라 할 수 있습니다.

물론 이웃을 돕는 인정 넘치는 선행에 관한 이야기, 온갖 역경을 딛고 피나는 노력 끝에 성공을 이뤄낸 인간승리 등 미담도 좋은 뉴스거리가 됩니다.

그러나 사람들은 대체로 나쁜 뉴스를 더 선호하는 경향이 있지요. 나쁜 뉴스가 청소년들에게 좋지 못한 영향을 끼칠 수 있고 일반 국민들에게도 정신 건강상 좋지 않다는 연구결과도 나와 있지만, 세상 사람들은 좋은 뉴스보다 나쁜 뉴스에 더 흥미를 느끼고 그것을 화제 거리로 삼습니다.

> 뉴스의 3대 요소는 3W(Women 여자, Wampum 돈, Wrong doing 범죄)
>
> 1930년대 뉴욕의 '헤럴드 트리뷴'지 사회부장이었던 스탠리 워커(Stanley Walker)가 다음과 같은 말을 했습니다. "뉴스의 3대 요소는 3W 즉 Women 여자, Wampum 돈, Wrong doing 범죄이다." 이것은 극단적인 표현이라 할 수도 있겠으나 이것으로 텔레비전 뉴스에 나쁜 소식이 많이 차지하고 있는 이유를 설명할 수 있을 것입니다.

(3) 뉴스가치는 시공(時空)에 따라 달라진다

사람들이 어떤 사건에 대해 관심을 갖거나 이해하는 기준은 지극히 상대적이고 유동적입니다. 절대적인 기준이 없다는 뜻이지요. 이것은 특히 시간과 공간에 따라 그 차이가 명확하게 드러납니다. 뉴스도 같은 맥락(脈絡)으로 이해할 수 있습니다.

시간 개념을 예로 들어볼까요? 1960~70년대만 해도 연탄가스 중독사, 복어 알을 끓여먹은 일가족 사망 사건 등은 신문 사회면의 큰 기사였습니다. 또한 추곡수매가(秋穀收買價) 발표 기사는 경제면의 톱기사였습니다. 당시 농림부 출입기자들은 추곡수매 가격이 발표되기 전에 정확한 가격을 알아맞히는 기사를 쓰면 특종을 하는 것이라 하여, 치열하게 경쟁을 할 정도였습니다.

그러나 지금은 연탄가스나 복어 알 중독사 같은 사건은 거의 일어나지 않을뿐더러 언론의 관심권에서도 멀어졌습니다. 추곡수매가 역시 그다지 국민들의 관심을 끄는 뉴스가 아니지요. 이와 같이 사람들의 관심이 달라지면서 뉴스가치도 달라지게 됩니다.

공간적인 개념도 마찬가지입니다. 예를 들어 우리가 국제뉴스를 취급할 때 아프리카 어느 나라에서 전쟁이나 재해가 발생하여 수십만 명이 사망했다 해도 뉴욕에서 100여명이 사망한 사건보다 가볍게 다룰 수도 있는 것이지요. 즉, 자기 나라에 미치는 영향을 생각하여, 사건이 자기 나라와 관련이 큰 것이라면 비중 있는 뉴스로 다룰 것이고, 그렇지 않으면 대수롭지 않게 처리할 것입니다.

혹은 미디어에 따라서도 사건을 다루는 방식이 다를 수 있습니다. 미디어 특성에 맞는 기사를 선호하게 된다는 것이지요. TV 뉴스는 무엇보다도 화면이 뒷받침되어야 합니다. 같은 사건이라도 화면이 시청자의 눈길을 끌만큼 흥미로운 것이라면 뉴스를 크게 다룹니다. 반대로 사건 내용이 뉴스가치가 크다고 할지라도 화면이 뒷받침되지 않으면 TV 뉴스에서는 크게 취급하지 않게 됩니다.

(4) 뉴스는 돌고 돈다

세상에는 수많은 사건이 존재하고 있습니다. 또 수많은 사건이 이 시간에도 일어나고 있지요. 기자는 이 수많은 사건 중에 뉴스가치가 있다고 판단한 것을 취사선택하여 뉴스로 보도하게 됩니다. 사람들은 TV 뉴스라는 창(窓)을 통하여 세상사를 알게 되고 뉴스에 보도된 사건에 대하여 관심을 가지게 됩니다. 이것이 일반적인 뉴스의 흐름이라 할 수 있습니다.

그런데 뉴스가 여기서 그치지 않고 방송된 뉴스의 영향으로 또 사건이 만들어지고, 이것이 또다시 뉴스가 되어 방송되는 순환과정을 거치기도 합니다. 즉, TV방송이 뉴스를 전달하면 이 뉴스를 시청한 사람들의 마음속에 어떤 이미지가 형성되면서 반응을 하게 되고 많은 사람들의 반응이 모아져서 여론의 형태로 집약되면서 이것이 다시 뉴스가 되는 과정이 되풀이된다는 것입니다.

예를 들어볼까요? 어느 정치인이 부적절한 발언을 했을 경우 TV에서 비판적인 뉴스를 내보내게 됩니다. 그러면 그 정치인에 대해 국민들이 따가운 비난을 하게 되고 그 정치인은 여론의 질타(叱咤)를 받아 자기가 했던 발언을 취소하게 됩니다.

여기에서 저널리즘의 영향으로 사회적인 사건이 순환되는 모습을 볼 수 있습니다. 보도된 뉴스의 내용에 따라 사회적인 사건이 만들어지는 역전(逆轉)현상이 일어나게 되고 이것이 또다시 뉴스로 반영되는 순환과정을 되풀이하는 것입니다.

(5) 미디어가 키우는 뉴스

일반적으로 뉴스는 자연발생적으로 일어나는 사건을 TV 등의 미디어를 통하여 수용자에게 전달하는 것입니다. 그런데 자연발생적이 아니고 만들어지는 사건, 경우에 따라서는 미디어가 이벤트성으로 의도적으로 키우는 사건이 뉴스가 되는 일도 많아졌습니다. 각종 이벤트라든가 행사가 그렇습니다.

예를 들면 세계를 떠들썩하게 만든 다이애나비의 장례식, 영국 찰스 왕세자의 결혼식, 아폴로 우주선의 달 표면 착륙 같은 이벤트가 그것입니다.

국내 뉴스로는 김수환 추기경, 김대중 · 노무현 전 대통령의 장례식 등을 예로 들 수 있습니다. 이밖에도 월드컵축구, 올림픽경기, WBC(월드베이스볼 클래식), PGA 골프대회 그리고 대선토론회를 비롯한 선거캠페인 등등 무수히 많은 이벤트가 미디어를 통해 각광을 받는 뉴스로 만들어져 대중들에 의해 소비되고 있지요.

21세기 미디어는 뉴스를 보도할 뿐만 아니라, 뉴스를 만들어내고 있습니다.

2. 뉴스의 기능

(1) 사회적인 환경감시 기능

뉴스가 수행하는 첫 번째 기능은 사회의 환경감시 기능입니다. 세상에서 일어나고 있는 사건을 사람들에게 알려 거기에 대한 대응을 촉구하는 것이 여기에서 말하는 환경감시 기능입니다.

태풍 · 홍수 등 자연재해, 살인사건, 강 · 절도, 인질사건 등 강력사건과 화재, 교통사고 등 각종 사건 사고 그리고 외부로부터의 군사 공격 가능성 등 급박한 위협이나 위험에 관한 경고를 하는 것이지요. 또한 정부 정책이나 경제의 변화 등 일상생활에 필요한 정보를 제공하는 것도 여기에 속합니다.

현대사회에서 일반인들은 이런 환경감시 기능의 대부분을 저널리스트와 저널리즘 조직에 의존하고 있는 만큼 저널리즘 종사자들의 책임이 무겁다 할 수 있습니다.

(2) 여론의 환기(喚起)와 형성

두 번째는 여론의 환기와 형성의 기능입니다.

여론이란 통상적으로 '사회 전체의 관심을 끌고 있는 정치적 · 사회적 여러 문제에 대한 대중의 반응'(찬성, 반대, 무관심)을 의미합니다. 즉, 여론이란 정치, 경제, 사회적 문제에 관한 의견의 분포를 표시한 것이라 할 수 있습니다.

저널리즘은 사회적 사건을 뉴스로 보도하여 그 사건이 존재함을 사람들에게 알릴뿐만 아니라, 그것에 대해 사람들의 관심을 불러일으켜 찬성, 반대, 무관심 등의 태도나 의견을 형성하여 여론을 환기시키고 또한 여론을 만들어 나갑니다.

단, 뉴스가 여론을 환기시키고 형성하는 기능을 수행함은 분명하나 이렇게 조성된 여론이 반드시 정책에 반영된다고 할 수는 없으며, 여론과 정책 사이에 괴리가 생기는 일이 많은 것도 사실입니다.

또 방송사와 일반인들의 관심 사이에 인식의 차이가 생기면 어떤 사건이 뉴스로 보도되어도 사람들의 관심은 높아지지 않고 여론이 형성되지 않을 수도 있습니다. 이와 반대로 방송사가 뉴스로 다루지 않아도 사람들의 관심이 큰 사건이 있을 수 있고, 이것이 다른 방식으로 여론형성이 될 수도 있을 것입니다.

(3) 국민을 교육시키고 사회에 적응시키는 기능

세 번째는 국민을 교육시키고 사회에 적응시키는 사회화의 기능입니다.

뉴스는 우리들에게 여러 가지 교훈을 주고 활동지침을 제시해 주기도 하지요. 우리들은 뉴스를 통하여 실로 많은 것을 학습합니다. 이런 종류의 기능을 뉴스의 교육 기능이라 합니다.

그러한 기능의 하나로 '지위부여기능'을 들 수 있습니다. 즉, 뉴스는 개인이나 집단의 지위를 정당화하고 위신을 세워주며 권위를 높이는 기능을 합니다. 예를 들면 미국 대통령 선거는 우리나라 뉴스에서도 크게 다룹니다. 그것으로 한국 내에서 미국이라는 나라가 중요해지고 미국 대통령의 위신이 높아지는 것이지요.

뉴스에 의한 지위부여는 이와 같은 긍정적인 면만 있는 것은 아닙니다. 국민들로부터 높은 평가와 존경을 받던 정치가나 관료가 부정부패 스캔들에 관련된 사실이 TV뉴스를 통해 알려지면서 하루아침에 권위와 위신이 추락하는 일이 종종 있습니다.

사람들은 가족, 친구, 학교, 직장, 지역사회 등을 통하여 다양한 가치관이나 규범, 규칙을 학습하고 사회에 적응해 나갑니다. 이 과정을 사회화라 할 수 있지요. 이러한 사회화의 유력한 담당자 중 하나가 저널리즘 조직이고 저널리스트입니다. 이들이 생산하여 전달하는 뉴스는 다양한 가치관이나 규범을 사람들에게 알려줌으로써 사회화 과정을 돕습니다.

뉴스의 교육 기능은 앞서 이야기한 환경감시 기능이나 여론 형성 및 환기의 기능에 비하면 장기간에 걸쳐서 사람들에게 영향을 미치는 기능이라 할 수 있습니다. 예를 들면 세계 각지에서 일어나고 있는 전쟁에 관한 보도는 사람들에게 전쟁의 비참함을 알려주고 인간 생명의 존엄성과 평화의 소중함을 일깨워줍니다. 그리하여 사람들은 전쟁을 방지하고 평화를 유지해야 한다는 공감대를 형성하고 이를 위한 노력을 기울이게 됩니다.

3. 뉴스의 역기능(逆機能)

(1) 지배적인 가치관에 반하는 것은 배제

뉴스의 기능에는 순기능에 반하는 역기능도 있습니다. 이는 뉴스가 사회의 지배적인 가치에 대항하는 가치를 억압하거나 배제하는 기능을 수행함을 뜻합니다.

예를 들면 우리나라에서도 과거에 환경문제 등, 오늘날 생각해 보면 지극히 중대한 사회문제를 오랫동안 뉴스로 거론하지 않고 지나쳤지요. 지난날 경제가 어려웠던 시절 경제발전이 최우선이라는 지배적인 가치관이 환경파괴라는 문제를 잠재화시킨 결과였습니다. 뉴스의 이런 기능은 사회로서는 역기능이라 할 수 있습니다. 이것은 뉴스에 의한 환경감시 기능이 적절히 수행되지 않았음을 보여주는 것입니다.

(2) 사회에 과도한 불안감을 조성

뉴스는 사회에 과도한 불안감을 조성하거나 혼란을 일으키기도 합니다. 과장 및 과잉보도로 사람들에게 불안 심리를 조장하여 사회적인 혼란을 불러일으키는 것입니다. 저널리스트들은 흔히 경제 위기, 전염병 확산, 테러 위협 등을 보도할 때 지나치게 앞서가는 추측기사로 사회혼란을 조성하는 경우가 있습니다. 언론비평 전문지 <미디어 오늘>이 지적한 대표적인 사례를 소개해봅니다.

<미디어오늘> 3월 위기설, 언론도 전문가도 오락가락

유동성 불안 확산 … 또 양치기 소년 되려나 (2009년 2월 19일 기사)

…툭하면 위기설이 터져 나오는 것도 이런 이유에서다. 가뜩이나 어수선한 상황에 외채 만기가 집중돼 있는 3월이 다가오고 있어 우려를 더한다. 지난해 9월 위기설을 앞장서서 외쳤던 한겨레가 3월 위기설을 밀고 있어 눈길을 끈다. 한겨레는 16일 8면 "CDS 가산금리 급등… 불거지는 3월 위기설"이라는 제목의 기사에서 "올해 만기가 돌아오는 국내 은행 외화 채무 350억 달러 가운데 3월에만 약 100억 달러가 집중돼 있고 130억 달러의 엔화 차입금 가운데 10억~20억 달러도 다음 달에 만기가 돌아온다"면서 "금융권 일각에서 3월 위기설이 제기되고 있다"고 전했다.…

한겨레신문은 경제위기에 대한 불안감이 커지던 2009년 2월 '3월 위기설'을 제기했습니다. 하지만 별다른 경제위기 없이 3월이 지나갔습니다. 2008년에도 많은 언론들이 '9월 위기설'을 제기한 적이 있었습니다. 그때 역시 경제위기는 없었지요.

(3) 뉴스가 편향(偏向)된 것을 의식하지 못한다

우리는 뉴스가 편향되어 있다는 사실을 모르고 지나가는 일이 많습니다. 뉴스를 만들어내는 저널리스트조차도 뉴스가 편향되어 있다는 사실을 모르는 경우가 있지요. 자신도 모른 채 편향된 뉴스를 내보내는 경우도 있습니다.

이데올로기에 의한 편향이 특히 그렇습니다. 우리가 흔히 국익우선주의, 경제성장 지상주의 등에 사로잡혀 있기 때문일 것입니다.

또한 뉴스에 정형화된 틀이 있는 점도 문제가 됩니다. 뉴스는 사람들이 받아들이기 쉽게 스토리를 구성합니다. 쟁점을 단순화시켜 기사를 만든다는 얘기지요. 대표적인 사례로 '좋은 사람'과 '나쁜 사람'으로 구분하는 것을 들 수 있습니다. '우리들'과 '그들'로 2분법으로 나누는 것도 마찬가지입니다.

이와 같은 사례 중의 하나로 이라크전쟁 뉴스를 들 수 있습니다. 이 전쟁은 이라크 국민들에게는 미국의 침략전쟁으로 인식되고 있지만, 미국인들에게는 나쁜 사람을 응징하는 전쟁으로 비쳐지고 있지요. 미국 등 서방세계의 미디어가 '우리들'인 서방 기독교 국가와 '그들'인 이슬람 국가를 대립구도로 만들어 이슬람 국가를 '나쁜 편'으로 사람들에게 각인(刻印)시킨 결과입니다. 또한 서방국가는 근대사회, 민주주의 체제인데 반해 이슬람국가는 전근대적인 사회, 권위주의 체제로 규정짓기도 했습니다.

TV뉴스 등을 통해 이슬람국가는 서방국가들에 비해 열등하고 야만이라는 이미지를 심어준 것이지요. 이렇게 형성된 이미지가 미국 국민들로 하여금 이라크 전에서 반드시 승리해야 하고, 전쟁보도는 국익을 위해 보도 관제를 하는 것이 당연하다는 생각을 가지게 했습니다.

4. 뉴스는 현실을 재구성하는 것인가?

(1) 현실반영론과 현실구성론

학자들은 뉴스를 크게 두 가지로 분석합니다. 하나는 현실사회를 충실하게 반영하는 것이라는 현실반영론(reflection of reality)입니다. 객관적인 사실을 시청자에게 있는 그대로 전달한다는 것으로, 뉴스는 현실을 편견 없이 왜곡되지 않게 보도하는 것이라는 주장입니다.

다른 하나는 현실구성론(construction of reality)입니다. 현실을 뉴스라는 장르에 의해 다시 구성하는 것이라는 주장입니다. 즉, 기자가 현실세계에서 발생한 사건 가운데 뉴스거리를 취사선택한 다음 재구성하여 뉴스 형태로 전달한다는 것입니다. 기자는 뉴스가치를 판단하여 뉴스를 결정짓는 과정에서부터 개입함으로써 사실상 현실 구성자가 된다는 뜻이지요.

더 나아가서 뉴스는 지배계급의 이익을 보호하게 된다는 주장도 있습니다. 기자는 사회 지배층의 입장에 서서, 객관적 사실을 왜곡하고 조작하여 전달함으로써 현실 조작자가 된다는 것입니다. 예를 들면 방송사의 경우 정부의 허가를 받아야 방송을 할 수 있게 됨은 물론이고, 설립 및 운영에 대규모의 자본이 필요하기 때문에 정치권력과 자본가의 이익에 부합되게 뉴스를 보도하지 않을 수 없는 것이 현실이라는 것이지요.

물론 보도 업무에 종사하는 사람들은 권력과 자본의 압력에서 벗어나 시청자들에게 정확한 사실을 전달하고자 노력합니다. 더 나아가서 겉으로 드러나는 사건의 배경에 감추어져 있는 진실을 캐내어 알려주려고 애쓰고 있습니다.

그러나 앞서 지적한 대로 현실을 냉정하게 분석해 보면 보도기관 스스로의 태생적 한계가 있고 뉴스를 제작하는 저널리즘 조직의 주관적 판단이 작용하지 않을 수 없다는 점 때문에 현실을 있는 그대로 거울같이 반영하기란 결코 쉬운 일이 아닙니다.

엄밀하게 말하면 뉴스는 기자들에 의해서 현실이 걸러지고 다듬어져서 시청자에게 전달된다고 보아야 할 것입니다.

(2) 뉴스는 저널리스트와 저널리즘 조직의 산물

통상적으로 저널리즘은 '미디어를 통한 뉴스의 전달 즉, 뉴스를 취재하고 기사를 작성하고 보도하는 활동'으로 정의되지요.

뉴스는 생산측면에서 볼 때 대부분 저널리즘 조직이 수행하는 작업의 산물이라 할 수 있습니다. 뉴스는 저널리스트와 저널리즘 조직이 일정한 가치관에 입각하여 만들어내는 것이지요.

물론 기자들은 기사작성 시 자신의 견해를 기사에 삽입하지 않고 최대한 가치중립적인 자세를 취한 상태에서 기사거리를 선택하고 기사를 작성하여야 하지만, 저널리스트인 기자도 인간인지라 자신도 모르는 사이에 가치관이 기사에 반영되지 않을 수 없습니다.

그런데 문제는 사회구조에서 기자가 차지하고 있는 위상입니다. 보수 · 진보 매체 간에 다소 차이가 있을 수 있지만 기자는 주로 사회의 지배계층 즉, 국가 사회를 주도하는 계층의 일원이 되어 그들의 이해관계를 대변하는 함정에 빠지기 쉬운 게 현실입니다.

앞서 얘기한대로 저널리스트와 저널리즘 조직의 가치관은

사회를 지배하는 가치관 즉, 권력을 장악하고 있는 계층의 가치관과 궤(軌)를 같이 한다고 볼 수 있기 때문입니다.

기자가 쓰는 기사는 역사의 작은 마디마디의 기록이라고 볼 수 있습니다. 따라서 기사 하나하나를 작성할 때마다 숙연한 자세로, 냉철한 자세로 임하여야 합니다.

(3) 뉴스의 객관성을 높이는 게이트키핑(Gate-Keeping) 기능

그렇다면 우리는 현실을 구성하는 언론기관의 말을 곧이곧대로 믿을 수 있는 것일까요? 무수히 많은 사건들 중에 하루에 방송을 통해 전해지는 뉴스는 100여건에 불과한데 과연 무슨 기준으로 뉴스가 선정되는 것일까요?

이를 설명하기 위해 미디어학자 레빈(Kurt Lewin)은 게이트키핑 이론을 제시합니다. 그는 게이트키핑이란 하나의 뉴스가 언론사와 같은 커뮤니케이션 통로를 거쳐 공개되는 과정이라고 말합니다. 그리고 그 통로에는 여러 관문이 있다고 주장하지요. 각 관문에는 공정한 규칙이 있고 그 규칙을 지키는 문지기가 있어 뉴스의 객관성을 높이는 기능을 한다고 말합니다.

게이트키핑은 문을 지킨다는 뜻입니다. 게이트키퍼는 문지기란 뜻이지요. 언론에서는 일선기자, 차장, 부장, 국장 등 기사를 쓰는 사람과 기사 내용을 검토하고 결재하는 사람 모두를 지칭합니다.

일반회사와 마찬가지로 언론사에서도 사원급인 기자가 기사를 써서 상급자인 데스크라 불리는 차장이나 부장에게 넘기면 데스크가 기사를 꼼꼼하게 검토한 다음 첨삭을 하게 됩니다. 기사의 방향을 다시 잡아주거나 문장이나 어휘를 고쳐주기도 합니다.

게이트키퍼 중에 가장 중요한 사람은 일선 취재기자입니다. 기자는 1차 게이트키퍼로서 수많은 뉴스거리 중에서 어떤 사안이 뉴스 가치가 있는지 판단하여 결정을 내리기 때문입니다. 세상의 수많은 뉴스거리 중에서 뉴스가 될 것을 선정하여 기사의 방향을 잡아나가고 실무적으로 기사를 작성하는 것은 전적으로 취재기자의 손에 달려 있는 것입니다.

따라서 기자가 올바른 상식, 세계관, 철학, 윤리의식을 가지고 제대로 된 판단을 내릴 때 비로소 바른 기사가 나올 수 있습니다. 여기에 더하여 오랜 취재 경험을 쌓은 부장이 기자가 쓴 기사를 검토함으로써 보다 완벽하게 기사를 다듬어 낼 수가 있습니다.

언론사에서 보도되는 모든 뉴스는 철저한 게이트키핑 과정을 거쳐 나감으로써 객관성을 담보할 수 있습니다. 다양한 의견이 표출되고 이해상충이 되는 이슈(issue)를 뉴스로 만들어 낼 때, 언론사 내에서 충분한 논의 속에 게이트키핑이 완벽하게 이루어지면 기사의 공정성 시비에서도 상당히 자유로울 수 있습니다. 기자가 만든 기사가 1차 생산자인 기자의 손을 떠난 다음 2차, 3차 데스크를 거쳐 여과됨으로써 객관적이고 공정한 기사로 거듭날 수 있는 것이지요.

요즈음에는 인터넷의 발달 등으로 인하여 쌍방 커뮤니케이션이 활발해짐에 따라 뉴스에 대한 시청자의 반응도 즉시즉시 이루어지고 있습니다. 그 결과 시청자의 의견이 다시 뉴스에 반영되기도 하는 만큼 시청자도 뉴스의 게이트키핑을 하게 되었다는 점에서 이제 뉴스의 게이트키퍼는 기자나 데스크뿐만 아니라 전 국민이라 할 수도 있을 것입니다.

(4) 게이트키핑은 저널리즘의 기본

게이트키핑이 제대로 안되면 기사의 정확성과 신뢰도가 떨어지게 됩니다. 사람이라면 누구나 실수를 하거나 편견을 가지고 잘못 판단하게 되는 경우가 있게 마련이지요. 기자들도 마찬가지입니다. 그래서 여러 사람의 손을 거쳐서 기사를 걸러내는 게이트키핑 기능이 중요한 것입니다. 이것이 제대로 작동되지 않았을 때 오보가 발생하게 됩니다.

한 예로 <동아일보>는 2009년 3월 18일 "게이트키핑 시스템도 작동하지 않았고 취재 윤리에 어긋난 부분도 있었다"며 '신동아 미네르바 오보'를 사과하고 관련 책임자들을 해임, 정직시키는 중징계를 내린 일이 있었습니다. 〈신동아>는 2008년 말과 2009년 초 가짜 미네르바와의 인터뷰를 게재해 논란을 일으켰습니다. 〈신동아>는 검찰이 구속한 미네르바는 가짜이고 자기들과 인터뷰한 사람이 진짜 미네르바라고 주장했습니다. 그러나 이후 미네르바가 아닌 사람의 기고문과 인터뷰를 실은 것으로 밝혀져 사회에 큰 파장을 불러 일으켰습니다.

방송의 경우 MBC PD수첩의 광우병 관련 보도를 예로 들 수 있습니다. PD수첩은 2008년 4월 방송된 <긴급취재, 미국산 쇠고기 광우병에서 안전한가> 편에서 동물을 학대하는 동영상을 보여주면서 여기에 나오는 소를 '광우병에 걸린 소'라고 보도했습니다. 또한 사망 원인이 CJD로 의심되는 환자를 인간광우병(vCJD)으로 인한 사망일 가능성이 있다고 방송했습니다. PD수첩의 이런 일부 보도는 사실이 아닌 것으로 밝혀지면서 사회적으로 큰 논란이 빚어졌지요. 이는 게이트키핑 기능이 제대로 작동되지 않아 문제가 됐던 사건이었습니다.

(5) 게이트키핑 기능이 취약한 PD 프로그램

PD들이 제작하는 시사프로그램은 게이트키핑 과정을 제대로 거치지 않은 상태에서 즉, 다단계 검증 시스템을 통과하지 않고 방송하는 사례가 많았습니다. PD들은 기자들과 달리 프로그램을 제작하는데 독자성을 많이 주장하고 있습니다. 때문에 게이트키핑의 과정을 거치지 않고 담당PD 선에서 모든 제작이 끝납니다.

이런 상황에서 PD들은 자기들이 생각하고 있는 전체 스토리의 흐름을 중시하기 때문에 개별 정보들은 이 스토리상에서 얼마나 적합한지의 여부로 판단하여 프로그램에 반영됩니다. 즉, 개별 정보들이 스토리 구성의 필요에 따라 크게 활용되기도 하고, 버려지기도 한다는 것입니다.

여기에 PD의 개인적인 의도가 작용할 수 있는 여지가 생기게 되고 사실(fact)과 의견, 사실과 추측이 구분되지 않는 우(愚)를 범할 수 있는 것이지요. 그 결과 주관적인 시각이 가미되어 왜곡된 방향으로 결론을 이끌어 갈 수도 있는 것입니다. 사실의 극적인 재구성 과정에서 사실이 왜곡될 수도 있다는 것입니다.

어떤 이는 기자가 관찰자라면 PD는 탐정이라고 말합니다. PD들은 기자들에 대해 출입처와 유착되고 권력의 눈치를 살피며 사회 부조리를 고발하는 심층보도에 취약하다고 비판하기도 합니다.

그러나 어쨌든 '뉴스를 취재하고 보도하는 행위'를 저널리즘이라고 할 때 기자 저널리즘과 PD 저널리즘이 다를 수는 없을 것입니다. 기자나 PD나 저널리스트는 모두 정확하고 공정하게 보도해야 합니다. 객관성을 잃지 않고 균형감각을 갖춘 보도를 해야 함은 당연한 이치일 것입니다.

(6) 게이트키핑의 역기능 및 퇴색

제대로 된 게이트키핑은 기사의 객관성, 공정성 등을 담보하는 중요한 기능을 합니다. 그러나 게이트키핑의 과정에서 역기능이 있을 수도 있습니다.

일단 게이트키퍼가 객관성을 지향하더라도 현실적으로는 주관성에서 완전히 벗어나기 어려운 게 사실이지요. 또한 객관성을 지킨다 하더라도 언론사 사주로부터의 압력이나 정치·경제·사회·문화적 압력과 같은 외부적 요인들에서 완전히 자유롭기도 힘듭니다. 이로 인해 기사가 수정되거나 혹은 왜곡 보도되기도 합니다.

그래서 불행하게도 일선 기자들이 데스크의 검열을 의식해 스스로 '사전 검열'을 하는 경우가 많습니다. 기자들 스스로 자기검열을 한다는 뜻이지요. 즉, 언론사마다 보도 성향이 다르고 저널리즘 조직 내부의 독특한 분위기가 있기 때문에 기자들이 여기에 맞춰 기사를 작성하는 경향이 많습니다. 예를 들어 노조의 파업이 있을 때 보수적인 언론사에서는 노사문제보다는 국가경제를 우려하는 기사를 내보내는데 반해 진보적인 언론사에서는 고용 및 복지 문제에 관심을 더 나타내는 보도를 하게 됩니다. 즉, 기자는 소속 언론사 분위기에 자연스럽게 맞춰 기사를 작성한다는 것이지요.

또한 게이트키퍼의 기능자체가 상당히 퇴색돼가고 있다고 말하는 사람들도 있습니다. 이제는 인터넷의 발달로 누구나 정보를 쉽게 올리고 접할 수 있는 여건이 조성됨에 따라 그동안 정보를 독점하여 통제하던 기존 언론사의 게이트키핑 기능이 약화됐습니다.

1998년에 일어난 클린턴 미국 대통령의 르윈스키 성추문 사건 보도가 그 대표적인 예입니다. 당시 <뉴스위크>가 르윈스키 스캔들 보도를 담당 검사의 엠바고 요청으로 보류하고 있을 때, 매트 드러지(Matt Drudge)[1]는 서슴없이 먼저 보도해버렸습니다. 〈뉴스위크〉 게이트키퍼의 의도가 인터넷 언론 때문에 무색해진 순간이었다 할 것입니다.

---

1) 1995년 창간된 이래 센세이셔널한 특종 보도로 관심을 모은 인터넷 신문인 '드러지 리포트'의 발행인

5. 뉴스의 공정성과 진실

(1) 뉴스는 공정한 것인가?

뉴스의 공정성에 대해서는 여러 가지 이론이 있고 이 이론들을 한마디로 표현하기란 어렵습니다. 그 중에 이 문제에 대해 권위 있는 학자인 웨스터슈탈(J. Westerstahl)은 주로 객관성이 공정성이라는데 초점을 맞추었습니다.

① 객관적 뉴스가 공정한 뉴스다

도표에서 보듯이 객관성은 사실성과 불편부당성으로 나뉘고 사실성은 진실성, 관련성 그리고 불편부당성은 비당파성과 중립적 제시로 나뉩니다.

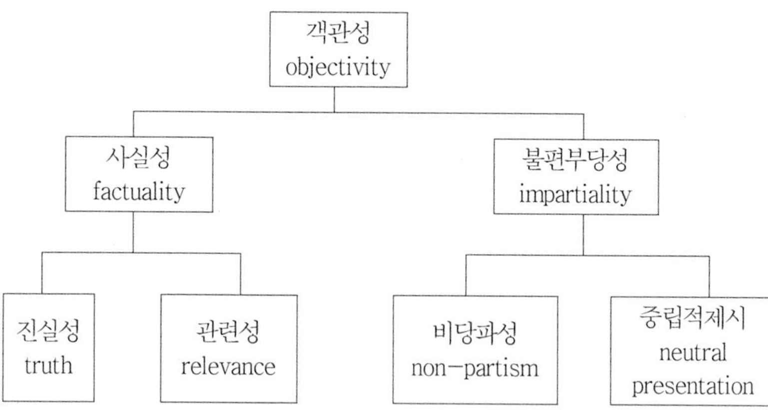

조금 더 구체적으로 알아볼까요? 그가 제시한 객관적 뉴스의 첫 번째 요건은 사실성입니다. 여기서 사실성이란 진실성과 관련성이 결합된 개념으로 다음과 같은 단순한 의문에서 나옵니다. 첫 번째 의문은 바로 '사건과 관련해 신뢰할만한 정보가 수집되었는가?' 입니다. 정보가 신뢰할만한 정보원에게서 나온 것이 확인되면 사람들은 뉴스가 '진실하다'고 생각합니다. 만약 기사에서 익명의 취재원이 남용되면 사람들은 그 기사의 진실성에 대해 의심하게 되는 것이지요. 이것이 바로 보도의 객관성을 이루는 조건 중 하나인 진실성입니다.

관련성은 보도를 하는데 있어서 관련된 사안들의 선정에 관한 것입니다. 기사를 작성할 때 사건에 관련된 모든 사실을 담을 수 없기 때문에 팩트를 가려내게 되는데 이 때 가장 중요한 사안을 일관되고 공정하게 선정하면 사람들은 그 뉴스가 '관련성이 있다'고 생각하지요. 그러나 중요한 사실을 간과하고 불필요한 정보를 포함시키게 되면 사람들은 뉴스의 관련성에 대해 의심하게 됩니다.

이렇게 사실성에 대한 두 가지 의문에 대해 명쾌하게 대답할 수 있다면 뉴스의 사실성이 충족되었다고 말할 수 있습니다. 사건과 관련된 신뢰할만한 정보가 수집되었고, 뉴스에 쓰인 사실들이 적절하고 일관적인 기준으로 선택되었다면 그 보도는 사실성을 갖추었다고 말할 수 있는 것이지요.

하지만 웨스터슈탈의 객관성 논의는 사실성 충족에서 그치지 않습니다. 그는 뉴스가 사실성을 갖추었다고 하더라도 불편부당성을 갖추지 못하면 객관적이라 말할 수 없다고 합니다. 그리고 불편부당성의 원칙을 가지고 뉴스가 보도되었는지를 판단하려면 다음과 같은 두 가지 질문을 해야 한다고 합니다. 먼저 '대립되는 여러 시각 어느 쪽에도 치우치지 않았는가?' 하는 것입니다. 이것은 뉴스의 비당파성(균형성) 원칙이 제대로 지켜졌는지에 대한 물음입니다. 기자가 어떤 일에 대해 여러 가지 의견이 있는데도 한 가지 의견만을 보도한다면 그 보도는 당파성에 빠진 것이지요. 다음으로 '기자가 사건에 일정한 거리를 유지했는가?' 하는 것입니다. 이것은 뉴스의 중립적 제시가 제대로 이루어졌는지에 대한 물음입니다. 집회를 취재하는 기자가 집회 자체에 몰입한 나머지 집회참가자들을 옹호하는 모습을 보여준다면 비중립적인 보도를 한 것입니다. 즉, 여러 시각 가운데 특정 의견에 치우치지 않고 사건을 관찰자의 입장에서 냉정하게 보도해야 그 뉴스는 불편부당성을 충족한 보도라는 것입니다.

결국 뉴스는 사실성과 불편부당성을 모두 갖춰야 객관적이라 말할 수 있으며 사실성에는 진실성과 관련성이, 불편부당성에는 비당파성과 중립적 제시의 개념이 포함된다는 말로 웨스터슈탈의 논의를 요약할 수 있습니다.

② 객관성은 허구다

하지만 사람들은 뉴스에 대해 불만이 많습니다. 때로는 객관적이지 못하고 편향되었다고 비판합니다. 이런 비판은 웨스터슈탈이 제시한 객관성 개념이 여러 가지 허점을 가지고 있다는 것을 의미하는 것이기도 하지요.

사람들은 어떤 사실을 객관적으로 볼 수 있다고 생각하지만 학계에서는 이런 생각이 순진한 믿음에 지나지 않을 수도 있다고 합니다. 객관성과 관련된 이 논쟁은 우리 주변에서도 흔히 생각해 볼 수 있는 쉬운 이야기입니다. 사람들은 뉴스가 편향적이라고 자주 비판하지만 자기 자신의 가치관이 편향되었다는 사실은 좀처럼 깨닫지 못합니다. 누구나 살면서 자신만의 생각을 가지게 되는데, 실상은 생각을 구성하는 기본적인 지식들조차 어디에선가 배운 즉, 누군가의 생각을 배운 것이라는 사실을 인식하지 못하는 것이죠. 때문에 뉴스 보도의 편향성을 검증하려다가 오히려 자신이 편향돼 있다는 사실을 알게 되는 경우도 적지 않습니다. 또한 뉴스의 문제점을 밝히려다 보면 그 문제없이는 방송하기가 어렵다는 사실을 깨닫기도 하지요.

이런 상황에서 우리 사회 전체의 모습을 보여주는 뉴스에 대한 평가를 하려다 보면 사람들은 미디어에 대한 이해 그리고 사회현상에 대한 지식이 부족하여 자신의 시각이 대단히 협소하고 편협하다는 것을 깨닫기도 합니다. 미디어에 대한 비평이 그리 쉬운 일은 아니지요.

사람들은 기사의 객관성에 대한 비판을 할 때 그 기준을 자신이 처한 입장에 입각해 행하고 있습니다. 따라서 하나의 기사를 놓고 객관성 여부를 판단할 때 개인에 따라서, 신분과 계층에 따라서 즉, 각자가 처한 입장에 따라서 판단을 각각 달리 하고 있지요. 특히 사람들의 가치관이 각기 다르기 때문에 기사에 대한 객관성 판단은 모두 다를 수 있다고 봅니다.

이 때문에 객관성이란 말은 허구라는 주장이 설득력을 가지게 됩니다. 웨스터슈탈은 이런 비판을 극복하기 위해 객관성을 세분화시키는 노력을 기울였지만 사실 세부항목들 조차도 '객관성은 허구'라는 그물에 걸려드는 경우가 많습니다.

가장 대표적으로 비판받는 부분은 비당파성에 대한 논의입니다. 2004년 노무현 전 대통령 탄핵사태 당시 한국언론학회는 보고서를 통해 탄핵방송이 탄핵 반대 진영의 모습만을 집중적으로 보도하였다고 지적했습니다. 즉, 탄핵 찬성 쪽의 모습도 같은 비중으로 반영했어야 했다는 것이죠. 하지만 한국언론학회의 이 보고서는 바로 격렬한 논쟁에 휩싸입니다. 언론노조 등 여러 단체는 성명서를 내고 사회적으로 합의되지 않은 정치적 사안에서 비당파성의 기준은 달라질 수 있다고 주장했습니다. 비당파성의 기준에 대해 서로간의 의견이 달랐던 것입니다.

③ 그래도 뉴스는 공정해야 한다

객관성에 대한 여러 비판 때문에 최근에 객관성이 곧 공정성이라는 의견에 대대적인 수정이 이루어지고 있습니다.

이민웅은 웨스터슈탈의 기준을 발전시켜 새로운 공정성의 기준을 제시합니다. 언론의 공정성을 판단할 때 진실성, 적절성, 균형성, 다양성, 중립성(불편부당성), 이데올로기의 6가지 기준이 필요하다고 말한 것이지요. 여기서 주목해야 할 것은 마지막 개념인 '이데올로기'입니다. 앞의 5가지 기준은 객관성이 즉 공정성이라는 여러 학자들의 의견을 정리한 것인데 이데올로기는 그와는 다른 개념이기 때문입니다. 이데올로기는 사람들이 그 시대에 공유하는 보편적인 생각인 '여론'이 보도에 반영될 수 있다는 것입니다. 노무현 전 대통령 탄핵보도의 예를 들면, 당시 여론이 탄핵 반대에 가까웠기 때문에 탄핵 반대쪽에 가까운 보도가 공정한 보도가 될 수 있다는 것이지요. 즉, 공정성을 객관성을 넘어선 '정의'의 개념으로 확장시킨 것입니다.

BBC는 이와 관련하여 다음과 같은 제작자 지침을 제시하고 있습니다.

> 산업적 또는 정치적 논란의 문제를 보도함에 있어서 상이한 주요 견해들은 그 논쟁이 활발한 동안에는 '적절한 무게'가 주어져야 한다.

여기서 적절한 무게란 의견 지지도에 따라 보도의 양이 달라져야 함을 말하는 것입니다. 공정성이 수학적 균형이나 중립성과 동의어가 아님을 분명히 밝힌 것이지요.

결국 이런 의견들에 따르면 웨스터슈탈이 제시한 기계적 객관성 이외에 '역사적 타당성' 등이 공정성을 판단하는 기준이 되는 것입니다.

(2) 진실을 찾아서

공정성에 대한 이런 논의는 실제 현장을 뛰는 저널리스트들을 혼란에 빠뜨립니다. 이에 실질적이고 실용적인 것을 원하는 저널리스트들은 지나치게 복잡하여 잘못 사용되고 자칫 왜곡될 수도 있는 공정성의 논의를 떠나 다른 것을 찾아 나섭니다.

저명한 저널리스트 빌 코바치(Bill Kovach)는 보도의 공정성 개념이 주관성의 함정에 빠져 결국 언론에 대한 회의주의로 연결될 것이라 말합니다. 사람들이 어떤 언론도 객관적인 보도 또는 공정한 보도를 할 수 없다고 생각해 버린다는 것이지요. 이런 회의주의를 극복하기 위해 코바치는 발상을 뒤집습니다. 일단 객관성과 공정성에 대한 생각을 접어두었습니다. 그리고 동료 언론인들을 통한 조사에서 저널리스트들에게 "저널리즘이 추구해야 할 가치는 무엇인가?" 라고 물었지요. 이때 가장 많이 돌아온 대답은 바로 '진실'이었습니다.

여기서 진실은 '진실 그 자체'를 말하지 않습니다. 코바치는 진실이란 저널리스트들이 추구해야 할 가치이지만 진실 그 자체에 다가서는 것은 매우 어렵다고 고백합니다. 그래서 저널리스트들은 "진실을 찾아야 한다"고 주장합니다. 진실은 그 자체로 가장 근본적인 것이기 때문에 진실을 찾아간다면, 저널리스트들은 그 보도가 객관적인지 혹은 공정한지 더 이상 생각해볼 필요가 없다는 것이지요.

진실을 찾아가기 위해 코바치는 두 가지 단계를 제안합니다. 일단 저널리스트들은 보도에 있어서 정확성을 추구해야 합니다. 그 후에, 그 사실이 가지는 역사적 의의를 찾아나가야 한다고 말합니다.

① 정확성은 뉴스의 생명

정확성의 충족은 있는 그대로의 현실반영에서 시작됩니다. 취재에서부터 기사작성, 영상촬영 및 편집에 이르기까지 전 과정이 한 치의 오차도 없이 정확해야 한다는 것입니다. 현실을 있는 그대로 정확하게 반영하면 되는 것이지요. 현실을 반영하는 뉴스는 한쪽 면만 보지 말고 양쪽 면, 여러 면을 보아야 정확한 기사가 나올 수 있습니다.

TV뉴스의 경우 민감한 사안은 더욱 신중하게 다루어야 합니다. 용어 하나하나에 신경을 쓰고 관련자 인터뷰는 어느 한쪽 주장만 싣지 말고, 주장이 다른 쪽의 의견도 반영해야 합니다. 전문가들도 견해가 서로 다를 수 있기 때문에 취재기자는 여러 전문가를 만나 다양한 의견을 청취할 필요가 있지요.

그리고 일단 작성한 기사는 데스크의 검증을 거치는 것은 물론 가능한 한 여러 사람의 의견을 참고하는 것이 좋습니다. 기자들의 경우 동료기자들에게 자문을 구하는 수가 있습니다. 동료기자들은 제3자의 입장에서 기사를 냉철하게 판단하고 다양한 시각에서 기사에 대한 좋은 충고를 해줄 수 있기 때문이지요. 혹은 기자가 취재했던 사람에게 기사의 초고(草稿)를 보여주어 검토해 보도록 하는 것도 좋은 방법입니다. 취재 대상자는 자신에게 불리한 기사가 보도되는 것은 원치 않기 때문에 그런 내용에 대해 지적하기도 하고 잘못 쓰인 기사에 대하여 수정을 요구하기도 할 것입니다. 취재기자는 인터뷰한 사람이 자기 입장에서 불리한 내용이 있어 정정해달라고 요구하는 경우에 그대로 들어줄 수는 없겠지요. 그러나 명백하게 잘못된 내용이 있으면 수정을 해야 합니다.

많은 언론인들은 인터뷰를 할 때 녹음을 하지 않고 수첩에 메모를 하면서 인터뷰 내용을 정리합니다. 속기(速記)하는 기술도 없으면서 메모해서 기사에 반영하는 경우가 대부분이지요. 메모된 인터뷰 내용과 녹음된 것을 다시 듣고 정확하게 정리하여 비교해 보면 상당한 차이가 나는 경우를 종종 발견할 수 있습니다. 특히 예민한 내용의 인터뷰는 취재 대상자의 본래의 의도와 다르게 표현될 수도 있다는 점을 염두에 두고 신중하게 처리해야 합니다.

정확성은 저널리즘의 가장 중요한 요소라는 사실은 두말할 나위가 없습니다. 정확성의 결여로 큰 파장을 몰고 왔던 MBC 'PD수첩'과 일본 아사히 TV의 '뉴스스테이션' 사건을 살펴볼까요?

● MBC 'PD 수첩'의 사례

MBC PD수첩은 2008년 4월 29일과 5월 13일 두 차례에 걸쳐, <긴급취재, 미국산 쇠고기 광우병에서 안전한가>를 방송했습니다. PD수첩은 한미 쇠고기 협상이 타결되고 난 뒤 국민들에게 미국산 쇠고기에 대한 광우병 불안감이 번져가고 있던 시점에 방송되어 그 반향이 컸습니다.

PD수첩은 미국의 동물보호단체인 '휴메인 소사이어티(The Humane Society)'의 동물학대 동영상을 방송하면서 거기에 나오는 소를 "광우병에 걸린 소"라고 단정했습니다. 또한 2008년 초 사망한 버지니아의 아레사 빈슨씨의 사망 원인을 그의 어머니와의 인터뷰를 통해 인간광우병(vCJD)일 가능성이 있다고 방송했습니다. 아레사 빈슨씨의 어머니는 인터뷰에서 "의사들이 딸의 사인(死因)으로 CJD(크로이츠 펠트-야콥병)가 의심된다고 했다"고 말한 부분을 vCJD(인간광우병)으로 오역(誤譯)을 한 것입니다.

〈오역으로 지적받은 PD수첩 프로그램〉

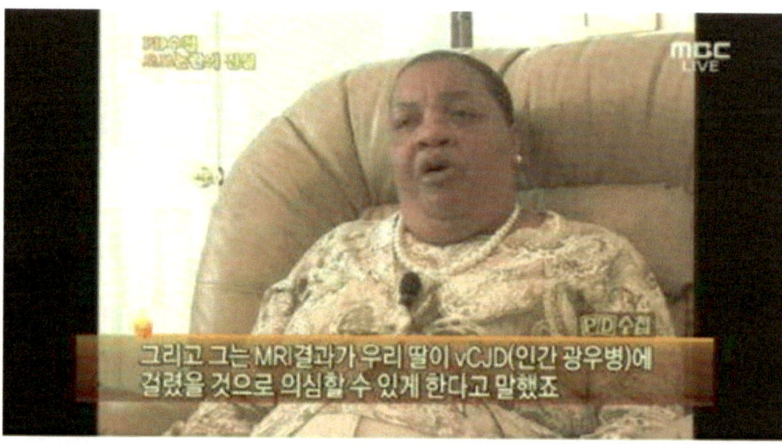

PD 수첩은 또한 한국인이 외국인보다 광우병에 더 취약하다며 "한국인이.... 인간광우병 발병 확률이 94%"라는 내용을 방송했습니다.

PD수첩이 미국산 광우병 쇠고기 문제를 방송한 뒤 3일 만인 5월 2일, 서울 도심에서 미국산 쇠고기 수입을 반대하는 첫 촛불집회가 열렸지요. 이 촛불집회는 시간이 갈수록 시위대의 규모가 커지면서 두 달 넘게 계속되었습니다.

이명박 대통령이 "국민의 마음을 헤아리지 못해 송구스럽다" "촛불 행렬을 보며 뼈저린 반성을 했다"는 등 두 차례에 걸쳐 대국민 사과를 하고, 청와대 비서실장과 수석비서관 전원이 교체되는 사태를 빚었습니다. 정부는 미국과 추가협상을 하여 미국으로부터 "30개월 이상 된 쇠고기 수입을 금지하기로 약속을 받았다"고 발표했습니다.

한편 MBC는 PD수첩이 공정성 및 객관성을 위반하였다 하여 방송통신심의위원회로부터 제재조치를 받아 8월 12일 사과방송을 내게 됩니다. 방송통신심의위원회가 PD수첩 프로그램이 의도적인 오역을 6군데나 함으로써 공정성 · 객관성에 현저한 문제가 있다고 판단하여 내린 결정이었지요.

● 일본 TV아사히 '뉴스스테이션'의 사례

이와 유사한 케이스로 일본의 TV아사히가 1999년 2월 1일 방송한 농작물의 오염실태 보도 사례가 있습니다. 사이타마(埼玉)현 도코로자와(所澤)시의 농작물 오염실태를 방송한 것인데 정확하지 못한 보도로 인해 큰 파장이 일었습니다.

TV아사히가 밤 10시 '뉴스스테이션'에서 '오염지(汚染地)의 고뇌-농작물은 안전한가' 라는 제목으로 방송한 16분짜리 프로그램이 문제가 됐습니다. TV아사히는 민간연구소의 환경조사 중간발표를 인용, 사이타마현 도코로자와시에서 생산되고 있는 야채는 다이옥신에 오염되어 있으며 오염의 정도는 다른 지역보다 심각하다는 내용으로 방송했습니다. 당시 도코로자와시에는 산업폐기물 처리시설이 차례로 들어서고 있는 가운데 농작물 오염을 우려하는 농민들과 폐기물 처리업자 그리고 공무원 등이 갈등을 빚고 있는 상태였습니다.

도코로자와시 농협은 다이옥신 오염실태조사를 1997년 7월에 실시했습니다. 그러나 국가의 기준치가 확실하지 않다는 이유로 1년이 지나서도 결과를 발표하지 않고 있었습니다. 생산자도 소비자도 불안감을 가질 수밖에 없는 상황이었지요. TV아사히의 보도는 많은 시청자의 막연한 불안감에 쐐기를 박는 격이 되었습니다.

이 보도로 도코로자와시의 야채 가격이 폭락하면서 이 지역 농민들은 큰 피해를 입었습니다. 특히 방송 프로그램에서 지적한 '시금치'의 타격은 컸습니다. 수도권의 유통업자들은 사이타마현의 야채에 대해서는 취급하기를 거부했고, 참을 수 없게 된 도코로자와시 농민들은 TV아사히에 항의하는 등 소동은 계속됐습니다.

그런데 TV아사히의 보도는 정확한 것이 아니었습니다. 오염되어 있는 것은 야채 전반이 아니라 '이파리 채소'였고, 프로그램에 출연한 연구소장도 '이파리 채소'를 반복해 언급한 것이 사실이었지요. 2월 9일 TV아사히는 '이파리 채소'를 '야채'라고 표현한 보도의 부적절성을 인정했습니다. 그러나 '이파리 채소'가 무엇을 가리키는지 분명하게 밝히지는 않았지요. 애매한 정보는 시청자들을 또 다시 불안감에 휩싸이게 했습니다.

사태를 진정시킨 것은 정확한 정보의 공개였습니다. 도코로자와시 농협은 그때까지 발표하지 않고 있던 1997년 7월의 조사결과를 발표했지요. '시금치'의 다이옥신 농도는 전국 평균 이내였습니다. 최초에 방송 프로그램에서 인용됐던 연구소의 조사 결과가 1999년 2월 18일 다시 발표됐습니다. 다이옥신 농도가 거론된 '이파리 채소'는 '엽차'였음이 밝혀졌지요.

TV아사히 프로그램의 캐스터는 취재 · 보도의 실수에 대해 사죄했습니다. TV아사히는 언론의 생명인 정확성을 상실한 보도로 인하여 신뢰성을 잃게 되었습니다. 도코로자와시 농민들은 손해배상 소송을 제기했습니다. 소송은 3년을 끌었으며 2004년 원고와 피고의 화해로 끝을 맺었습니다. 뉴스스테이션 프로그램은 최고 재판소 판결 다섯 달 후인 2004년 폐지되었고 18년간 뉴스스테이션을 이끌어온 일본 최고의 인기 앵커 구메이 히로시도 물러났습니다.

② 사실보도가 모두 진실보도는 아니다.

사실을 정확하게 보도했다 하더라도 진실을 밝혀내는 일은 쉽지 않습니다. 이때는 기자의 자질과 양심이 중요해집니다. 사실들 사이에 숨어있는 진실을 찾고, 어떤 것이 보다 진실에 가까운지 찾는 것은 매우 어려운데 기자들은 때때로 이런 진실의 변두리에 머물러 있습니다. 그리고 그 진실을 찾기 위해 상당히 힘든 취재를 해야 하고 때로는 위험을 감수해야 하는 경우도 있습니다.

그러면 사실보도와 진실보도는 어떻게 다를까요? 사실 보도가 모두 진실 보도일까요? 몇 가지 사례를 들어보겠습니다.

● 미 국방부 기밀문서 폭로 사건

존 F. 케네디 대통령이 암살된 며칠 후, 대통령직을 승계한 린든 B. 존슨은 로버트 맥나마라 국방장관을 불러 베트남에서 실제로 어떤 일이 벌어지고 있는지 알아보도록 지시했습니다. 그가 부통령이었을 때 보고받은 것들을 믿지 않았던 것이지요. 로버트 맥나마라 장관은 사이공으로 날아가 3일 동안 장군들과 회의하고 여러 전투지역을 둘러봤습니다.

그는 귀국 직전에 베트남의 탄손누트 공항에서 기자회견을 갖고, "크게 용기를 얻었으며, 전쟁 상황은 현저하게 진전을 이루었고, 베트남 정부는 그 어느 때보다 큰 역할을 하고 있으며, 베트콩 사상자는 늘어나고 있다."고 말했습니다. 다음 날 앤드류 공군기지에 도착해서 행한 기자회견에서도 베트남에서 했던 발언과 거의 같은 말을 되풀이했습니다. 기자회견 후 그는 곧바로 존슨 대통령을 찾아가 직접 보고했습니다. 그러나 그가 대통령에게 보고한 내용은 전혀 세상에 알려지지 않았습니다.

8년 뒤인 1971년 6월 뉴욕타임스와 워싱턴포스트는 '국방부 기밀문서(Pentagon Papers)'라 불리는 비밀문서를 입수하여 베트남 전황에 대해 상세히 보도하게 됩니다. 비밀문서의 내용은 맥나마라가 8년 전 기자회견 때 밝힌 것을 완전히 부정하는 것이었습니다. 비밀문서에 의하면 그 당시, 사실 베트남에서는 상황이 악화되고 있었고 베트콩의 전력증강은 베트콩 사상자를 상회하고 있었으며 미군이 더 많이 투입될 필요가 있던 상황이었지요.

8년 전 맥나마라의 발표를 그대로 인용 보도한 것은 사실보도였을지 모르지만 진실보도는 아니었던 것입니다.

● 3당 합당의 비밀

우리나라의 예를 들어볼까요?

1990년 1월 22일 민정 · 민주 · 공화 3당이 합당을 선언하는 역사적인 사건이 있었습니다. 노태우 민정당 대표, 김영삼 민주당 대표, 김종필 공화당 대표 등 3인은 3당을 합당하여 민자당으로 통합한다고 발표했습니다. 이들은 3당 합당이 정국의 혼란으로 위기에 처한 나라를 구하기 위한 '구국의 결단'

이라는 미사여구(美辭麗句)를 동원하는 등 그럴듯한 명분을 스스로 부여하였습니다.

대부분의 언론들은 이들의 발표를 그대로 인용하여 3당 합당에 대해 보도했지요. 이후 9개월이 지난 10월 25일 중앙일보는 3당 합당 시 교환된 비밀 각서를 입수하여 보도합니다. 그 비밀 각서에는 1991년도에 내각제 개헌을 한다는 등 정국을 인위적으로 개편하는 내용이 들어 있었습니다. 국민들 앞에 떳떳하게 발표할 수 없는 내용이 들어있었던 것입니다.

선의의 거짓말을 할 권리가 있다고 믿는 권력자들

미국과 한국의 사례를 보아도 알 수 있듯이 고도로 계산된 정치적인 야합이나 정부의 일방적인 발표에는 '언제나'라고 해도 좋을 정도로 진실이 감추어져 있게 마련입니다.

권력자들은 일반인들보다 어떤 문제나 상황에 대해 잘 알고 있기 때문에 선의의 거짓말을 할 권리가 있다고 그들 스스로 믿고 있는 경우가 많지요. 사회적인 혼란을 방지하기 위해 위기상황에서 거짓말을 할 수도 있고, 국가안보를 위해 거짓말을 할 수 있다고 생각하고 있습니다.

정치인들이 자기들끼리 은밀한 약속을 한 뒤, 그 비밀을 감추고 국민들에게는 거짓으로 그럴듯하게 위장하여 발표하는 사례가 상당히 있지만 언론은 그 저의(底意)를 모른 채 그들이 포장한 겉 내용만 보도하는 일이 많습니다. 저널리스트들이 권력자들의 거짓말에 어떤 형태로든 말려드는 것이지요. 그러나 거짓말은 결국 잘못된 판단과 신뢰의 상실로 이어지게 된다는 것을 잊어서는 안 될 것입니다.

● 황우석 교수의 줄기세포 논문 조작 사건

2005년 한국 사회뿐만 아니라 전 세계를 떠들썩하게 했던 황우석 서울대 교수의 줄기세포 논문 조작사건이 있었습니다. 황우석 전 서울대 교수는 2004년 2월 12일 과학전문지 사이언스(Science)에 '인간 체세포복제, 배아줄기세포'에 관한 논문을 발표했습니다. 이어 1년 뒤인 2005년 5월 19일 또 사이언스에 '환자맞춤형 배아줄기세포' 논문을 발표했습니다.

국내 언론사들은 '대한민국의 힘을 세계만방에 떨친 쾌거' '대한민국의 미래를 먹여 살릴 황금알을 만들 인물' '전 세계 난치병 환자를 대한민국의 과학으로 치료한다'는 등으로 요란하게 보도했습니다. 발표 내용을 다른 취재원을 통해 확인하고 검증해보려는 노력은 하지 않았습니다.

그때 MBC PD수첩이 황우석 신화에 도전장을 내고 2005년 11월 22일 '황우석 신화와 난자 매매의혹'을 방영했습니다. 이때 방송은 난자 매매에 관한 윤리 문제를 주로 다루었습니다. 방송 후에 PD수첩 취재팀의 취재원에 대한 위협적, 강압적인 취재 행위가 문제되어 논란이 일었습니다. 논란이 확산되면서 사건은 문제의 본질에 접근하게 되어 12월 15일 노성일 미즈메디 병원 이사장이 기자회견을 통해 "줄기세포가 없다"는 폭탄선언을 하게 됩니다. PD수첩은 이날 '황우석 신화 2탄'을 방송하게 되지요. 이렇게 황우석 줄기세포 사기극은 막을 내리게 되었습니다.

황우석 교수 사건은 언론이 진실 검증이라는 저널리즘 본연의 자세를 망각한 채 일방적인 발표를 맹목적으로 수용하고 과대포장까지 해가면서 스스로 거짓을 부풀리기까지 한 어이없는 사건이었습니다. 한국 언론의 일그러진 자화상을 보여준 단적인 사례였지요. 그나마 PD수첩의 심층취재로 한국 언론이 다소 체면을 살릴 수 있었다고나 할까요?

6. 뉴스의 왜곡

(1) 오보(誤報)

① '정확' 은 '속도' 보다 앞선다

한국언론재단이 2007년 전국의 방송, 신문, 통신, 온라인 매체의 기자 967명을 대상으로 조사한 바에 따르면 "최근 1년간 오보로 인해 정정기사를 쓴 경험이 있는가?" 라는 질문에 오프라인 매체 기자의 10.9%, 온라인 매체 기자의 26.7%가 "그런 적이 있다"고 답했습니다.

언론에서는 '정확'은 '속도'보다 앞선다는 말이 있습니다. 또한 '기사가 확인되지 않으면 팽개쳐 버려도 된다(If it doesn't check out, chuck it out)'는 말도 있습니다.

텔레비전 뉴스는 정확한 보도를 기반으로 시청자들로부터 신뢰를 받게 됩니다. 정확하다는 것은 사실을 왜곡하지 않고, 있는 그대로 보도한다는 의미이지요. 정확한 보도를 하기 위해서는 편견을 가지지 않고 올바르게 사안을 바라보고 취재해야 합니다. 기자는 자신의 선입견을 버리고 관련되는 취재원을 빠짐없이 접촉해 다양한 의견을 청취하여 사안을 냉정하고 객관적으로 판단한 후에 기사를 작성해야 합니다.

힘들이지 않고 편안하게 사무실에 앉아서 취재하고, 적당히 한 쪽 얘기만 듣고 가볍게 판단하여 기사를 쓰게 되면 정확한 보도를 할 수 없습니다.

오보는 사실과 다른 보도 또는 진실되지 않은 보도를 말합니다. 넓은 의미로는 과장, 왜곡, 날조, 편파, 불공정 보도가 오보의 범주에 들어갑니다. 오보는 시청자에게 그릇된 정보를 제공함으로써 피해를 줄 뿐만 아니라 기사에 거론된 당사자들에게 커다란 피해를 입히게 됩니다.

가장 심각한 사례가 허위보도로, 이것은 의도적으로 사건을 날조하여 잘못된 뉴스를 내보내는 것입니다. 기사를 작성한 기자 그리고 기자가 작성한 기사를 검토하는 데스크가 모두 비도덕적인 경우에 이러한 일이 벌어질 수가 있으며 웬만해서는 일어날 수가 없는 일입니다.

다음은 과잉보도입니다.

지엽적인 문제를 전체의 문제인양 부풀려서 과장 보도하는 것입니다. 과잉 보도는 흔한 사례입니다. 기자들은 특종에 대한 강박관념이 있기 때문에 자신이 쓴 기사에 대해 지나치게 애착을 가지고 과대평가하는 측면이 있지요. 그리고 '기사가 되게 한다'는 생각으로 사실(fact)을 있는 그대로 쓰지 않고 부풀리고 가공하는 일을 예사로 하는 기자들도 간혹 있습니다. 이러한 기사가 더욱 문제가 되는 것은 특히 고발성 뉴스일 경우입니다. 파장이 만만치 않지요. 사실과 다르게 과장·확대된 보도로 인하여 관련된 사람들이 입게 되는 피해는 상상을 초월하는 것입니다. 언론의 사회적인 책임이 강조되는 이유가 여기에 있습니다.

② 오보를 하는 원인

기자들이 오보를 하는 데는 여러 가지 원인이 있겠지만 대표적인 것 몇 가지를 들어보면 다음과 같습니다.

첫째, 타 언론사와의 경쟁의식이 지나친 나머지 특종기사를 쓰겠다는 과욕에서 빚어지는 수가 많습니다. 특종에 눈이 멀어 사실을 정확하게 확인하지 않고 마감 시간에 쫓겨 서둘러 기사를 쓰다보면 오보를 내게 되는 것이지요. 결과적으로 잘못된 뉴스를 보도하는 것으로 경솔하고 무책임한 행위라 할 수 있습니다.

둘째, 뉴스거리를 발표하는 기관에 지나치게 의존하는데도 원인이 있습니다. 예를 들어 범죄사건을 보도하는 경우 수사기관을 가장 중요한 정보원으로 생각하여 수사당국에서 발표하는 것만 그대로 받아들이고 다른 뉴스 소스를 통해 확인 취재를 하지 않으면 오보를 낼 수 있습니다.

셋째, 기자가 게으름을 피우다가 또는 자칫 오만한 나머지 선입견을 가지고 경솔하게 판단해서 오보를 내는 경우도 많은데 이것은 치명적이라 할 수 있습니다. 언론인이 부지런히 취재해야 함은 물론이고 겸허한 자세로 취재에 임해야 하는 이유가 여기에 있지요.

③ 오보의 사례

● 사례1 : 필요한 부분만 잘라 쓰는 데서 오는 인터뷰 오보

기자는 인터뷰를 해서 기사를 작성할 때 인터뷰 대상자가 한 말을 정확하게 있는 그대로 인용하는 것을 철칙으로 해야 합니다. 그러나 기자들은 때때로 인터뷰이(interviewee 인터뷰를 당하는 사람)가 한 말을 필요한 부분만 적당히 잘라서 기사에 집어넣기도 하지요. 그러다 보니 인터뷰이의 입장에서는 자신이 말한 것과 정반대의 이야기가 기사화될 수도 있습니다. 이것이야말로 기사가 왜곡되는 것이고 오보라 할 수 있습니다.

기자들은 기사를 다 써놓고 끝 부분에 구색(具色)으로 정부당국자의 멘트나 업계 관계자 등의 멘트를 넣어서 기사를 마무리하는 일이 많습니다. 그러다 보면 인터뷰이의 말은 전체 기사에서 단지 곁다리로 추가되는 일부분에 불과하여 말한 사람의 본래의 의도와는 전혀 다른 얘기가 나가게 되는 수가 있습니다. 여러 말 중에서 몇 마디만 잘라서 방송 뉴스에 쓰기 때문에 시청자들은 인터뷰이가 어떤 의도로 그 말을 했는지 진실을 알 수 없고, 그저 기자의 의도대로 이해하게 되는 것입니다.

TV 인터뷰에서 이러한 사례를 많이 찾아볼 수가 있습니다. 그런데 의도적으로 왜곡하는 것은 더욱 심각합니다. 예를 들어 야당 대표가 "여당이 사과하면 이 달 중으로 국회에 등원하겠다"는 말을 했을 때 "여당이 사과하면"이라는 말을 빼고 "이 달 중으로 국회에 등원하겠다"는 부분만 보도하면 사실을 크게 왜곡하는 결과를 초래하겠지요.

일례로 2004년 3월 26일자 MBC 미디어 비평 프로그램「신강균의 뉴스 서비스 사실은」에서 집회 참가자의 발언을 왜곡 편집하여 방송한 사건이 발생해 문제가 되었습니다. 미디어 오늘에 게재된 기사를 볼까요?

<미디어 오늘> MBC '사실은' 명예훼손 인정 판결

(2006년 2월 17일 기사)

서울 남부지법 민사12부(부장판사 신명중)는 지난 9일 MBC '신강균의 뉴스서비스 사실은'의 '보수단체 집회에서의 권양숙 여사 비하 발언' 보도로 명예를 훼손당했다며 해당단체 집회 사회자 송모씨 등이 MBC 쪽을 상대로 낸 손해배상 청구소송에서 "피고들은 송씨에게 1천만 원을 지급하라"며 원고 일부 승소 판결했다. 재판부는 판결문에서 "취재 상대방의 발언을 전체적인 취지와 함께 방송될 수 있도록 하는 것이 방송사의 주 의무이지만 피고는 전제가

> 되는 발언을 거두절미한 채 의도적으로 편집해 원고의 사회적 평가를 저해시켰다"고 밝혔다. MBC는 지난 2004년 3월26일 '신강균의 뉴스서비스 사실은' 방송 때 서울 광화문 앞에서 열린 노무현 대통령 탄핵찬성 집회에서 권양숙 여사 학력 등을 거론한 집회 참석자들의 발언을 편집, 보도해 '왜곡편집' 논란을 일으킨 바 있다.

● 사례2 : 충견(忠犬)이 물에 빠진 아이를 구하다

1982년 11월 1일 연합통신(지금의 연합뉴스) 마산 주재기자가 타전한 기사를 방송과 신문이 확인하지 않고 그대로 받아 보도하는 바람에 전국의 언론이 오보를 내는 코미디 같은 사건이 발생했습니다. 당시 연합통신 기사를 일부 인용해 봅니다.

> <연합통신> 바둑이가 물에 빠진 옛 주인 구했다
>
> (1982년 11월 1일 기사)
>
> 1일 하오 3시20분쯤 경남 함안군 칠원면 유원리 산달전 부락 저수지둑에서 형과 형의 친구 4명과 함께 놀던 이 마을 전모씨(39)의 차남 영배군(6)이 미끄러지면서 수심 1m의 저수지에 빠졌다. 영배군이 허우적거리며 물위를 오르락내리락 하는 것을 보고도 형의 친구들이 어쩔 줄 모르고 발만 동동 구르고 있었는데 이때 영배군을 따라다니던 이 마을 주모씨(50)의 10개월짜리 셰퍼드 잡종 바둑이가 물속으로 뛰어들어 영배군의 옷깃을 물고 둑으로 끌어내 익사직전에 구해냈다는 것. 이같은 사실은 영배군과 같이 놀러갔다가 이 광경을 목격한 영배군의 형 운배군(9) 등이 이 마을 어른들에게 알려왔다.

이 기사가 나가자 TV뉴스는 그날 밤 9시뉴스에 '주인 구한 충견'이라는 제목으로 주요뉴스로 보도하고, 이튿날 신문들도 사회면 톱기사로 싣는 등 그야말로 난리법석이었습니다.

그러나 현장을 직접 방문한 기자들이 탐문취재로 확인한 결과 이런 사실은 없었으며 기사는 완전히 날조된 것으로 드러났습니다. 확인 취재하지 않고 기사를 쓰고, 또 확인하지 않고 남의 기사를 그대로 받아 쓴 결과가 얼마나 큰 파장을 일으키는지 보여주는 사례입니다.

● 사례3 : 한국산 호랑이 오보 사건

호랑이 오보 사건은 기자의 특종에 대한 기대치가 지나치게 반영되어 일어난 사건입니다.

1980년 1월 24일 동아일보는 '한국산 호랑이가 나타났다'는 기사를 사회면 톱기사로 올렸습니다. 남한에서 멸종된 것으로 알려진 호랑이가 58년 만에 경북 영양의 야산에서 발견됐다는 뉴스를 사진과 함께 게재했지요. 이 사건은 이튿날 다른 신문이 문제의 호랑이가 서울 어린이 대공원에서 사육중인 것이라고 보도함으로써 오보로 밝혀졌습니다. 취재 뒷이야기에 따르면 호랑이 오보 기사를 쓴 동아일보 기자는 혹시 다른 언론사에 알려질까 봐 사회부장에게 "서둘러 기사를 싣자"고 독촉했다는 것입니다. 허위 제보자의 말을 듣고 특종에 눈이 어두워진 나머지 제대로 확인도 하지 않고 경솔하게 보도한 사건이었지요.

또 다른 호랑이 오보 사건은 2001년 7월 2일 대구MBC에서 반복되었습니다. 대구 MBC는 경북 청송 지역에 설치해 놓은 카메라에 야생 호랑이로 보이는 동물의 발자국이 촬영됐다고 보도했습니다. 대구 MBC는 야생 호랑이가 틀림없다고 주장하며 서울 본사에 압박을 가해 9시 종합뉴스에 톱뉴스로 방송해 줄 것을 요구하고, 본사가 이를 거부하자 자체적으로 톱뉴스로 보도하는 해프닝을 벌이기도 했습니다.

● 사례4 : 오보가 가장 많았던 UFO(미확인 비행 물체)

오보가 가장 많이 발생한 사례는 뭐니 뭐니 해도 UFO일 것입니다. 여러 차례 오보가 있었는데 대표적인 사례의 하나로 들 수 있는 것은 서울 상공에 괴비행물체가 나타났다는 1996년 11월 22일 YTN의 보도일 것입니다. 이 뉴스는 당일 KBS 등 국내 주요 방송사도 그대로 인용 보도했고, 국내 신문은 물론 CNN 등 외국 방송사와 통신사 등 외신들도 인용해 보도했습니다. 그러나 이것은 착시현상으로 인한 오보였음이 판명되었지요.

<YTN> 서울상공에 미확인 비행 물체

(1996년 11월 22일 기사)

서울 하늘에 정체를 알 수 없는 비행물체가 나타나 상공에 머물다가 사라졌습니다. 오늘 아침 7시20분쯤 서울 동쪽 하늘에 타원형 형태의 붉은 빛을 띤 괴 비행물체가 나타났습니다. 이 비행물체는 북쪽으로 10여분 가량을 서서히 이동하다가 갑자기 남쪽으로 방향을 틀어 긴 꼬리를 남긴 채 사라졌습니다. 이에 대해 공항과 공군관계자는 그 시각 서울 상공을 비행한 민간 항공기나 군전투기는 없었다고 밝혔습니다. UFO전문가는 이 괴 비행물체가 갑자기 방향을 바꾼 점 등을 들어 UFO일 가능성이 높다고 말했습니다.

(2) 작문(作文) 하는 기자들

① 소설 같은 기사를 썼다

언론계에서는 기자들이 '작문을 한다'는 말을 많이 합니다.

기자들이 출입하는 출입처 사람들, 예를 들면 공무원이나 기업체 관계자 또는 정치인 등도 "아무개 기자가 작문했다" "소설을 썼다"며 작문성 기사에 대한 불신감을 드러내곤 하지요.

기자가 사실을 정확하게 확인하고 기사를 쓰는 것이 아니라 추측으로 기사를 만들어낼 때 "작문을 했다"고 합니다.

한 출입처에 나간지가 오래 되어서 어느 정도 그곳 사정을 알게 된 기자들이 대개 작문을 합니다. 출입처의 업무를 어느 정도 파악했다고 생각할 때 쯤 작문기사를 쓰게 되는 것이지요.

대개 취재원에게 들은 한 두 마디 말을 토대로 기사를 부풀려 만드는 과정에서 기자 자신의 생각을 덧붙여 씁니다.

기자가 작문을 하는 것은 저널리스트로서의 기본이 안 돼 있다고 볼 수 있습니다. 그런데도 불구하고 특종기사를 써야 한다는 강박관념과 경쟁 언론사를 의식하여 그런 행동을 하는 기자들이 간혹 있습니다.

② 작문으로 탄생한 '서울역 이전' 계획

필자의 경험담을 한 가지 소개해 볼까요?

1970년대 후반 서울시청을 출입하던 기자들 사이에서 '기사싸움'이 벌어졌습니다. '기사싸움'이란 '기사경쟁'이라는 뜻이지요. 서로 특종 기사를 쓰기 위해 치열하게 경쟁을 벌이다 보니까 모두가 스트레스를 받는 상황이었습니다.

어느 한 기자가 자기 출입처 관련 정보를 1면 머리기사나 사회면 머리기사로 쓰게 되면 다른 언론사 기자들은 각자 자기 회사 데스크에게 해명을 해야 합니다. 그 기사가 맞는 내용인지 확인해서 보고를 해야 하지요. 확인이 되지 않으면 기자들은 일반적으로 데스크에게 그 기사가 과장되었다고 말합니다. 또는 오보라고 보고하고 그 기사를 무시해 버리지요. 어쨌든 기자들은 무엇이 됐든지 큰 기사를 써야한다는 강박관념에 시달리고 있었습니다.

그리하던 때에 어느 날 필자는 모 통신사와 신문사 기자 등 3명이 공보관실에 앉아서 기사를 만드는 장면을 목격했습니다. 이들은 '서울시가 서울역을 변두리로 이전하는 계획을 세웠다'는 기사를 만들고 있었지요. 즉, 작문을 하고 있었습니다. 이들은 서울 시청에 출입한지 2~3년이 되는 기자들이어서 기사를 만드는 요령을 잘 터득하고 있었습니다. 이들은 서울역을 이전한다는 기사를 그럴 듯하게 만들어 각자의 소속 신문사와 통신사로 송고했습니다.

그 기사는 그 다음 날 해당 신문에 사회면 톱(top) 내지 중간 톱으로 크게 보도됐습니다. 필자의 소속 언론사 데스크는 필자에게 그 기사를 확인하여 받으라고 했지요. '받는다'는 것은 남의 기사를 그대로 베껴낸다는 뜻입니다. 신문에 게재된 기사를 베껴서 방송뉴스로 내보내라는 것이지요.

작문을 한 기사는 오보인데도 불구하고 전후 사정을 모르는 사람은 2~3개 신문이 동시에 보도를 하니까 맞는 얘기로 아는 것입니다.

이런 경우 기사를 쓴 기자만이 진실을 안다고 해야 할까요? 독자들은 엉터리 기사를 진실로 알고 믿었을 것입니다. 그 당시만 해도 담당 공무원이 아무리 오보임을 강조해도 통하지 않던 시절이었으니까요. 사람들은 "신문에 났다"고 하면 무조건 믿는 때였습니다.

(3) 권력과 자본에 굴복한 오보

오보는 의도적이 아니었다 하더라도 결과적으로는 허위보도가 되는 것이므로 저널리즘 종사자들은 오보가 나갔을 경우 즉시 정정보도를 내야합니다.

MBC는 방송강령에서 '객관적인 사실을 잘못 보도했을 때는 솔직하게 시인하고 신속하게 정정한다'고 밝히고 있습니다.

신문윤리 강령은 '편집자는 사실의 오류를 발견하거나 독자가 잘못된 사실의 정정을 요구할 경우 그 내용을 신속히 그리고 뚜렷하게 게재해야 한다'라고 규정하고 있습니다.

그러나 대부분의 언론이 오보에 대해서는 솔직하게 인정하기를 꺼립니다. 오보를 인정하는 것이 언론기관의 신뢰성을 떨어뜨린다고 생각하기 때문입니다. 그러나 솔직하게 오류를 인정하고, 정정기사를 내지 않는다면 시청자들의 불신은 더욱 깊어지겠지요.

저널리스트 개인의 능력 부족이나 경솔함, 게으름 등 자질 부족으로 인한 오보보다 더욱 심각한 것은 저널리스트와 저널리즘 조직이 권력 및 자본 등에 굴복하여 왜곡보도를 하는 것입니다. 과거 독재정권 시절 한국의 언론은 권력의 시녀로 전락한 경우가 많았습니다. 그리고 최근에는 광고주의 눈치를 보면서 언론의 본분을 망각하는 사례도 많아지고 있지요. 권력과 자본으로부터 독립하여 사회 환경을 감시하고 비판하는 본연의 역할에 대해 저널리스트와 저널리즘 조직이 깊은 성찰을 해야 할 것입니다.

● 한국 저널리즘의 굴종으로 빚어진 역사적인 오보

언론개혁 시민연대가 선정한 오보 50선 가운데 일부를 소개합니다. 대부분 역사적으로 독재 정권에 굴종하여 곡필(曲筆)을 한 사례들이지요.

〈언론개혁 시민연대 선정 오보 50선〉

연월	언론사	제목	내용
1956.3.	서울신문	이승만 대통령 81회 탄신일의 세계사적 의의	이 대통령은 대한민국을 구한 영웅으로 그가 없었다면 일본도 적화(赤化)되었을 것이라 주장
1961.5.	동아일보	당면 중대 국면을 수습하는 일	5·16 군사 쿠데타를 정당화
1972.10.	경향신문	국권 수호 평화통일을 위한 체제개혁	10월 유신을 정당화
1979.8.	중앙일보	YH 사건 배후에 도시산업단체라는 좌경단체가 있다	노동운동 단체를 좌경단체로 매도
1980.5.	조선일보	악몽을 씻고 일어서자	5·18 광주민주화운동을 폭도들의 소행으로 매도

한국 언론이 곡필로 인해 대형 오보를 한 사례를 보면 정치권력에 정당성을 부여해 주고 민주화 운동을 외면한 사례에서부터 선정적 보도에 이르기까지 다양합니다. 정치권력을 정당화해 준 사례는 대개 독재정권 시절에 많았습니다. 그 대표적 예로 1956년 자유당의 4사5입 개헌 정당화, 이승만 우상화, 박정희 군부 쿠데타 지지, 10월 유신 지지, 부마사태 왜곡, 전두환의 권력 장악 정당화, 광주 민주화 운동 매도 등을 들 수 있습니다.

용공조작 사건으로는 김근태 고문 사건, 건국대 사태, 금강산 댐 수공위협 사건 등을 들 수 있습니다. 그 밖에 민중의 생존권을 외면하고 인권을 유린한 사건으로 1971년 경기도 광주 대단지 사건, 삼청교육대 왜곡, 권인숙 성폭행 왜곡 사건 등이 있습니다. 선정주의에 의한 오보로는 1986년 김일성 사망설, 1993년 서해 페리호 백두운 선장 생존설 등의 왜곡 보도 사례를 들 수 있지요.

(4) 선정성 · 상업성에 빠진 보도

① 이익창출이라는 목표를 포기할 수 없는 언론사

TV뉴스를 제작하는 기자나 방송사의 입장에서 보면 이익창출이라는 언론사의 또 다른 목표를 달성해야 하는 문제가 있습니다. 그렇기 때문에 시청자가 무엇을 보고 싶어 하는지에 신경 쓰지 않고 언론의 정도(正道)만을 꿋꿋하게 지키며 정통뉴스만을 만들기는 현실적으로 어려운 일일 것입니다. 어느 정도는 시청자의 기호에 맞추고 시류(時流)에도 영합하면서 뉴스를 제작하게 될 것입니다.

그러나 그것이 너무 지나치면 큰 문제가 아닐 수 없지요. 시청률을 지나치게 의식한 나머지 상업성에 매몰되어 뉴스가 선정적으로 치닫는다면 저널리스트나 시청자 모두에게 불행한 일일 것입니다. 극단적으로 선정성, 상업성에 치우친 보도의 예를 살펴볼까요?

② 다이애나의 죽음 보도로 재미를 본 영국 언론들

1997년 8월 31일에 발생한 다이애나의 죽음은 가히 드라마틱한 사건으로, 전 세계인의 눈과 귀를 TV에 붙잡아둔 대형 이벤트였습니다. 매스컴들은 그녀의 사망 직후부터 장례식

날까지 연일 뉴스를 만들어냈습니다. TV로 중계된 그녀의 장례식은 지구촌 25억 명이 시청했습니다. 시차 때문에 밤을 꼬박 새워가면서 TV 생중계를 시청한 사람들도 있었고, 파키스탄에서는 그녀의 죽음에 절망하여 자살을 한 사람도 있을 정도였습니다. 뉴욕 시민들은 90% 이상이 그녀가 죽은 뒤 일주일이 지나도록 그녀에 관한 이야기를 화제로 삼았다고 합니다. 그녀의 사망 이후 며칠 동안, 영국의 신문들은 '선 The Sun' 3,900만부, '미러 The Mirror' 2,400만부, '데일리 메일 Daily Mail' 2,300만부 등 최고의 판매 부수를 기록했지요.

반면 다이애나 왕세자비가 사망한 5일 후인 9월 5일 세상을 떠난 테레사 수녀[2]는 별로 사람들의 주목을 받지 못했습니다. 또한 정치적으로 의미가 큰 케네디 대통령 암살 사건, 교황 요한 바오로 2세에 대한 암살음모 등은 다이애나비의 죽음에 비하면 상대적으로 그다지 큰 관심을 끌지 못했습니다.

뉴스 가치를 놓고 생각해 보면 비교할 수도 없는 사건이지만, 다이애나 왕세자비가 사망한 죽음은 언론의 선정적인 보도와 시청자, 독자들의 광적(狂的)인 몸부림이 상승작용을 일으켜 전 세계에 거대한 오열을 촉발시킨 20세기 최대 이벤트였습니다.

③ 취재거리가 바닥나자 기자들끼리 취재한 르윈스키 스캔들

1998년 1월에 터진 클린턴 미국 대통령과 견습사원인 르윈스키 사이의 성추문은 미디어가 어느 정도까지 타락할 수 있

---

2) 테레사 수녀(Mother Teresa, 1910~1997)는 본명이 아그네스 곤자 보야지우(Agnes Gonxha Bojaxhiu)인 알바니아계의 로마 가톨릭 수녀로, 1950년 인도 콜카타에서 사랑의 선교회를 설립하였다. 이후 45년간 사랑의 선교회를 통해 빈민과 병자, 고아 그리고 죽어가는 이들을 위해 헌신하였다.

는지를 보여준 한 편의 드라마이자 코미디물이라 할 수 있을 것입니다.

대통령의 도덕성이 중요한 문제인 것은 사실이지만, 그러함에도 불구하고 뉴스를 지나치게 흥미 위주로 과잉 보도함으로써 뉴스 자체는 물론 시청자들까지 낯 뜨거워지는 장면을 연출했습니다.

당시 미국에는 국내외적으로 성추문 사건보다 비중 있는 뉴스들이 많았습니다. 미국내 자동차 노조의 파업, 아시아와 러시아의 금융 위기, 미국과 이라크와의 갈등, 아프리카에서의 미 대사관에 대한 테러 행위, 인도와 파키스탄의 핵실험 등등. 그러나 미국의 TV와 신문들은 온통 르윈스키 스캔들만 집중적으로 다루었습니다. 기자들은 이 사건에 대해 더 이상 취재거리가 없어서 기자들끼리 서로 물어가면서 취재하여 보도할 정도였다고 합니다. 그래서 이 사건에 관련된 기사는 절반 가량이 취재원을 익명으로 하여 보도됐습니다. 신뢰도가 떨어지는 내용들이 많았다고 보아야겠지요.

더욱 가관이었던 것은 르윈스키 스캔들을 보도하기 위해 당시 쿠바에 파견되었던 TV방송사 취재팀들이 급히 워싱턴으로 소환되는 일까지 벌어진 것입니다. 댄 래더, 피터 제닝스, 톰 브로커 등 CBS, ABC, NBC의 간판 앵커와 수백 명의 기자들은 교황의 쿠바 방문과 피델 카스트로의 만남을 취재하기 위해 쿠바에 출장을 갔다가, 긴급히 워싱턴으로 돌아오는 해프닝까지 벌어졌지요.

유명한 ABC TV의 앵커 바바라 월터스는 이 스캔들을 보도하면서 '클린턴 대통령의 정액'에 대하여 눈썹 하나 까딱하지 않고 언급했다 하여 미디어 업계의 화제 거리가 되기도 했습니다. 미디어가 처한 현실에 참담함을 느끼게 해주는 사건의 한 장면이 아닐 수 없습니다.

④ 연애스토리로 전락한 신정아 사건

한국에서도 언론이 부풀린 스캔들이 있었습니다. 2007년도에 있었던 신정아 · 변양균 스캔들이지요.

원래 이 사건은 미술계에서 빠른 속도로 출세하던 신정아 씨의 학력이 위조된 것으로 밝혀지면서 문제가 되기 시작했습니다. 미술계의 신데렐라로 불리던 신 씨의 예일대 박사학위가 위조된 것으로 밝혀진 것입니다.

이 사건은 많은 사람들에게 큰 충격을 줬기에 끊임없이 여러 의혹이 제기될 수밖에 없었습니다. 신 씨가 위조 학위로 대학 교수까지 하는 등 그렇게 빠른 출세를 할 수 있었느냐에 대한 의문이 그 중 하나였습니다. 이 때 검찰 수사 과정에서 당시 청와대 정책실장이던 변양균 씨와 신정아 씨가 모종의 관계에 있었다는 사실이 드러납니다. 둘 사이에 주고받던 이메일이 발견된 것이지요.

이메일을 통해서 둘 사이가 친구 이상의 관계임이 드러나게 되었습니다.

여기서 언론보도는 급격히 선정적으로 흐르기 시작합니다. 학력 위조도, 권력형 비리도 더 이상 언론의 관심사가 아니었습니다. 검찰에 의해 공개된 100여 통의 연애편지 이메일 내용이 언론의 주요 관심사였습니다. 이메일에는 두 사람의 노골적인 관계를 엿볼 수 있는 부분이 있었는데 언론이 이를 중점적으로 보도하기 시작한 것입니다.

검찰은 수사를 핑계로 언론은 국민의 알 권리를 핑계로, 두 사람 사이의 온갖 사연을 공개하기에 이릅니다. 둘 사이의 애정 행각이 신문 지면에 올라가기 시작한 것입니다. 급기야는 문화일보가 신정아 씨의 '몸 로비' 실체를 파헤친다면서 신씨의 누드 사진을 게재하는 지경에까지 이르렀습니다. 이 사진이 공개되자 여러 언론사들도 인터넷 뉴스를 통해 재빨리 이를 인용 보도하였습니다. 서로 선정적 보도에 열을 올린 것이지요.

이에 여성 · 시민단체 등에서 선정성 보도에 대한 항의 성명을 내고 문화일보 불매운동을 벌이게 됩니다. 그리고 이 사건으로 문화일보는 황색저널리즘 논쟁에 휘말리게 되지요. 결국 문화일보는 '독자여러분께 드리는 글'을 통해 선정적 보도에 대한 사과를 하게 됩니다. 하지만 그 때는 이미 학력위조 사건, 권력형 비리 사건 모두 선정보도에 묻혀 사람들의 관심에서 멀어져 버린 후였지요.

언론이 온통 이 스캔들에 주목한 사이 다른 큰 이슈들이 묻혀버리기도 합니다. 당시 한나라당 대선 경선 시 이명박 후보와 관련된 BBK 사건이 신정아 사건으로 인해 사람들의 관심에서 멀어진 것이 대표적인 예입니다. 선정적 뉴스가 중요한 사건을 덮어버린 꼴이 되었던 것입니다.

⑤ 노무현 전 대통령 수사 사건

정치적으로도 선정적 보도가 큰 문제가 된 적이 있습니다. 대표적으로 노무현 전 대통령에 대한 검찰수사 관련 보도를 들 수 있지요. 당시 한국 언론은 서로 특종을 위한 경쟁에 빠져 제대로 확인하지도 않은 사실을 앞 다투어 보도하였습니다. 또 익명의 검찰 관계자의 말을 빌려 선정성 보도에 열을 올렸습니다.

검찰이 이른바 박연차 리스트를 가지고 정치인들을 수사하는 과정에서 최종적으로 노무현 전 대통령을 향해 수사의 칼날을 들이대기 시작하였는데, 그 과정에서 온갖 이야기를 흘리기 시작했고, 언론들은 앞 다투어 검찰이 흘려주는 이야기를 주워 담아 기사화하기에 바빴던 것이지요.

이 과정에서 사람들의 흥미를 자극하는 여러 이야기들이 흘러나왔습니다. "1억원 상당의 시계를 받은 노 전 대통령의 부인이 그것을 논두렁에 버렸다"는 등의 선정적 이야기들이 그것이지요. 이런 이야기들은 곧 사람들 사이에 대단한 화젯거리가 되었습니다.

검찰과 기자의 관계는 어떤 측면에서는 갑과 을의 관계와 같습니다. 기자에게 줄 기사거리를 쥐고 있는 검찰이 이를 흘리면 기자는 받아쓰기에 바쁩니다. 마감시간 등의 제약 등으로 사실 여부를 확인하기가 어려운 현실 때문이기도 하지요. 그러다보니 어느 한 매체에서 새로운 보도가 나오면 서로 돌려가면서 베끼고 또 여기에 살을 붙여서 기사를 확대 재생산하는 사태가 발생합니다. 기사가 꼬리에 꼬리를 물고 재생산되는 격이지요. 앞뒤 정황을 돌아보고 사실을 제대로 파악할 겨를조차 없게 됩니다.

그리고 이런 보도행태는 노무현 전 대통령이 서거함으로써 거센 비판을 받게 되지요. 많은 국민들은 노 전 대통령을 죽음에 이르게 한 원인 중 하나로 검찰의 과잉수사와 함께 언론의 보도태도를 꼽았습니다. 언론이 상업주의에 몰입해 선정적 보도를 하고 보도에 신중을 기하지 않았다는 것입니다. 이에 언론계 내부에서 자성의 목소리가 일었고 몇몇 언론은 자신들의 보도태도를 사죄하는 글을 올리기도 했습니다.

이렇게 노 전 대통령 서거 이후 언론의 보도태도는 180도 달라졌습니다. 노 전 대통령을 추모하는 기사가 넘쳐나면서 한편으로는 검찰의 과잉수사에 대한 비판이 이어졌습니다. 망자에 대한 동정 및 이명박 정권에 대한 반감 등으로 노 전 대통령에 대한 기사가 동정 모드로 바뀌면서 검찰의 과잉수사 시비로 기사의 논조가 옮겨간 것입니다. 그리고 전국을 뒤덮은 추모의 분위기에 휩쓸려 동정 기사가 봇물을 이루게 됩니다. 극(極)과 극으로 오가면서 선정적으로 치우치는 한국 언론의 씁쓸한 자화상을 보게 된 사건이었습니다.

7. 뉴스의 금기(禁忌)사항은?

(1) 아직도 성역은 있는가?

현재 우리나라의 언론자유는 군사정권 시절과 비교하면 크게 신장되어 있습니다. 언론이 제4부라는 말이 실감날 정도로 영향력이 커졌지요.

그러나 무소불위의 힘을 가졌다고 할 수는 없습니다. 언론의 취재가 한계에 부딪치는 분야가 아직도 적지 않습니다.

언론은 기본적으로 국가 권력과 자본 권력에 약합니다. 또한 강력한 응집력을 가지고 배타적인 권력을 행사하는 집단도 쉽사리 건드리지 못합니다. 군, 정보기관, 종교계, 법조계, 의료계, 언론사주 등이 이에 해당합니다.

이들이 성역이라면 성역이겠지요.

군은 출입기자들도 마음대로 활동할 수 있는 공간이 아닙니다. 국가안보와 군사기밀을 이유로 웬만한 것은 취재 자체가 허용되지 않는 곳입니다.

정보기관은 국가 기밀을 취급하는 곳이기 때문에 애당초 기자들의 출입처 범주에 들어가 있지 않습니다.

종교계는 적잖은 비리가 제보되는 곳이지만 언론에서 선불리 취재에 나서지 못합니다. 신도 집단들의 자기 보호 본능이 상당히 강하기 때문이지요.

법조계, 의료계 등 전문가 집단은 대단히 배타적이고 자신들의 영역을 침범당하지 않으려는 의식이 강한데다가 로비가 치열합니다. 그래서 언론이 쉽사리 다가가기 어렵습니다.

언론 사주는 소위 동업자간의 봐주기가 관례화 되어있기 때문에 취재의 성역으로 남아있습니다. 한때 언론사간 싸움으로 상호 흠집 내기를 하면서 약점을 파헤치기도 했지만 그래도 서로간의 약점은 잘 드러내지 않고 있지요.

이른바 이들 성역지대도 투명하게 언론에 노출될 수 있어야 진정한 언론자유가 향유된다고 볼 수 있습니다.

① 군사독재시절의 암흑기

과거를 돌아보면 군사 독재정권 시절을 보내면서 언론의 암흑기라 할만한 긴 터널을 지나왔습니다. 지금은 상상할 수도 없고 해서도 안 될 일들이 일상적으로 일어나던 시절이었습니다. 가장 악랄했던 전두환 정권 때에는 문공부(지금의 문화체육관광부)를 통해 언론사에 매일매일 '보도지침'을 하달했고, 언론사들은 꼼짝 못하고 순순히 따랐습니다.

거슬러 올라가면 이른바 보도지침은 3공화국 유신 시절부터 있었습니다. 필자가 언론사에 입사했던 1970년대 중반 상황을 돌아보면, 보도국에 매일매일 구체적인 보도 협조요청이 내려오면 보도국에서는 그 내용을 각 부서의 데스크에 붙여놓고 그 지침을 충실하게 이행했습니다. 말이 협조요청이지 일방적인 지시였지요.

보도지침에서는 구체적인 뉴스 아이템을 명시한 다음 보도확대 요청은 '擴'(확대를 뜻함), 보도금지 요청은 '管'(관제를 뜻함)이라고 표시하여 이를 지키도록 했습니다. 예를 들면 管:재야단체 독재정권 규탄 성명서 발표, 擴:○○단체 정부정책 지지 성명서(주로 정부의 지원을 받는 어용단체가 발표하는 성명) 발표 등으로 구체적으로 명시하여 이른바 협조 요청을 했던 것입니다.

어떤 때는 기자가 보도관제 사실을 모르고 취재를 하여 기사를 작성했는데 뉴스로 나가지 못하는 경우도 있었고, 관제 사실을 미리 알고 나서는 어차피 보도되지 못할 것이라 생각하여 애초부터 아예 취재조차 하지 않는 경우도 있었습니다. 그 결과 정부정책에 반대하는 움직임 등은 발생한 사실조차 보도하지 못해 대부분의 국민들은 눈과 귀가 가려진 채 세상일을 잘 모르고 지냈습니다.

하나의 좋은 사례로 1976년 몬트리올 올림픽의 금메달 수상을 들 수 있습니다. 당시 우리나라는 양정모 선수가 레슬링에서 금메달을 획득했습니다. 역대 올림픽 사상 최초로 금메달을 딴 것입니다. 국내 매스컴들은 이를 대대적으로 보도했지요. 그런데 실은 이 대회에서 북한도 권투에서 구용조 선수가 금메달을 획득했습니다. 그러나 이 소식은 국내 매스컴에서는 전혀 보도되지 않았지요. 우리가 금메달을 딴 것은 대대적으로 확대 보도되고 북한의 것은 보도관제가 된 대표적인 사례입니다.

당시에는 방송사와 신문사에 중앙정보부(현재의 국가정보원) 보안사(현재의 국군기무사령부), 경찰서 정보과 형사 등이 수시로 출입하면서 내부 동향을 파악했었고 소위 이들 기관원 가운데 권력을 남용하는 자들은 기사에 대한 간섭은 물론이거니와 언론사의 인사에까지 영향력을 행사하는 등 지금으로서는 상상도 할 수 없는 횡포를 저지르기도 했습니다.

② 언론탄압에 항거하던 기자들 대량 해직

이러한 상황 하에서 1975년 동아일보 · 동아방송의 기자 PD 아나운서 그리고 조선일보 기자들이 언론탄압에 반대하는 투쟁을 벌이다가 대거 해직되는 사태가 벌어지기도 했습니다.[3)]

3) 1974년 1월 8일 선포된 대통령 긴급조치 1, 2호로 인해 유신헌법을 반대, 부정, 비방하는 모든 행위를 보도할 수 없게 되자, 그해 동아일보와 조선

1980년대에 집권한 전두환 정권 시절에는 이보다 더한 만행이 저질러졌습니다. 언론인 대량 해직 및 언론통폐합으로 공포분위기를 조성하고, 반면에 생존한 언론사와 기자들에게는 세제와 금융상의 각종 혜택을 주는 등 이른바 채찍과 당근 정책을 구사했지요.4)

1980년대 전두환 정권은 당시의 문화공보부를 통하여 언론사에 매일매일 보도지침을 내려 보냈습니다. 언론사를 통제하는 방식은 유신 시대와 비슷했으나 더욱 악랄하고 무자비했습니다. 비협조적이면 기관원들이 국가안전기획부(현 국가정보원)로 언론인들을 끌고 가서 고문도 자행할 정도였습니다. 보도지침 건은 월간잡지인 '말'지(誌)5)를 통해 폭로되어 권력의 언론통제 실상이 드러나기도 했습니다.

(2)'우물 안 개구리'를 탈피해야

지금은 예전에 비하면 우리 언론이 거의 제약도 받지 않고 보도의 자유가 보장되어 있다고 볼 수 있습니다. 그렇다면 이것으로 만족해야 할까요? 답변은 '아니다'일 것입니다.

우리나라의 언론 자유는 우물 안 개구리격인 점이 있습니다. 다시 말하면 우리 언론이 좀 더 시야를 넓혀 세계를 돌아보고 조금 더 적극적으로 선진국들과 어깨를 나란히 하여 세계적인 문제들에 대해서도 관심을 기울이고 심층취재를 한다

일보 기자들이 언론자유 쟁취 선언을 하였다. 이에 정부가 광고 탄압 등으로 압박을 가하였고 이 과정에서 1975년 3월 130여 명의 기자·프로듀서·아나운서 등이 강제 해고되었다.

4) 1980년 신군부는 정권을 탈취하는 과정에서 반체제 언론인 등 700여명을 강제 해직시키고 이어 연말에 신문과 방송을 통·폐합하여 언론을 장악하였다.

5) 1986년도 특집호를 통해 1985년 10월 19일부터 1986년 8월 8일까지 시달된 584개 항의 보도지침 요약본이 해직언론인 등에 의해 폭로되었다.

면 현재처럼 우물 안에서 누리는 자유의 허망함을 깨달을 수 있으리라는 점입니다.

시청자들 역시 텔레비전 뉴스에서 전해주는 대로, 좁은 우물 안에서 세상을 보고 있다 할 수 있습니다. 물론 뉴스에서 외신도 다루고 있으나 외국 통신사 등이 전해주는 소식을 그대로 베껴서 보도하는 게 많다고 보아야지요.

우리의 시야를 넓히기 위해 선진국의 동향을 살펴보는 것도 의미 있는 일일 것입니다. 일본과 영국의 대조적인 사례를 통해 외신 보도의 실상을 알아볼까요?

① 일본의 중국 관련 금기사항

일본의 경우 가장 큰 금기 사항에 중국 관련 보도가 들어 있습니다. 일본 언론은 1997년 전반에는 홍콩을 집중적으로 거론했습니다. 말할 것도 없이 1997년 홍콩 반환에 맞춘 중국 정부의 움직임에 관심을 기울이고 있었습니다. 그 때 중국 정부는 일본의 각 언론사에 대해 압박을 가했습니다. 홍콩 반환 후 홍콩을 취재하려면 중국 정부의 허가가 필요한데 중국에 대해 비판적인 보도를 하는 언론에게는 취재 비자를 내주지 않겠다는 식이었지요.

천안문 사건, 티베트, 내몽고, 위구르족의 독립문제 등 중국은 몇 개의 화약고를 안고 있었습니다. 일본 언론들은 이런 것들 중 홍콩반환 문제 다음으로 티베트 독립문제에 관심을 가지고 있었습니다.

중국 정부 역시 티베트 문제에 신경을 곤두세우고 있었습니다.

잘 알려진 바와 같이 중국은 1950년에 티베트를 침공하였습니다. 중국 정부는 티베트는 옛날부터 중국의 일부라고 천명하였지만, 중국군 침입 이전에 티베트는 영국과 통상협정을 독자적으로 체결하는 등 완전한 독립국가였습니다.

중국군의 침공에 티베트인들은 격렬하게 저항하였고 그 전투에서 수십만 명의 티베트인이 사망했습니다. 또 중국군에 의한 식량 징발 때문에 수많은 티베트인들이 굶어 죽었다고 합니다.

티베트의 달라이라마(Dalai Lama) 14세는 인도의 중개 등을 통하여 평화적인 방법으로 문제를 해결하려 했지만 중국 측의 무력 압박이 강화되어 결국 1959년 인도로 망명했습니다. 그는 당시 네루 수상의 도움을 받아 북인도의 다람살라에 망명정권을 수립하였습니다. 달라이라마가 망명하자 10만 명 이상의 티베트인이 그를 따라 티베트를 떠났습니다.

달라이라마는 그 뒤에도 평화적인 해결을 촉구했지만 중국 측은 응하지 않았습니다. 또 달라이라마는 티베트문제를 국제 여론에 호소하려고 가끔 외국으로 나가 서구의 의회나 국제연합(UN)에서 연설했습니다. 그 결과 유럽 몇 개국의 의회와 UN은 '티베트는 독립국이며 중국은 철수해야 한다'는 결의안을 채택하였습니다.

이러한 활동으로 달라이라마 14세는 1987년 노벨 평화상을 수상했지만, 그 후에도 중국은 티베트 탄압을 계속하여 망명정권 측의 발표로는 1백만 명 이상의 티베트인을 죽였다고 합니다.

그런데 일본에서는 이러한 문제들을 거의 보도하지 않았습니다. 보도하지 않았다기보다는 중국 정부의 압력에 의해 보도할 수 없었다고 표현하는 것이 옳을 것입니다.

일본의 TV아사히의 경우를 살펴보면 1995년 달라이라마가 일본을 방문했을 때 '뉴스스테이션' 프로그램에서는 캐스터가 달라이라마와 인터뷰를 하고 티베트와 중국의 역사적인 관계를 방송했습니다. 그런데 다음 날 방송 중 캐스터는 전날 방송한 프로에서 역사 부분에 잘못이 있었다며 사과했습니다. 배후에 중국이 개입한 것이 명백했습니다.

또한 TV아사히에서 티베트 문제를 주제로 한 특집방송이 방송 시작 직전에 중단되는 일도 발생했습니다. 제작진은 다람살라에 들어가 상당한 기간에 걸쳐 취재를 해서 프로그램을 만들었다고 합니다.

우리의 시각으로 보면 일본의 TV 방송사는 중국의 눈치를 보는데 급급하다고 생각할 수 있겠는데 그 배후를 살펴보면 일본 정부의 입장을 반영한 것임을 알 수 있습니다. 일본 정부가 국익 등 여러 가지 문제로 중국의 압력을 거부할 입장이 아니었다는 뜻이지요.

우리나라도 김대중 정부 시절에 달라이라마의 방문 요청이 있었지만 중국 정부의 강한 반대에 부딪쳐 성사되지 못했지요.

미국과 유럽에서는 달라이라마가 방문할 때 그 나라의 정상이나 장관급이 응대를 하고 의회에서 연설을 하도록 하지만 일본 정부는 달라이라마를 완전히 무시하는 태도를 취합니다. 그 뿐만 아니라 달라이라마의 방문을 막으려는 움직임조차 보였습니다. 1995년에 달라이라마가 일본을 방문할 때 중국 대사관이나 일본 외무성은 초청단체나 관계자에게 여러 가지로 압력을 가하여 그의 방일을 중지시키려 했던 사실이 밝혀졌지요. 우여곡절 끝에 달라이라마의 일본 방문은 실현됐지만 이 때도 일본 정부의 고위층은 누구 하나 그를 만나려하지 않았습니다. 그리고 예정됐던 달라이라마의 강연을 바로 직전에 취소하는 대학이 나오기도 했습니다.

일본 정부와 언론의 이러한 상황을 살펴보면 일본 역시 보도의 금기(禁忌) 사항에서 자유롭지 못하다는 것을 알 수 있습니다. 그러나 인권문제에 민감한 서구의 언론은 티베트 문제에 매우 적극적으로 관심을 표명했습니다.

② 진정한 언론의 모습을 보여준 BBC의 티베트 보도

영국의 BBC는 눈 덮인 히말라야 산맥을 넘어 다람살라로 망명한 티베트인 일가를 추적한 대형 다큐멘터리 프로를 제작하여 방송했습니다. 티베트인 일가가 중국 정부의 눈을 피해 히말라야 산맥 국경을 넘는 시점에서부터 취재팀이 동행했는데, 많은 예산과 시간이 투입된 다큐멘터리였습니다. 이 BBC 다큐멘터리는 티베트를 점령한 중국의 불법성을 확실히 지적하고 중국 당국의 티베트인 인권 탄압의 실태를 보도했습니다.

BBC의 예는 진정한 선진 언론의 모습이 무엇인지를 보여준 것이라 할 것입니다. 한국의 언론도 국내 문제에만 너무 집착하지 말고 좀 더 시야를 넓혀야 할 시점이 아닐까요? 물론 그러기 위해서는 저널리스트의 폭넓은 시각과 용기 그리고 국력 등이 뒷받침되어야 함은 말할 필요가 없을 것입니다.

제 2 장

방송뉴스

제 2 장 방송뉴스

1. 방송뉴스란?

2009년 5월 23일 토요일 오전. 텔레비전 앞에 앉아 있던 사람들은 믿기지 않는 소식을 접하고 자신의 눈을 의심했습니다. 노무현 전 대통령의 사고...치명적인 부상...자살이냐, 아니면 실족이냐...생명은 유지 가능한가...등 기자들의 다급한 리포트와 함께 노무현 전 대통령의 사저가 있는 봉하마을 등 관련 화면이 숨가쁘게 돌아갔습니다.

휴식을 취하거나 나들이 준비를 하던 사람들 역시 그 시간부터 텔레비전 앞에 붙박이로 자리를 잡게 됩니다. TV 채널을 여기 저기 돌려봅니다. 텔레비전에서 무슨 소리를 하나... 어떤 방송이 가장 빠르고 정확하게 소식을 전하는 것일까?

세상 돌아가는 소식이나 알아볼까 하고 인터넷을 뒤지던 사람들이나 조간신문을 펴들었던 사람들도 텔레비전 앞으로 모여들었습니다.

시간이 지나면서 점점 사건의 실체가 밝혀집니다. 자살인 것 같다...그리고 급기야는 사망했다...방송들은 이제 사망 소식을 봉하마을 뒷산 부엉이 바위의 모습을 배경으로 내보냈습니다. 물론 이때 방송사는 그 화면이 자기들이 단독으로 입수한 것이라는 사실을 강조하는 것을 잊지 않았지요.

잠시 후 MBC TV가 "이제부터는 전직 대통령인 만큼 사망 대신 '서거' 라는 용어를 쓰겠다" 며 '노 전 대통령 서거' 라는 자막을 내보내게 되지요. 그러자 KBS등 다른 방송들도 슬그머니 '서거' 라는 용어를 씁니다. 그리고 유서 내용이 알려지게 됩니다.

사람들은 하루 종일 충격 속에서 방송사들이 계속 내보내는 특집 방송에 사로잡혀 있었습니다. 그야말로 온 국민이 한마음이 되는 순간이었다 할까요?

그 후 영결식을 마치기까지 7일 동안 온 국민들은 이 엄청난 이벤트에 사로잡혀 있었다 해도 과언이 아닐 것입니다. 사람들은 비보를 접하고는 눈물을 흘리고, TV에서 조문 장면을 보면서 같이 슬퍼하고 혹은 직접 조문을 가기도 했습니다. 이 기간 동안 조문을 한 사람들이 500만 명에 이르렀다고 하지요.

이 충격적인 사건은 텔레비전의 영결식 중계를 마지막으로 서서히 역사 속으로 사라져갔습니다. 텔레비전 뉴스 등 방송 프로그램은 정상으로 돌아갔고 대부분의 시민들 역시 일상으로 돌아갔지요.

노무현 전 대통령 서거에 대한 방송은 텔레비전 뉴스의 전형적인 모습을 보여주었습니다.

맨 처음 노 전 대통령이 사고가 났다는 일보가 전해진 다음 실족한 것 같다, 부상했다, 병원에서 응급조치를 취하고 있다, 사망했다, 자살인 것 같다, 유서가 있다더라, 유서가 나왔다...는 식으로 속보가 계속 전해지면서 사건의 윤곽이 점차 드러나기 시작했지요. 그러다가 국민들의 반응과 함께 그에 대한 동정론이 나오면서 급기야 추모의 분위기가 전국으로 확산되기 시작했습니다. 영결식이 있기까지 7일 동안 이와 관련된 뉴스는 꼬리에 꼬리를 물고 이어졌고 마지막 영결식 행사와 노제로 이 사건은 클라이맥스에 이르게 됩니다.

<노무현 전 대통령 서거 속보>

국민들은 이 모든 사건을 텔레비전으로 보고 느꼈으며, 텔레비전 방송사는 이 뉴스를 국민들과 호흡을 함께 하며 이끌어갔습니다.

이 방송은 텔레비전 뉴스의 전범(典範)을 보여준 케이스입니다. 속보성, 현장성, 시청자와의 소통 등 한마디로 방송뉴스가 갖춰야할 모든 요소를 내포하고 있습니다.

이와 같이 전개되는 초대형 사건에 대한 텔레비전 뉴스는 그 임팩트(impact)가 상상을 초월합니다. 영향력은 막강한 정도를 넘어서 절대적입니다. 그런 만큼 TV뉴스를 제작하는 사람들의 책임감도 무겁다고 보아야 하겠지요.

2. 앵커(Anchor)

(1) 완전한 소통을 위해 노력하는 커뮤니케이터

방송뉴스에서 가장 중요한 역할을 맡고 있는 사람은 앵커입니다. 앵커란 닻이라는 뜻의 영어 단어에서 유래한 용어입니다. 배를 정박시킬 때 닻을 내리듯 뉴스의 중심을 잡고 마무리를 한다는 의미로써 뉴스 프로그램 진행자를 지칭할 때 쓰는 말이지요. '방송문화사전'에서는 앵커맨을 "갖가지 뉴스 소재에 대한 기자들의 심층 또는 현장 리포팅을 매끄럽게 소개하고 인터뷰나 해설 및 자신의 논평도 곁들이는가 하면 때로 자신이 현장에 직접 뛰어들어 보도에 다양성, 깊이, 신뢰를 주는 역할을 하는 사람"으로 정의하고 있습니다. 이런 측면에서 앵커는 시청자와 기자, 방송사와 뉴스 현장 사이에서 완전한 소통을 위해 노력하는 커뮤니케이터(communicator)라 할 수 있지요.

남성 앵커는 앵커맨(anchorman) 여성 앵커는 앵커우먼(anchor woman)이라고 합니다. 앵커맨이라는 용어는 미국 CBS-TV의 월터 크롱카이트와 함께 생겨난 말이지요. 아나운서가 원고를 읽던 종전의 평면적인 뉴스전달 방식에서 탈피하여, 앵커가 사회를 보면서 기자 리포트를 방송하는 입체적인 뉴스 진행을 함으로써 뉴스가 진일보한 획기적인 계기를 마련하게 된 것이 사실상 월터 크롱카이트 때부터 시작되었기 때문입니다.

앵커맨이라는 용어는 개인적인 영향력과 권위가 풍기는 말이라 할 수 있습니다. 취재 경험이 풍부하고 개성과 카리스마가 조화를 이루는 베테랑 기자로서 뉴스 프로그램을 한 덩어리로 융합시켜서 시청자들을 TV 앞으로 끌어들이는 사람이지요.

훌륭한 앵커는 평상시보다 비상시 더 빛을 발합니다. 대형 사건 사고가 발생했을 때 순발력 있게 대처하여 생방송을 이끌어가는 솜씨를 보고 앵커의 능력을 평가할 수 있습니다. 갑자기 대형 사건이 발생하여 뉴스를 진행할 때, 사전 준비가 별로 돼있지 않은 상태에서도 당황하지 않고 차분하게 뉴스를 끌고 갈 수 있는 앵커가 노련한 방송인이라고 할 수 있을 것입니다.

우리나라는 보통 앵커가 근엄한 자세로 뉴스를 진행합니다. 경직된 표정의 앵커가 시청자들을 향해 준엄하게 꾸짖는 듯한 모습으로 방송하는 경우를 자주 볼 수 있습니다. 그러나 미국의 경우 '뉴스쇼'라는 타이틀에 걸맞게 앵커가 유연한 몸놀림을 하면서 뉴스를 딱딱하지 않고 재미있게 전달하려고 노력하고 있습니다. 시청자들이 즐겁고 편안하게 뉴스를 받아들일 수 있도록 진행을 하는 것이지요. 이는 앞으로 우리 뉴스가 참조해야 할 대목이라 할 것입니다.

TV의 메인 뉴스에서 앵커시스템을 본격적으로 도입한 것은 미국입니다. 미국의 3대 네트워크(전국방송)인 ABC, NBC, CBS의 앵커들은 그들의 독특한 카리스마로 시청자들을 사로잡았지요.

〈전설적인 앵커 월터 크롱카이트〉

2009년 92세로 사망한 CBS의 전설적인 앵커 월터 크롱카이트(Walter Cronkite), CBS 메인 앵커로서 24년이나 뉴스를 진행한 댄 래더(Dan Rather), NBC에서 21년간 메인 앵커로 활약한 톰 브로커(Tom Brokaw) 그리고 ABC의 특종 인터뷰로 유명한 80대 여성 앵커 바바라 월터스(Barbara Walters)가 그들이지요.

특히 크롱카이트가 1969년부터 1981년까지 진행한 CBS의 이브닝 뉴스는 미국 최고의 뉴스 프로그램으로 평가받았습니다. 그는 케네디 대통령 암살, 워터게이트 스캔들, 베트남 전쟁, 아폴로 우주선 달 착륙, 이란의 인질 사태 등 미국 현대사의 굵직굵직한 사건들을 객관적으로 보도했습니다. 특히 그의 베트남전 보도는 미국 내에 반전 여론을 조성하는 계기가 되기도 했습니다.

미국의 노장 앵커들은 대부분 지금도 방송계에서 현역으로 활약하고 있습니다. 이들은 TV에서 유명해지고 난 뒤에도 유명세를 다른 명예와 바꾸지 않고 저널리스트의 길을 꿋꿋하게 지켜왔습니다. 조금만 유명해지면 그것을 발판으로 정계로 진출하는 우리나라의 앵커들과는 사뭇 다른 모습입니다.

뉴스 앵커보다 한 단계 격(格)이 낮은 것으로 뉴스 캐스터 그리고 뉴스리더라는 말을 씁니다.

미국과 달리 영국은 뉴스에 진행자의 성격이 가미되는 것을 용납하지 않는 편입니다. 두 나라 사이에는 뉴스 스타일이 차이가 나는데 영국은 앵커라는 호칭보다 캐스터를 선호하는 편입니다.

초창기 우리나라의 방송뉴스는 기자는 기사 송고만 하고 아나운서가 기사를 읽는 방식이었지요. TV 방송의 초창기에는 뉴스에서 기자의 모습은 볼 수가 없었습니다.

1970년대 들어서부터 미국 방식을 모방하여 종합뉴스 시간에 앵커가 진행을 하면서 취재기자가 기사를 직접 읽는 기자리포트 방식으로 방송을 하게 되었습니다. 이때부터 뉴스를 진행하는 앵커는 기자 출신이 맡게 되었지요. 취재 경력이 다양하고 리포트를 잘 하는 유능한 기자를 선발하여 뉴스의 간판 역을 맡긴 것입니다.

(2) 앵커에게 요구되는 자질

앵커에게 요구되는 자질은 첫째, 신뢰성입니다. 시청자로 하여금 앵커가 하는 말을 믿을 수 있게 하는 것이 가장 중요합니다. 신뢰성은 대단히 포괄적인 의미입니다. 다음에 얘기하는 전문성도 결국은 신뢰성 개념에 포함되는데, 짧은 앵커멘트를 하더라도 앵커 자신이 잘 알고 있는 분야를 얘기할 때와 잘 모르는 분야를 얘기할 때 시청자가 느끼는 신뢰감이 다르지요.

둘째, 전문성입니다. 앵커는 뉴스를 완전히 소화하여 시청자에게 전달해야 합니다. 기자가 써 준 글을 단순히 읽는데 그치지 않고 기사를 생명력 있게 전달해야 하는 것이지요. 따라서 앵커는 기자 시절에 주요 취재 부서를 폭넓게 경험할 필요가 있지요. 상당한 경륜이 있는 기자가 앵커가 되어야 하는 이유가 바로 여기에 있습니다.

앵커가 기사 내용을 파악해야 적절한 앵커멘트를 할 수 있고 뉴스 시작 때의 오프닝멘트(opening ment)와 끝날 때 말하는 클로징멘트(closing ment)를 적절히 구사할 수 있습니다. 뉴스가 끝날 때 앵커가 하는 클로징멘트는 그 날의 뉴스 중에서 핵심적인 것을 잡아내어 자기 나름의 코멘트(comment)를 할 수 있는 것으로서, 앵커의 수준 및 자질을 가늠할 수 있는 척도로 보아도 과언이 아닐 것입니다.

셋째, 앵커는 마이크 목소리가 좋아야 합니다. 음량이 풍부하고 발음이 정확하며 목소리가 울림이 좋고 눈에 띄는 장애 요인이 없어야 합니다. BBC의 한 전문가는 '여드름이 없는 목소리(a voice with no pimples)'라는 표현을 쓰기도 했지요. 목소리는 깨끗하며 듣기 편안하고 친근해야 합니다. 날카로운 목소리, 바람이 새는 듯한 목소리, 콧소리, 분명하지 않은 목소리 등은 좋지 않습니다.

넷째, 시청자들에게 거부감을 주지 않는 외모를 갖추어야 하겠지요. 외모에 관해서 정해진 기준이 있는 것은 아닙니다. 다만 나라마다 방송사마다 그리고 시청자마다 선호하는 스타일이 있을 수 있는데, 앵커가 시청자에게 신뢰감을 줄 수 있는 외모를 갖추어야 한다는 것은 두 말할 나위가 없겠지요.

미남형이거나 다소 거친(wild) 스타일이거나 각각의 특징이 있을 수 있고 방송사에 따라 선호하는 대상이 다를 수 있지만, 대중들에게 나름대로 매력을 줄 수 있는 사람이어야겠지요.

앵커는 오랜 시간 동안 생방송을 해야 할 경우도 있습니다. 이러한 경우에 대비해 앵커는 평소에도 다방면에 걸쳐 관심을 가지고 공부해서 폭넓게 지식을 쌓아야 함은 물론입니다. 생방송은 쓸데없이 군더더기 말을 늘어놓아서는 안 되며 알맹이 있는 멘트를 해야 합니다. 취재원에게 질문을 할 때도 뉴스거리가 될 만한 것을 물어서 기사가 되는 답변을 끌어 낼 줄 아는 능력도 필요합니다.

앵커가 만물박사가 될 수는 없겠지만 항상 뉴스 감각을 잃지 않고 그때그때의 국내외 중요 이슈에 대해 파악하여 핵심 내용을 미리 캐치(catch)하고 있어야 합니다.

(3) 여성 앵커는 장식용 꽃인가?

TV뉴스 초창기에는 남성 앵커가 단독으로 뉴스를 진행했습니다. 그러다가 코앵커(co-anchor : 공동 뉴스 진행자) 시대가 되면서 남녀 앵커가 뉴스를 진행하게 되었는데 대체로 남성은 중견기자 출신이, 여성은 20~30대의 젊은 아나운서가 맡게 되었습니다.

기자 출신이 여성 앵커를 맡기도 했지만 대부분 미모의 아나운서가 발탁됐습니다. 뉴스 아이템(item)도 초창기에는 남성 앵커가 주요기사를 대부분 처리하고 여성 앵커는 단신을 읽는 정도만 하다가 점차로 여성 앵커가 맡는 비중이 늘어나게 되었습니다. 지금은 KBS 등 지상파 방송 종합뉴스를 보면 남녀가 뉴스 아이템을 대략 절반씩 나누어 진행하고 있습니다.

여성계 일각에서는 아직도 TV 메인 뉴스에서 남성이 중심 역할을 하고 여성은 보조 역할을 하고 있다고 주장하면서 불만을 나타내기도 합니다. TV 뉴스에서 여성은 장식용 꽃과 같아 양성 평등이 이루어지지 않고 있다고 비판을 하지요.

미국에서는 여기자들이 취재 일선에서 유능한 기자로 인정을 받아 실력으로 당당하게 경쟁하여 앵커 자리를 맡습니다. 미국 ABC 방송의 저녁뉴스를 단독으로 진행하게 된 올해(2012년) 67세의 다이앤 소여(Diane Sawyer) 앵커는 CBS의 시사 추적 프로그램인 'Sixty Minutes(60분)'에서 기자로서의 명성을 날리다가 ABC로 옮겨 1999년부터 10년간 아침뉴스를 공동으로 진행했습니다. 2006년부터 5년간 CBS 이브닝뉴스의 단독 앵커를 맡았던 55세의 케이티 쿠릭(Katie Couric)은 걸프전 취재로 명성을 얻어 NBC의 투데이쇼 앵커로 발탁됐다가 CBS로 이적했던 베테랑 기자입니다. 또한 특종 인터뷰로 유명한 80대의 바바라 월터스(Babara Walters)도 자신이 제작한 토크쇼 '더 뷰'에 간혹 공동 진행자로 나와 건재함을 과시하고 있습니다.

한국도 머지않아 여기자들이 취재 경험을 많이 쌓고 전문성을 키워 저널리스트로서 성숙하여 TV의 간판 뉴스 앵커로 발돋움할 것으로 생각됩니다.

(4) 뉴스의 첫 관문, 앵커멘트

① 10초간의 앵커멘트에 모든 것을 담아내야....

텔레비전 뉴스에서 앵커가 말하는 앵커멘트는 시청자들이 뉴스를 접하는 첫 관문이라 할 수 있습니다. 시청자들은 대개 앵커멘트를 듣고 그 뉴스를 계속 볼 것인지, 아니면 다른 프로그램으로 채널을 돌릴 것인지를 결정합니다. 앵커멘트에서 좋은 인상을 받으면 시청자들은 뉴스를 계속 시청하지요. 앵커멘트가 마음에 들지 않으면 다른 채널로 돌리거나 뉴스를 시청해도 별 감흥이 없습니다.

따라서 앵커멘트는 다음에 이어질 기자 리포트에 흥미를 가질 수 있도록, 낚시꾼이 미끼를 던지듯이 시청자를 유인하는 적절한 멘트가 되어야 합니다. 앵커멘트는 일단은 기자가 써서 편집부에 넘겨주는데 앵커가 뉴스 전체를 보면서 자기 스타일에 맞게 첨삭을 가하지요.

TV 뉴스에서 앵커멘트는 문장을 2개 정도 씁니다. 앵커는 이 문장을 10초 내지 20초 정도에서 간단명료하게 표현합니다. KBS 9시 뉴스의 박영환 앵커가 방송기자저널에서 인터뷰한 내용(2008년 12월 4일)을 참고로 소개해 볼까요?

박 앵커는 기자 리포트 1개 당 10초 정도의 앵커멘트를 한다고 합니다. 그는 인터뷰에서

"10초간의 앵커멘트에 모든 걸 담아내야 하잖아요? 단어 선택 하나에도 고민을 참 많이 합니다."라고 말하면서, 10초 정도의 짧은 시간에 뉴스에 대한 분석과 전망 심지어 앵커의 가치판단까지 담아내야 하기 때문에 앵커멘트를 할 때는 사건 현장에 있는 것 보다 더 긴장이 된다고 실토했습니다. 그리고 박 앵커는 다음과 같은 말을 덧붙여 앵커멘트의 어려움을 전했지요.

"뉴스를 전달할 때 지나치게 신중하면 생명력이 없어지고 가치판단이 개입되면 균형감을 잃을 수 있잖아요. 평상심을 유지하는 게 제일 중요한 것 같아요."

② 어깨걸이(DVE–Digital Video Effect)

앵커멘트가 나올 때 앵커의 어깨걸이(방송사에서 쓰는 말로 뉴스를 소개할 때 앵커 옆에 화면과 함께 제목이 뜨는 것)에는 화면과 함께 제목이 뜨면서 기사의 핵심사항이 전달됩니다.

어깨걸이는 신문의 제목과도 같습니다. 기자 리포트를 요약한 내용을 영상(사진)과 문자를 조합하여 TV화면에 띄우는 것이지요. 이때 사진과 글자가 합쳐져서 메시지가 잘 전달되도록 구성해야 하는데 사진은 시청자들이 한 눈에 무엇인지 알아볼 수 있도록 심플(simple)한 것을 사용하고 글자는 8자 내외 정도로 해서 기사의 핵심사항을 전달할 수 있어야 합니다.

밤 9시 종합뉴스는 대부분 DVE(어깨걸이)를 사용하지만 대형사건이 발생했을 때에는 어깨걸이를 쓰지 않고, 대신 앵커를 잡은 화면 하단에 큰 글씨로 제목을 써서 방송하기도 합니다. 그 이유는 어깨걸이에 쓸 영상자료가 다양하지 않기 때문입니다. 한 개의 사건을 여러 꼭지로 나누어 방송할 때 촬영한 영상자료가 다양하지 않아서 어깨걸이 사진으로 쓸 자료가 마땅치 않은 때가 많습니다. 그 외에도 DVE를 준비하기가 어려울 때 즉, 갑자기 대형사건이 발생해 뉴스특보 등을 내보낼 때와 같이 시간 여유가 없어 어깨걸이를 마련할만한 상황이 안 될 때에도 하단자막으로 제목처리를 합니다.

3. 방송뉴스의 형식

(1) 아침뉴스, 정오뉴스, 저녁뉴스의 차이점

TV뉴스는 하루에도 여러 차례 방송을 하지만, 크게 다섯 번으로 나누어 방송한다고 할 수 있습니다. 아침뉴스, 정오뉴스, 저녁뉴스, 밤 9시 종합뉴스와 심야뉴스 등으로 나눌 수 있습니다.(월요일에서 금요일까지 평일 기준)

상세하게 말하면 아침뉴스와 정오뉴스 사이에 9시 대 또는 10시 대 뉴스가 있고 저녁뉴스 이전 오후 5시에도 뉴스가 방영됩니다. KBS의 경우 밤 9시(SBS는 8시) 종합뉴스 후에도 11시 뉴스와 자정 이후의 마감뉴스가 있습니다. MBC, SBS 역시 심야 시간대에 마감뉴스가 방송됩니다.

① 아침뉴스는 짧은 뉴스를 반복적으로

아침뉴스는 6시부터 대략 1시간 40분 정도 진행되지요. 아침뉴스에서는 대형 사건 사고가 발생했을 경우에는 이것이 대개 머리기사로 올라갑니다. 검찰, 경찰이 대형사건을 철야수사하고 있을 때는 이 수사속보가 톱뉴스로 다루어집니다. 검찰청사 또는 경찰서의 수사본부에 대기하고 있는 취재기자가 생방송으로 수사상황을 전하는 것으로 아침뉴스가 시작되지요. 외신에서 대형 뉴스가 터지면 이것을 톱뉴스로 올리기도 합니다.

이어서 그 날에 예정된 정부 행사를 비롯한 각 기관과 기업의 주요 행사 등 각종 이벤트 그리고 국회에서 심의되는 법안과 정치일정 등이 방송됩니다. 전날 밤 9시 종합뉴스에 방송되었던 주요뉴스가 반복 보도되기도 합니다. 시간 관계상 전날 밤 9시 종합뉴스에서 방송되지 못했던 기획뉴스도 다음날 아침뉴스에서 처리되기도 하지요.

아침에 따끈따끈하게 올라오는 뉴스는 밤사이에 있었던 국제뉴스입니다. 시차가 있기 때문에 미국과 유럽 등에서 벌어졌던 일들이 한국에서는 아침 시간에 접할 수 있는 중요뉴스입니다. 외신은 대형 뉴스가 많기 때문에 방송사의 국제뉴스 담당 숙직기자들은 밤을 새워 빠뜨리지 않고 기사를 챙기려고 애씁니다. 자칫 소홀히 하면 대형뉴스를 놓쳐 크게 낙종을 할 수가 있기 때문이지요.

요즘같이 세계 경제가 요동을 칠 때에는 미국의 증권시장 마감상황과 국제 유가 동향이 대단히 관심이 큰 뉴스가 될 것입니다. 아침뉴스에는 특파원들이 동원되어 세계 각국에서 일어나고 있는 전쟁 · 테러사건 등 각종 사건 사고, 정치 · 외교 · 경제 등 굵직굵직한 소식을 전해 줍니다.

아침뉴스는 직장인들이 출근 전의 바쁜 시간이어서 출근 준비를 하면서 보기 때문에 짧은 뉴스를 반복해서 내보냅니다.

아침뉴스에서 가장 중요한 뉴스 중 하나는 기상정보입니다. 시청자들은 일기예보를 보고 우산을 준비해야 할 것인지, 두툼한 옷을 입고 나가야 할 것인지 결정합니다. 교통정보도 빠뜨릴 수 없는 중요한 정보입니다.

이어서 아침뉴스 후반부는 지방방송국에서 서울 뉴스를 끊고 일정 부분을 지방뉴스로 채웁니다.

② 생동감 있는 정오뉴스

12시 정오뉴스는 낮 시간대이다 보니 사건이 일어나고 있는 현장을 실시간으로 전달하는 뉴스가 많습니다. 그래서

'KBS 뉴스12'의 앵커를 맡고 있는 임장원 기자는 "정오뉴스는 밤 9시 뉴스보다 상대적으로 덜 정제돼 있어 생동감 있는 뉴스 전달이 가능한 게 큰 장점"이라고 지적합니다. 최근에는 방송사들이 12시 뉴스에서 경제뉴스를 중점적으로 보도하는 경향이 있습니다. 주식시장과 환율시장의 동향과 분석이 필수적으로 보도됩니다.

저녁 5시 그리고 7시대에 방송되는 뉴스는 대부분 가정에서 주부들이 시청하고 있는 시간대입니다. 따라서 주부들에게 필요한 뉴스가 많이 공급되고 있습니다. 정치 · 경제 · 사건사고 · 외신 등 스트레이트 뉴스와 함께 생활정보에 관련된 뉴스가 취급되고 있습니다. 지방 방송국은 이 시간대를 일부 자체 로컬 뉴스로 활용하기도 합니다.

③ 하루의 뉴스를 총정리하는 9시 종합뉴스

밤 9시(SBS는 8시) 종합뉴스는 하루의 뉴스를 총정리하는 뉴스입니다. 스포츠뉴스를 제외하면 일반 뉴스는 45분 가량(SBS는 40분) 진행됩니다. 토 · 일요일 주말 뉴스는 30분 남짓 방송됩니다. 당일에 있었던 정치 · 경제 · 사회 · 국제 분야 등의 스트레이트 기사 및 기획 기사를 기자가 리포트하는 방식으로 뉴스가 구성됩니다.

대형 사건 사고라든지 정치 · 경제의 큰 이슈 등은 여러 명의 기자가 기사를 이해하기 쉽게 나누어서 여러 꼭지로 리포트합니다.

천재지변, 각종 선거, 올림픽 같은 대형사건 및 이벤트는 현장에 앵커를 파견하여 현장 앵커가 진행하는 방식으로 관련 뉴스를 방송합니다. 이밖에 '집중취재' '현장추적' '현장출동' '기동취재' 등의 타이틀을 내걸고 사회의 비리나 부조리를 파헤치는 고발성 뉴스를 내보냅니다. 이런 뉴스는 3분 안팎으로 제작하는 게 보통입니다. 좀 긴 뉴스는 5분 정도 방송되기도 하는데 5분은 방송 뉴스에서는 대단히 긴 시간입니다.

이밖에도 '제헌 60년 기획시리즈' '에너지절약 시리즈' 등으로 기획기사 리포트가 방송되기도 합니다. 뉴스의 끝부분에 내일의 날씨를 예보하는 기상정보는 1분 남짓 방송되지요.

KBS 밤 11시 뉴스는 9시 종합뉴스에서 다룬 중요한 뉴스를 반복해서 방송합니다. 비중 있는 뉴스는 기자 또는 관련 공무원이나 전문가가 스튜디오(studio)에 출연하여 앵커와 대담을 나누며 상세하게 배경 설명 등을 하게 되지요.

자정 이후 마감뉴스 역시 중요뉴스는 종합뉴스에서 방송된 것을 반복하고 웬만한 스트레이트 뉴스는 앵커가 읽는 형식으로 진행됩니다. 마감뉴스 때에는 해설위원(논설위원)이 이슈가 되는 뉴스를 가지고 논평을 합니다. 논평은 2~3분 정도로 텔레비전 리포트로서는 긴 시간을 할애하는 것입니다. KBS는 아침 뉴스 시간대에 뉴스해설을 방송하고 있지요.

모든 뉴스는 끝 부분에 기상 정보를 방송합니다. 기상 캐스터는 대학에서 기상학을 전공한 기상 전문기자가 담당했으나 요즘에는 대개 여성 리포터가 담당하고 있습니다.

(2) 특집뉴스

① 비상시 편성하는 특집뉴스

TV프로그램은 방송사에서 1년에 두 차례 봄 · 가을에 걸쳐 개편하는 편성표에 의해 방송됩니다. 뉴스도 마찬가지로 정규 편성표에 의해 일정한 시간대에 방송을 하지요. 그런데 전쟁 상황이나 정치 · 경제적인 큰 사건, 돌발적인 대형 사건 사고가 발생할 경우에는 지체하지 말고 시청자에게 정보를 제공해야 하기 때문에 정규 프로그램을 중단하고 긴급하게 뉴스를 전달하게 됩니다.

이때는 신속하게 '뉴스특보' 또는 '뉴스속보'라는 형식으로 방송하게 되는데 이것은 일종의 특집뉴스입니다. 특집뉴스에서는 여러 기자를 동원하여 다각도로 보도하고 분석과 전망 등을 하기 위해 전문가를 스튜디오에 출연시켜 대담형식으로 진행하기도 합니다.

경우에 따라서는 별도의 프로그램으로 제작하여 방송하기도 하지요.

② 경험 많은 기자들도 긴장하는 생방송

● 생동감과 박진감이 넘치는 생방송

특집뉴스는 생방송으로 진행합니다. 생방송은 스튜디오나 현장에서 실시간으로 하는 방송을 말합니다. 출연자의 목소리, 동작, 형상이 카메라와 마이크를 통해 바로 전달됩니다. 스포츠, 각종 행사, 긴급뉴스 등을 생방송으로 중계하지요. 녹음이나 녹화된 것을 재생하여 방송하는 것과 달리 생동감과 박진감이 있습니다.

취재기자가 참여하게 되는 생방송은 정규뉴스 시간 또는 긴급뉴스 방송 시에 현장에서 중계차를 이용하여 리포트하거나 또는 전화를 이용해 리포트하는 것입니다. 스튜디오에 출연하여 앵커와 나란히 앉아서 생방송을 하는 경우도 있지요.

뉴스 생방송은 실시간으로 벌어지고 있는 상황을 기자가 중계하는 것이기 때문에 즉시성이 있어서 긴장감이 감돌아 시청자들의 흥미를 돋울 수 있습니다.

생방송은 긴급한 사태가 발생하였을 때 행합니다. 국가적인 중대사, 대형 사건 사고, 태풍 및 홍수 등의 재해 그리고 인질사건 등 긴박한 사건이 발생했을 때 보도국장이 판단하여 방송을 내보내지요.

● 서두르지 말고 침착하게

갑자기 중대한 사건이 발생하여 긴급뉴스를 전하게 될 경우 취재기자는 방송을 위해 준비할 시간 여유가 별로 없습니다.

이런 경우 현장에서 급히 생방송을 하게 되는데, 이때는 차분하게 데스크와 연락을 취하면서 생방송에 임해야 하지요. 당황해서 서두르지 말고, 침착하게 방송 준비를 해야 합니다. 이때 리포트 기자는 자신이 직접 취재해서 보도하기도 하지만, 취재할 시간이 충분치 않은 때에는 주변에서 동료 기자들이 기사취재를 해서 생방송 리포트를 하는 기자에게 전달하게 됩니다. 그렇게 해야 리포트 기자가 충실하게 내실 있는 정보를 시청자들에게 전달할 수 있지요.

리포트 기자는 시간이 허락하면 리포트할 내용을 기사로 만들어 생방송에 임하는 것이 좋겠지만, 시간이 없을 때는 간단하게 메모한 것을 가지고 리포트를 하게 됩니다.

기자가 중계차를 이용해서 생방송을 할 때는 맨 처음에 카메라가 현장에 있는 기자의 스탠드 업 (stand-up 기자가 현장에 서서 리포트하는 것) 컷을 10여초 정도 고정 샷으로 잡게 되는데, 이 때 기자는 메모나 작성된 기사 원고를 보지 않고 카메라를 정면으로 바라보면서 리포트를 시작하게 됩니다.

카메라를 보면서 리포트를 할 때 첫 멘트는 보통 현장 상황을 간단히 설명하면서 시작하는 것이 자연스럽습니다. 첫 멘트를 글로 써서 외우려 하지 않는 게 좋습니다. 외워서 멘트를 하려면 긴장되고 스트레스를 받습니다. 기자가 자신이 서있는 주변의 상황을 스케치하는 멘트로 시작해서 리포트를 하는 것도 좋은 방법이지요. 생방송은 웬만큼 경험이 많은 기자들도 긴장하지요. 경험이 부족한 기자의 경우 지나치게 긴장한 나머지 암기해두었던 첫 멘트를 잊어버리고 당황하는 일이 많습니다.

생방송을 매끄럽게 잘 하려면 기자 스스로 끊임없는 연습과 많은 실전 경험을 쌓아야 하고 이 과정을 통하여 자신감을 갖추어야 하겠지요. 긴장을 하지 않고 여유를 갖는 배짱과 순발력을 기르는 것이 중요합니다. 그래서 방송기자는 원고에 없는 내용을 리포트할 수 있는 즉흥적인 언어구사 능력 즉, 애드립(ad lib) 능력을 갖추기 위해 끊임없는 노력을 해야 합니다.

기자가 자신감 있는 어조와 말투로 리포트를 해야 시청자들에게 명확한 메시지를 전달할 수 있고 신뢰감을 줄 수 있습니다.

● 생방송의 리스크

뉴스 보도에서 생방송 중계는 리스크가 큽니다. 기자가 원고 준비가 안 돼 있으면 방송을 하다가 말이 막혀버려 음성이 잠시 나가지 않는 방송 공백상태(dead air)가 발생할 수 있습니다. 방송에서는 3초 이상 화면이나 음성이 나가지 않으면 방송 사고로 간주합니다.

생방송은 짜여진 큐시트(cue sheet)대로 진행되지 않을 수도 있습니다. 방송이 차질을 빚어 예정과 달리 갑자기 순서가 돌아와 방송을 하게 되는 일도 생길 수 있습니다. 시간 여유를 가지고 방송 준비를 하면서 대기하는 것이 좋지요.

또한 생방송은 데스크가 시간 관계상 리포트 원고를 검토할 수가 없기 때문에 사실상 편집권이 방치되는 상황이라 할 수 있습니다. 그래서 미국의 CBS는 중요한 뉴스는 신중하게 처리하기 위해 생방송을 하지 않는 것을 원칙으로 하고 있습니다.

● 김은혜 전 MBC 기자의 경험담

다음은 1995년 삼풍백화점 붕괴 때 생방송을 했던 김은혜 전 MBC 기자(전 청와대 대변인)의 생방송 경험담입니다.

…삼풍백화점 같은 경우에는 맨 처음에 우리 회사로 백화점이 무너졌다고 전화가 왔었어요. 그렇게 전화가 왔었고 두 번째 5초가 지나지 않아서 또 한 사람의 전화가 왔어요. 그런데 우리는 사실 그 전화를 묵살했어요. 약간의 금이 가거나 콘크리트가 조금 떨어지거나 하면 사람들이 놀라서 전화를 해요. 백화점이 무너진다고.

〈삼풍백화점 붕괴〉

그런 경우를 익히 봐왔기 때문에 우리는 "그런 것 가지고 뭘 그러세요" 하고 전화를 끊었어요. 그런데 그 전화를 끊자마자 정말 무섭게 5초 간격으로 전화가 사회부에서, 또 다시 정치부, 온 회사의 전화벨이 울리기 시작했어요. 삼풍백화점을 본 사람들이 백화점이 아예 사라졌다고 하니까 그 다음부터는 "아, 이건 농담이 아니네" 하고 출동을 했어요..........(중략).............우리는 그 자리에서 바로 생중계를 하라고 지시를 받아요. 그런데 생중계를 할 때 기자가 "정말 너무 처참합니다. 이 상황을 어떻게 표현해야 될지 모르겠습니다." 그러면 아웃이예요. 물론 시체를 보면 흥분하게 돼요. 심장이 철렁 내려앉는다는 느낌을 받아요. 하지만 기자가 그런 식으로 흥분해서 말을 못하면 시청자들은 알 수가 없어요. 기자가 먼저 자기의 감정을 이기지 못하면 시청자들은 알아야 할 팩트도 놓치고 알아야 할 상황도 놓쳐요. 시청자들은 거기서 알아야 할 권리를 박탈당하게 되는 거예요. 기자가 자기의 권리를 남용한 거예요. 그럴 때일수록 냉정하게 얘기하는 게 필요해요.

4. 분야별 방송뉴스

(1) 정치뉴스

정치뉴스는 크게 입법부와 행정부 기사로 나눌 수 있습니다. 입법부 분야는 국회 기사가 중심이 되고 정당 기사가 포함됩니다. 행정부는 청와대를 비롯해서 국무총리실, 외교통상부, 감사원, 선거관리위원회 등이 취재 영역에 속합니다.

◎ 취재 및 기사 작성 시 유의사항

- 언론의 역사는 정치보도의 역사입니다. 즉, 정치보도는 언론의 핵심이며 민주주의의 핵심인 것입니다. 정치보도는 언론이 존재하는 가장 큰 이유이며 민주주의를 가능케 하는 본질 중의 하나입니다.(손태규, 서술적 보도와 해석적 보도, 2004)

- 정치 기사는 민생에 역점을 두어야 합니다. 민생에 관련된 법률안 제정, 정책 개발, 예산결산 심의 등에 기사의 초점이 맞춰져야 하는 것이지요. 정치부 기자는 국회상임위를 열심히 취재하여 민생 위주의 기사를 발굴해야 합니다. 정치 기사가 정당간의 갈등, 언쟁, 가십성 뉴스에 치중하고 있는 것은 바람직한 현상이 아닙니다.

- 한국 언론은 권력의 향배에 지나치게 민감하여 정치 기사는 대권 경쟁 위주로 흐르고 있습니다. 사실 대권이라는 말도 엄밀하게 말하면 권위주의 시대에나 쓰는 용어로 적합하지 않은 표현이지요. 정치 기사에서는 ○○대전, ××전투 등의 전쟁용어를 지나치게 많이 사용하는 경향이 있

는데 이 또한 바람직하지 않습니다.

– 정치 기사가 정치인의 주관적인 발언을 여과 없이 보도하는 것도 문제입니다. 정치인은 유권자의 표를 의식하며 자기중심적인 발언을 하는 경우가 많기 때문에 정치인의 발언을 일방적으로 단순 중계하는 것은 위험할 수 있습니다. 또한 소식통을 밝히지 않는 기사는 시청자에게 신뢰를 줄 수 없습니다. '정가의 한 소식통에 따르면' '정부 고위 당국자에 따르면'이라는 식의 익명성 기사는 신뢰성이 떨어집니다. 정치부 기자는 정치인의 술수에 넘어가서는 안 되며, 정치인의 발언 속에 숨겨 있는 진의를 파악할 수 있는 능력을 길러야 하는 어려운 직책입니다.

– 연조(年條)가 오래된 기자는 더욱 자신에게 엄격하여야 합니다. 정치인과 오랫동안 접촉하여 친밀해지면 자신도 모르게 편향된 기사를 쓰게 마련이지요. 정치부 기자가 가장 경계해야 할 대목입니다. 한국 사회에서는 많은 정치부 기자들이 정계로 투신하였는데 그 배경을 보면 이른바 권언유착(權言癒着)이 저변에 깊게 깔려 있습니다. 기자 시절에 특정 정치인들과 지나치게 가까웠다는 것이지요.

– 정치 기사는 선거 때 국민들의 관심이 절정에 이르게 됩니다. 선거 보도는 국민들의 관심과 흥미를 가장 많이 불러일으키는 것이지요. 후보자 선출에서부터 지지자에 대한 여론조사, 투 · 개표, 당선자 확정에 이르기까지 유권자의 눈과 귀가 집중됩니다. 때문에 선거보도에 있어서 공정성은 매우 중요합니다. 특히 민심의 향배에 막대한 영향을 끼치는 여론조사 보도는 신중을 기해 보도해야 합니다. 또

한 후보 공약에 대한 검증을 기사에 집중적으로 반영하여 선거운동이 선동적이 되지 않고 생산적인 장이 될 수 있도록 하는 것도 언론인에게 주어진 선거보도의 책무입니다.

① 국민 모두가 정치 전문가

한국인은 정치에 대단히 민감합니다. 옳든 그르든 각자가 나름대로의 식견이 있지요. 지역감정이 워낙 뿌리 깊은데다가 보수-진보, 신-구 세력간의 의견 차가 뚜렷하기 때문에 정치뉴스에 대해 방송이나 신문이 보도하는 대로 받아들이지 않고 자신의 생각의 틀 안에서 수용하는 경향이 강합니다. 정치에 관해서는 전 국민이 나름대로 전문가라 할 수 있을 것입니다. 정치학을 전공하는 교수에서부터 가정주부, 택시기사, 촌로(村老)에 이르기까지 각자가 자신들의 정치관이 있지요. 그들은 정치현상에 대하여 각자의 시각으로 해석하고 각자의 잣대로 평가를 합니다. 따라서 모두가 정치 전문가인 국민들을 상대로 기사를 써야 하는 정치부기자의 입장이 쉽지 않은 것도 사실입니다.

② 정치인과 호형호제(呼兄呼弟)하며 지내는 기자들

유명 정치인과 호형호제하면서 지내는 것을 자랑으로 생각하는 기자들이 있습니다. 이런 기자들은 자신이 정치인과 가깝기 때문에 비중 있는, 뉴스밸류가 높은 기사를 쓸 수 있다고 큰 소리를 치지요. 그러나 그것은 큰 착각입니다. 정치인은 자기중심적으로 발언을 하는 사람들이 많기 때문에 그들의 말을 검증하지 않고 그대로 기사화하는 것은 대단히 위험합니다. 정치인과 유착된 기자는 정치인의 페이스(pace)에 말려드는 것이고 그렇기 때문에 거기서 나오는 기사는 올바른 기사가 될 수 없습니다. 도덕 불감증 기자가 정치인과 유착되어 세간을 떠들썩하게 했던 사례를 소개해 볼까요?

1999년 10월 J일보 문 모 기자는 당시 집권 여당인 국민회의 이종찬 부총재에게 언론을 장악하는 방법을 제시한 이른바 '성공적 개혁 추진을 위한 외부환경 정비 방안'이라는 언론대책 문건을 작성하여 전달했습니다. 이 사실이 밝혀지자 J일보는 문 기자를 해고했지요.

그러나 J일보 역시 15대 대선을 앞 둔 1997년 11월에 이회창 후보를 대통령으로 만들기 위한 방안의 하나로 '이회창 경선 전략의 문제점과 개선방향'이라는 내부 문건을 작성한 전력(前歷)이 있습니다.

이들 사건은 '윗물이 맑아야 아랫물이 맑다'는 속담을 생각하게 합니다.

그런데 이 사건은 거기에서 끝나지 않습니다. 참으로 기가 막힌 사건이 뒤를 이어 일어납니다. P방송 이 모 차장이 평소 알고 지내던 이종찬 부총재의 사무실에 들렀다가 문제의 문건을 발견하고 몰래 훔쳐냅니다. 그리고 이 문건을 국가안전기획부(지금의 국가정보원) 출신인 한나라당 정형근 의원에게 건네주고 정 의원으로부터 1천만원을 받은 사실이 세상에 알려지게 된 것이지요.

검찰 조사에 따르면 이 차장은 정 의원에게 건설업자의 민원을 부탁한 뒤 건설업자에게서도 2천만원을 받았으며 그밖에도 여야 정치인 상당수에게 빚보증을 부탁하거나 돈을 꾼 것으로 드러났습니다.

정 의원과 이 차장의 기묘한 관계는 정 의원이 공개한 이 차장의 편지에 여실히 드러나 있습니다. 이 차장은 편지에서

"그 동안 친동생이나 아들처럼 염려해 주시고..."라고 표현하면서 "저도 제 능력이 닿는 한 최선을 다해 언제나 옆에서 모시겠습니다."라고 썼습니다.

또한 정형근 의원은 "검찰에 재직할 당시부터 이 기자를 알고 지냈다"고 말해 둘의 관계가 15년 넘게 지속돼 왔음을 시사하기도 했지요.

③ 정치집단은 뛰어난 기교와 테크닉으로 언론을 공격

입법권을 가지고 있는 국회의원들의 발언은 정치, 경제, 사회 등 각 분야에 미치는 영향력이 대단히 크기 때문에 그들의 발언은 신중하게 보도해야 하겠지요. 그들은 때때로 정략적인 의도를 가지고 발언을 하기 때문에 그들의 말을 여과 없이 전달해서는 안 될 것입니다. 그들의 발언 의도를 파악하여 객관적인 시각으로 판단한 다음, 발언의 파장을 숙고하여 기사화해야 합니다.

정치집단은 권력 쟁취를 위해서 온갖 수단과 방법을 동원합니다. 뿐만 아니라 막강한 자금력과 정치 마케팅을 기반으로 뛰어난 기교와 테크닉을 구사하면서 언론을 공격하고 있습니다. 이에 비해 언론은 기자 집단의 역량 저하로 갈수록 영향력이 약화되어 정치꾼들에게 이용당하기 십상인 게 현실입니다. 여기에 정치에 뜻을 두고 있는 기자들이나 줏대가 약하고 무능한 일부 기자들은 정치인들의 하수인으로 전락하기 쉽습니다. 이런 역학관계 속에서 나오는 정치 기사는 유권자들이 올바른 선택을 하는데 오히려 해가 되기도 하지요.

정치 기사에는 익명이 많이 등장합니다. 익명성은 취재원이 기사 뒤에 숨어있기 때문에 시청자나 독자는 발언을 한 사람의 정체를 알 수가 없습니다. 익명성의 발언을 보도하는 것은 시청자에게 신뢰감을 주기 어렵습니다. '청와대 관계자' '여권 관계자' '여권 실세' '정부의 고위 당국자' 등으로 기사 소스(source)를 익명으로 쓰는 것은 때로는 노회한 정치인들의 음모를 방조하고, 미디어를 그들의 언론 플레이의 장(場)으로 만들어 정치 불신을 가중시킬 우려가 있습니다. 익명으로 루머성 보도를 일삼는 것은 정치부 기자가 가장 경계해야 할 대목일 것입니다.

> **TV 카메라가 철수하면 이내 딴전을 피우는 국회의원들**
>
> 여담이지만 국정감사장에서 TV카메라로 국회의원들을 촬영하다 보면 TV 앞에서는 정색을 하고 열심히 발언을 하다가도 카메라가 철수하면 언제 그랬느냐는 듯이 이내 딴전을 피우거나 자리를 뜨는 국회의원을 자주 목격하게 됩니다.
>
> 아주 심각한 정치현안을 제외하고는 TV 카메라 앞에서 싸우는 모습도 가식인 경우가 많습니다. 자신을 뽑아준 지역 유권자나 이해관계자들에게 자신이 그들을 위해 행동하고 있다는 것을 보여주기 위한 일종의 쇼인 것이지요.
>
> 그래서 TV 카메라 앞에서는 치열하게 싸우던 여야 의원들이 회의가 끝난 뒤에는 화기애애한 분위기를 연출하기도 합니다. 심지어 회의가 끝나자마자 아무 일도 없었다는 듯이, 함께 식사를 하러 나가기도 합니다. 정치인들이 가식적인 행동을 한다는 말이 지나친 표현일까요?

④ 공정성을 평가 받는 선거 보도

선거 보도는 언론사의 여러 보도 분야 가운데 가장 중요한 부분입니다. 시청자들은 언론사가 선거보도를 공정하게 했는지를 놓고 그 언론사를 총체적으로 평가하지요. 특정 후보에 치우치지 않고 공정한 보도를 하는 것으로 언론기관은 평가됩니다.

선거보도는 대선과 총선, 지방선거로 크게 대별됩니다.

선거 보도의 주종(主宗)을 이루는 기사는 선거운동 기간의 유세(遊說)기사, 투표 및 개표기사 등 3가지입니다.

언론은 후보의 도덕성과 능력 등 자질을 종합적으로 평가하여 어떤 후보가 맡은 바 역할을 제대로 수행할 수 있는지를 유권자들이 판단할 수 있도록 도움이 될 만한 정보를 제공해야 합니다.

참고로 미국 언론의 경우 대통령 후보에 대한 평가 기준으로 다음과 같은 10가지 항목을 내세우고 있습니다.

▲ 배경 : 대통령의 육체적·정신적 스태미나, 성장과정, 교육, 업무경력 등
▲ 지식 : 전반적인 지적 능력 및 대통령직 업무수행과 관련된 지식 등
▲ 동기 : 대통령이 되고자 하는 내적 욕구
▲ 인성 : 개인적 취향, 호전성, 쾌활함, 이기심 등 개인적 품성
▲ 관계 : 인성(人性)과 같이 개인적 관계를 형성하는 측면보다는 공적인 관계 즉, 정치권과의 관계나 일반대중들과의 관계 등
▲ 커뮤니케이션 방식 : 유권자들을 대상으로 각종 프로그램을 통한 홍보, 화술, 시각적 커뮤니케이션 기술 등
▲ 지도력 : 국민들에게 대통령의 정책과 행위를 믿고 지지해 줄 수 있는 확신을 심어주는 능력
▲ 정치행위 유형 : 특정 사안에 대한 거래와 타협 기술
▲ 의사결정 유형 : 주요 의사결정을 도출하는 방법
▲ 국가경영 능력 : 대규모 조직을 발전시키고 운영할 수 있는 능력

하지만 국내 언론기관들은 아직까지 이런 기준을 가지고 있지 않은 형편입니다. 우리나라 후보들의 공약이 미국에 비해 구체성이 떨어지는데다가, 언론기관들이 선거 보도를 하면서 일정한 기준이 없기 때문에 후보들을 구분하는데 별 도움이 되지 않는다는 비판을 받고 있지요. 유권자들에게 후보의 직무 수행능력과 관련된 정보를 알려줌으로써 누가 대통령직을 잘 수행할 능력을 가지고 있는가를 체계적으로 알려줄 필요가 있는데, 이 역할을 제대로 하지 못하고 있는 것입니다. 언론기관들은 우리의 실정에 맞게 후보 평가 기준을 만들어 보도에 활용하고 유권자들에게 후보에 대한 정보를 보다 체계적으로 제공해야 합니다.

⑤ 네거티브 캠페인에 대한 경계

정치 현장 특히 선거에서 네거티브 캠페인의 폐해는 새삼 거론할 필요도 없을 것입니다. 사람들은 긍정적인 정보보다 부정적인 정보에 훨씬 더 민감하게 대응합니다. 네거티브 캠페인은 흔히 지역감정, 인종주의 등에 호소하는 경향이 있는데 불합리하고 단순한 이 메시지가 선거전에서는 유권자의 감성을 자극하여 효과를 발휘할 수가 있습니다. 그렇기 때문에 정치가들은 미디어를 이용하여 네거티브 캠페인을 벌이고자 하는 유혹에 빠져들기 쉽습니다.

그러나 네거티브 캠페인은 선거판을 이전투구 판으로 만들어 유권자들이 정치에 염증을 내게 하고 정치 무관심을 불러일으키게 함으로써 민주정치의 근간(根幹)을 흔들 수 있습니다. 네거티브 캠페인을 방지하는 것은 미디어가 여기에 이용당하지 않는 것입니다. 그리고 이것을 적극적으로 고발하는 것입니다.

선거 여론조사는 믿을 만한가?

· 지역이 작은 총선거나 지방선거 여론조사는 틀리는 수도 많다

여론조사에는 여러 가지가 있지만 그 중에서도 선거에 관한 여론조사 특히 후보 간의 지지율 조사는 국민들의 관심이 가장 높은 것 중의 하나일 것입니다.

유권자 입장에서는 자신이 지지하는 후보의 당선 가능성에 관심을 가지고 있기 때문에 여론조사를 통하여 언론에 발표되는 후보들의 지지율 추이에 민감하지 않을 수 없습니다.

선거 여론조사는 방송사나 신문사가 갤럽, 미디어리서치 등 여론조사 기관에 거액을 주어 실시하는 것입니다. 조사를 한 번 하는데 드는 비용은 5천만 원에서 1억 원 정도 입니다. 그런데 문제는 많은 비용을 들여 실시하는 여론조사가 틀리는 일이 많다는 점이지요.

전국 단위로 조사하는 대통령 선거 여론조사는 그런대로 적중하는데 지역이 작은 총선거나 지방선거로 들어가면 맞지 않는 수도 많다는 것입니다. 대선의 경우 표본의 무작위 추출이 쉽고 표본수가 많은 반면, 총선이나 지방선거는 무작위 추출이 어렵고 표본수가 적기 때문입니다. 한 선거구당 1천 명은 조사해야 결과 예측이 정확하게 나오는데 실제로는 비용 문제로 5백 명 정도를 조사하기 때문에 정확성이 떨어지는 것이지요.

· 워딩(wording)이 중요

여론조사는 정확도가 생명이기 때문에 과학적인 근거를 토대로 정밀하게 이루어져야 하겠지요. 여론조사에서 가장 중요한 것은 질문 문항을 만드는 일입니다. 소위 워딩(wording)이 가장 중요한데 여론조사 정확도의 승패는 워딩에 70~80%가 달려 있다고 할 수 있습니다.

예를 들면 지지하는 후보를 묻고 나서, 그 다음으로 또 누구를 지지하느냐 그리고 거부하는 후보는 누구냐는 등으로 상세하게 물어야 한다는 것입니다. 이렇게 하면 '지지의 폭'이 나온다는 것이지요. 말하자면 누구부터 누구까지 지지할 수 있느냐를 물어보는 것입니다. 이것을 측정해야만 정확하게 조사 대상자가 지지하는 후보를 산출해낼 수가 있다는 것입니다.

· 표본 설정을 잘 해야

그 다음에는 샘플(sample) 즉, 표본 설정을 잘 해야 합니다. 답변을 해주는 사람들이 전체 인구의 대표가 되는 샘플이어야 합니다.

여론조사는 사람들의 협조를 구하는 것이 상당히 어렵습니다. 10명에게 전화를 하면 1~2명 정도가 대답해 주는 정도지요. 답변을 안 해주면 또 다른 사람에게 전화를 해서 물어야 하는데 여러 차례 전화를 하는 과정에서 답변하는 사람이 표본 즉, 샘플이 아니면 조사는 정확하게 나오기 어렵겠지요.

· 여론조사 결과를 부각시키는 방송은 자제하는 BBC

여론조사 결과가 나오면 이것을 잘 읽어 올바른 해석을 내려야 합니다. 해석은 기자, 학자 등 전문가 집단의 몫입니다.

선거 여론조사 결과를 방송할 때는 표본오차를 고려해야 하며, 후보자간 순위를 강조하지 않는 것이 원칙입니다.

신중하기로 유명한 영국의 BBC는 여론조사의 결과를 부각시키는 방송을 자제할 것을 선거 보도 가이드라인으로 정하고 있습니다.

숱하게 지적되는 사항이지만 후보들의 지지도를 1, 2, 3위로 순서를 매기는 소위 경마식(horse-race) 보도 위주로 흘러서는 안 되겠지요.

· 여론조사를 악용하는 것이 문제

보도의 생명은 신뢰에 있습니다. 여론 조사 보도는 특히 그렇습니다.

결론을 내린 상태에서 짜 맞추어진 여론조사, 속이 뻔히 들여다보이는 여론조사를 하여 보도하는 것은 시청자들을 속이는 결과를 초래하겠지요. 시청자들이 여론조사를 불신하면 여론조사는 돈과 시간만 낭비하는 것이 됩니다. 여기에 더하여 방송사의 이미지까지 추락하는 결과를 빚게 됩니다.

최근에 여론조사에 대한 신뢰도가 현저하게 떨어지고 있는 것은 여론조사가 남발되면서 엉터리 조사 결과가 마구 발표되고 있기 때문입니다. 인터넷, ARS, 모바일 등으로 실시되는 새로운 여론조사 방법은 신뢰도를 떨어뜨리는데 일조(一助)를 하고 있지요.

이런 방식의 여론조사는 철저하게 검증되지 않았기 때문에 여론의 흐름을 제대로 짚어내지 못할 가능성이 높습니다. 인터넷과 모바일을 통한 조사는 그 대상이 젊은 층 위주가 될 확률이 높고 ARS를 통한 조사는 사람들이 성실하게 답변하지 않는 경우가 대부분이기 때문입니다.

여론조사에서 문제가 되는 것은 여론조사를 악용하는 경우입니다. 예를 들어 정치인들의 경우 자신들이 필요한 결론을 도출하기 위해 아전인수(我田引水) 격으로 조사를 하는 일이 많지요. 여론조사 항목을 자신들에게 유리하게 만들거나 조사 대상자에게 유도 심문을 하여 여론조사 결과를 조작하는 것입니다. 이들은 '여론' 이라는 명분을 내세워 방송에 보도를 하고 이를 사실(fact)로 확정시킨 다음 정략적으로 활용하려 하지요.

· 황당한 여론조사 뒤에 숨어 있는 정략

여론조사 내용을 보면 황당한 것이 많습니다. 누가 보아도 당연한 일을 가지고 여론조사를 하는 경우가 있습니다. 예를 들면

"장애인을 위한 복지시설을 늘려야 합니까?" "부정, 부패, 부조리 척결은 계속되어야 합니까?" "잘못된 과거사는 바로 잡아야 합니까?" 등등이지요.

그런데 이러한 당연한 얘기를 묻는 여론조사의 뒤에는 정략적인 의도가 숨어 있게 마련이지요. 대표적인 사례 중에 강원도 평창의 동계올림픽 유치에 관한 여론조사가 있었습니다.

두 번이나 유치에 실패하고 난 다음, 세 번째는 강원도민의 여론에 따르겠다고 하면서 동계 올림픽 유치의 재도전 여부를 묻는 것은 여론조작의 극치라 할 것입니다. 강원도민 입장에서 동계올림픽 유치에 반대할 사람이 얼마나 되겠습니까? 물어보나마나 뻔한 것을 여론조사를 한다는 것은 속이 들여다보이는 것이지요.

이해관계자가 극히 적어서 일반 국민은 별로 관심이 없는 문제를 국민들에게 의견을 물어서 여론에 따라 결정하겠다고 하는 것도 마찬가지입니다. 예를 들면 신문발전기금의 지원 문제에 대하여 여론조사를 실시한 바 있는데, 과연 신문발전기금이라는 것 자체에 대하여 잘 알고 있는 사람들이 몇 명이나 될까를 생각하면 이 조사 자체가 허무맹랑하기 짝이 없다고 아니할 수 없지요.

오늘도 수많은 여론조사가 국민의 의견을 반영하겠다는 그럴듯한 명분을 내걸고 행해지고 있습니다. 그리고 조작된 결과가 여론이라는 미명 하에 언론에 보도되고 있지요.

· 어떻게 질문하느냐에 따라 달라질 수 있는 답변

우리말에 '아 다르고 어 다르다'는 말이 있습니다. 같은 내용이라도 표현하는 방식에 따라 듣는 상대방의 반응은 다르게 나타날 수 있지요.

여론조사도 마찬가지입니다. 질문내용에 따라서 조사 대상자의 답변이 달라질 수 있기 때문에 의도된 대로 답변을 유도하는 이른바 '여론조작'은 얼마든지 있을 수 있지요.

> 예를 들어 북한에 쌀을 지원하는데 대해 찬반 여론조사를 하는 경우를 가상해 볼까요?
>
> 질문을 단순하게 "북한에 쌀을 지원하는 것에 대해 찬성하십니까? 반대하십니까?" 라고 하는 것과 이 앞에 전제(前提)를 두는 경우와는 결과가 상당히 다르게 나올 수 있습니다.
>
> 즉, "지금 북한에는 굶어 죽어가고 있는 어린이들이 많은데, 북한에 쌀을 지원하는 데 대해 어떻게 생각하십니까?" 라고 묻는다면 지원에 찬성하는 답변이 많이 나오겠지요. 반대로 "북한에서는 우리가 지원해 주는 쌀을 군량미로 쓰고 있다는데, 북한에 쌀을 지원하는 데 대해 어떻게 생각하십니까?" 라고 묻는다면 지원에 반대하는 답변이 많이 나올 것입니다.
>
> 여론을 조작하기 위해 여론조사가 얼마든지 왜곡되어질 수 있다는 사실을 알 수 있는 대목입니다.

⑥ 미국 외에는 TV토론이 한국만큼 성공한 곳은 없다

지금은 미디어 정치 시대입니다. 민주주의 사회에서 시민들이 투표 등을 통하여 정치적인 의사 결정을 할 때 가장 크게 영향을 주는 미디어가 TV입니다. TV가 전하는 뉴스가 막강한 영향력을 끼치는 세상이 됐지요. 특히 한국은 불과 몇 년 만에 미디어 정치가 위력을 발휘하는 장(場)이 열렸습니다.

미국을 제외하고는 선거전에서 TV토론이 한국만큼 성공한 곳은 없다고 합니다. 그리고 그 영향력은 더욱 증가하는 추세이지요. 실제로 중앙선거관리위원회에 따르면 2007년에 치룬 제17대 대통령 선거에서 "지지자 결정에 TV토론의 영향을 받았나?" 라는 질문에 78%의 응답자가 "그렇다"고 대답했습니다. 이는 지난 2002년 대선의 67%보다 크게 늘어난 것입니다.

하지만 TV토론의 영향력이 증가하는 것만큼 토론의 질이 향상되지 못하고 있다는 지적도 있습니다. 유권자들이 변화 없이 식상한 TV토론 방식에 싫증을 내고 있는 것이지요. 중앙선거관리위원회에 따르면 2004년 치러진 제17대 국회의원 선거에서 사회자가 질문하고 후보자가 토론하는 기존의 토론 방식이 전체의 82%를 차지했습니다. 때문에 앞으로는 단조로운 사회자 위주의 토론보다 3자토론, 1:1토론, 1:1자유토론 등 다양한 형식으로 토론의 활성화를 도모해야 한다는 의견이 많습니다. 또한 유권자를 TV토론에 직접 참여시키는 '시민포럼형' 방식 등의 다양한 형식도 활용해야 할 것입니다.

⑦ 북한 관련 보도의 한계

● **처음부터 오보 가능성을 잉태한 보도**

북한 관련 보도는 관영 매체인 조선중앙통신이나 평양방송이 주요 소스입니다. 간혹 외신 기자들이 북한을 방문, 취재하여 기사를 내보내기도 하지만 북한의 통제 하에서 이루어지는 취재인 만큼 활동 반경이 극히 제한되어 중요한 팩트(fact)를 제대로 짚어낼 수가 없습니다. 때문에 북한에 관한 보도는 본질을 짚지 못하고 극히 피상적으로 흐르고 있습니다. 또한 북한 관련 뉴스는 적당히 취급해도 괜찮다는 사고방식이 깔려 있는 점도 없지 않아 있습니다.

북한 관련 뉴스는 북한 당국의 일방적인 발표를 제외하면 일본 언론의 보도를 인용하는 경우가 많습니다. 국내에서는 북한에 대한 정보를 가장 많이 가지고 있는 국가정보원이 필요에 따라 정책적으로 기사를 흘려주기도 하지요. 북한 뉴스는 기자가 눈으로 직접 보고 취재한 내용이 아닌 만큼 상당부분 오보가 될 가능성을 잉태하고 있다고 할 수 있을 것입니다.

그러함에도 우리는 북한에 대해 가장 잘 알아야하는 입장에 놓여 있습니다. 그것이 오보이든 아니든 일단은 외신 등에서 보도가 되면 관심을 갖지 않을 수 없는 것이죠. 북한에 대해서는 일본 언론들이 가장 관심을 많이 가지고 취재합니다. 김정일 국방위원장의 사망으로 최고 권력자가 된 김정은에 대한 정보 역시 상세하게 취재하고 있지요. 6자 회담장에는 우리보다 5배 이상 많은 기자를 파견하여 회담 진행 상황을 자세히 보도하고 있습니다.

가장 이해관계가 깊은 우리보다 북한에 대해 더욱 치열하게 취재하고, 북한의 움직임에 대해 높은 관심을 기울이는 이웃나라 일본을 보면서 우리의 둔감한 모습을 돌아보게 됩니다.

● 서울이 물바다 된다

과거 5공화국 정부 때까지는 북한 관련 뉴스는 중앙정보부(현 국가정보원)가 운영하는 내외통신이 독점 공급하고 있었습니다. 국내 언론사들은 북한에 관해서는 지금도 마찬가지이지만 독자적인 취재가 사실상 불가능하고 정보기관이나 외신이 전하는 뉴스에 의존하고 있었기 때문에 신빙성 있는 뉴스를 생산하지 못했습니다.

그런 만큼 북한 관련 뉴스에는 특정 정치집단이 정치적 목적으로 국민들을 속여 저지르는 악의적인 보도 또한 적지 않았습니다. 그 대표적인 것이 5공화국 시절인 지난 1986년 북한의 금강산댐 건설 보도일 것입니다.

당시 정부는 북한이 금강산댐 건설을 시작했다는 사실을 공표하면서 북한이 200억 톤 규모의 물을 저장할 수 있는 이 댐을 완공한 다음 폭파시킨다든지 또는 부실공사로 인해 댐이 붕괴된다면 서울을 비롯한 수도권이 물바다가 될 것이라고 발표했습니다.

TV방송들은 일제히 긴급특집을 내보냈지요. 당시로서는 첨단기술이었던 그래픽까지 동원해서 북한의 금강산댐이 붕괴되는 장면과 그 넘친 물에 서울 시가지가 잠기는 장면을 방송했습니다. 모 방송사는 서울 시가지 모형을 만들어 놓고 63빌딩에까지 물이 차오르도록 일부러 물을 쏟아 붓고는 "금강산댐이 무너지면 서울이 이렇게 물에 잠긴다"고 방송을 했습니다.

정부는 북한의 수공 전략에 대비하기 위하여 이를 막을 수 있는 대응 댐을 건설한다고 발표했습니다. 그게 바로 지금 쓸모없이 흉물처럼 세워져 있는 평화의 댐이지요. 이 평화의 댐 건설을 위해 국민들의 자발적인(?) 성금이 모아졌고 방송사들은 모금 상황을 생중계하기도 했습니다.

나중에 드러났지만 실제 북한의 저수량은 8억톤 정도였다고 하니 실제보다 무려 20배 이상 부풀려진 셈이었습니다. 이는 군사독재정권 유지를 위해 안보지상주의를 외치던 정권이 허위과장된 뉴스를 제공한 것에 언론들이 철저히 이용당한 대표적인 사례라 할 수 있습니다.

이제는 민주화가 이루어져 군사독재정권 시절의 암울했던 기억들은 점점 희미해져 가고 있는 것도 사실이지만 북한 관련 보도에서 혹시 오늘날에도 또 다른 금강산댐 보도를 하고 있지는 않은지 돌아볼 필요가 있을 것입니다. 악의적인 독재정권이 사라졌다 해도 옛날이나 지금이나 북한이 크게 달라진 것이 없다는 사실을 생각하면 북한 관련 뉴스에는 항상 함정이 있을 수 있음을 생각하지 않을 수 없습니다.

(2) 경제뉴스

경제기사는 크게 실물과 금융 부문으로 나눌 수 있습니다. 실물 부문 담당 기자는 지식경제부, 중소기업청, 국토해양부, 농림수산식품부, 경제 단체, 기업, 시장 등을 취재합니다. 금융 부문은 금융위원회, 한국은행, 시중은행, 증권사, 보험사 등을 취재합니다. 경제 정책을 총괄하는 기획재정부, 기업의 불공정 거래 행위를 감시하는 공정거래위원회 그리고 국세청, 관세청, 통계청, 소비자원 등도 경제부 소관입니다.

◎ 취재 및 기사 작성 시 유의사항

- 경제뉴스는 국민들이 자신의 일상생활과 밀접한 관계가 있으므로 가장 관심을 가지고 시청합니다. 그런데 시청자들은 경제기사는 이해하기가 어렵다고 말합니다. 이는 경제기자가 기사를 쉽게 쓰지 않기 때문에 발생하는 일이지요. 경제기자는 전문성을 갖추어 먼저 자신이 경제 관련 뉴스를 완전히 이해할 수 있어야 합니다. 이를 바탕으로 시청자들이 알기 쉽게 보도를 해야 하는 것입니다. 전문 용어를 쉽게 풀어 쓰고 숫자를 가급적 덜 써서 시청자가 경제기사를 알아듣기 쉽게 전달하는 일이 경제 기자가 해야 할 일이지요. 경제기사에서 CG(computer graphic)를 잘 활용하면 메시지를 효율적으로 전달할 수 있습니다. CG는 복잡하지 않고 단순하게 만들어 시청자가 쉽게 알아볼 수 있도록 합니다.

  경제기자는 전문가들과의 세미나, 스터디 그룹에서의 토론회 등을 통하여 전문성을 길러야 합니다. 또한 국내외 경제 관련 매체를 꾸준히 접하고 다각도로 경제 관련 공부를 하는 등 전문성을 높이기 위해 부단히 노력해야 합니다.

– 경제기사는 선과 악의 단순 논리로 접근해서는 안 됩니다. 경제 정책은 '옳고 그르고'의 문제가 아니기 때문입니다. 모든 정책에는 양면성이 있게 마련입니다. 경제 정책으로 인해 얻을 수 있는 긍정적인 효과가 있으면 부정적인 측면 즉, 부작용도 있을 수 있다는 말이지요. 예를 들어 한국은행이 콜 금리를 올리면 시중의 통화를 거둬들이게 됨으로써 물가를 안정시켜 인플레 억제 효과를 볼 수 있습니다. 하지만 경기 침체 위험성이 커지고 은행에서 대출을 받은 서민과 중소기업은 부담이 커지게 됩니다. 또 다른 예로 기업 구조조정을 들 수 있습니다. 비용을 줄이고 내실을 튼튼히 하기 위해 종업원을 감축하는 구조조정을 할 수가 있는데 이렇게 되면 사회적으로는 실업자가 발생하는 부작용이 나옵니다.

경제 정책은 어디까지나 선택의 문제입니다. 그래서 경제 문제가 단순하지 않고 경제기사를 쓰기가 어렵다는 것이지요.

– 경제 관련 보도자료는 경제 담당 기자도 이해하기가 쉽지 않은 내용이 많습니다. 특히 금융 관련 기사는 실물 관련 기사에 비해 전문적인 지식이 있어야만 이해가 가능한 내용들이 많습니다. 기자가 보도자료 내용을 충분히 숙지하지 않은 상태에서 기사 작성을 하면 해당 부처에서 제공하는 자료를 단순 홍보하는 결과를 초래할 수도 있는 것이지요. 기자들의 몰이해를 악용하여 진실을 숨기고, 홍보하고 싶은 부분만 부각시켜 발표하는 공무원들이 적지 않습니다. 때문에 기자들은 내용이 어렵더라도 다각도로 보충 취재하여 기사를 완벽하게 이해하고 보도자료 속에 숨어있는 뜻을 읽어낼 수 있어야 하는 것입니다. 경제기자는 정부 부처에서 나오는 각종 통계자료, 기업의 재무제표, 연례보고

서 등을 읽고 이해하며 분석할 수 있는 실력을 갖추어야 합니다.

- 경제기자는 국내 경제는 물론 세계 경제의 흐름을 폭넓게 파악하면서 경제 정책의 대안을 제시할 수 있어야 합니다. 경제가 글로벌화 되면서 WTO, FTA, 양자간 협상 등 통상 협상에 관련된 뉴스가 국민들의 생활에 직접적으로 영향을 미치게 되었습니다. 통상 문제는 대단히 복잡하여 깊이 있는 연구 및 취재가 필요한 분야인데 기자들은 대개 협상장에서 우리 측 대표의 브리핑만을 듣고 기사를 쓰는 경우가 많습니다. 우리 측 대표들은 불리한 내용은 감추고 유리한 내용만 알려주기 때문에 협상의 진실을 캐내기가 어렵지요. 그래서 협상 대표로 나가는 공무원뿐만 아니라 업계 관계자들도 취재하고, 협상 상대 국가의 대표와도 접촉하여 취재해야 하는 것입니다.

① 시청자의 답답증을 해소해 주지 못하는 TV 경제뉴스

2008년 9월 16일. 추석 연휴가 끝나고 일상 업무가 시작된 첫 날, 금융시장은 패닉상태에 빠져들었습니다. KOSPI 종합주가지수가 1300대로 전 거래일보다 6% 이상 폭락하고 달러당 환율이 1160원대로 50원 이상 폭등하는 등 주식시장과 외환시장 등 금융시장은 그야말로 위기를 맞고 있었습니다.

전날 뉴욕증시가 2001년 9·11 이후 최대 낙폭을 기록하며 100년만의 금융위기가 닥치고 있다는 공포감이 세계적으로 확산되면서 국내 금융시장도 폭풍권 안으로 빨려들고 있었습니다.

KBS를 비롯한 국내 지상파 TV의 9시 종합뉴스는 10분 이

상을 할애하여 여러 꼭지로 긴급한 경제상황을 보도했지요. KBS의 경우 맨 처음 '주가폭락, 환율급등'이라는 제목으로 기자 리포트를 했습니다. 다음 뉴욕 특파원을 연결해 9·11 이후 최대 낙폭을 기록한 뉴욕증시 상황을 알렸습니다. 이어 워싱턴 특파원 2명이 각각 증시폭락의 원인과 증시붕괴 공포에 대한 분위기를 전했습니다. 이와 함께 경제부 기자가 스튜디오(studio)에 출연하여 상황을 종합적으로 설명했지요.

그러나 TV뉴스는 피상적인 보도에 그치는 한계를 드러냈습니다. 단지 시장에 반영된 수치를 나열하고 신문이 이미 보도한 내용, 그 동안 나왔던 얘기들을 반복하는 수준의 보도를 했을 뿐이었지요.

미국 금융시장의 정확한 상황을 비롯해서 불안의 근본적인 원인, 파장 및 전망 그리고 문제점 등 근본적이고 구조적인 문제는 다루지 못했습니다.

시청자들은 세계금융시장이 처해진 상황과 사태전개에 대해 제대로 알 수가 없어서 답답하기 짝이 없었지만 TV뉴스는 시청자들의 갈증을 시원하게 해소해 주지 못했습니다.

이런 현실은 미국도 마찬가지였습니다. 2008년의 세계경제위기에 관한 보도로 2009년 피바디상[6]을 수상한 미국의 방송기자 아담 데이비슨은 "이번 금융위기에서 상황을 일목요연하고 알기 쉽게 종합적 안목으로 설명해 주는 전문가는 없었다"고 말했습니다. 불안감과 궁금증은 높아지고 정보는 중구난방으로 넘쳐났지만 경제 위기의 실체를 알려주는 보도는 없었다는 것이지요.

---

6) 피바디상은 지난 1939년 미국의 거부 조지 포스터 피바디의 기부로 만들어진 상으로 미국방송협회(NAB) 및 조지아대학교(University of Georgia)가 수여하는 미국방송계의 최고 권위 있는 상 가운데 하나이다.

② 경제 전문가도 경제의 큰 흐름을 완벽하게 파악하기는 어렵다.

우리 생활에서 가장 중요한 경제뉴스에 대해 시청자들이 느끼는 갈증은 대단히 심각하다고 할 수 있지요. 경제 주체 개개인이 자신의 생활에 필요한 경제 정보를 스스로 찾아내어 정확한 판단을 내리는 것은 쉽지 않습니다. 그래서 TV 등 미디어가 보도하는 사실에 기초하여 경제상황을 판단하고 경제 행위를 영위하는데 참고로 하고 싶어하지만, 미디어가 그 갈증을 해소해 주지는 못하고 있다고 봅니다.

경제부 기자들이 전문성을 가지고 경제 현실을 깊이 있게 보도한다면 시청자들은 전적으로 미디어에 의존할 수 있을 것입니다. 그러나 현실적으로 그것을 기대하기란 어려운 상황입니다.

경제 분야는 기자보다 전문성이 훨씬 높은 경제학자나 연구원, 고위공무원 그리고 기업인들조차도 그 흐름을 완벽하게 파악하기가 어렵지요. 하물며 정부 부처 출입기자는 정부의 발표를 그대로 중계하고 기업을 출입하는 기자 역시 기업의 홍보자료를 그대로 전달하는데 그치면, 독자나 시청자에게 경제의 큰 흐름을 제대로 전달하기가 힘들 것입니다. 이와 같은 형편을 단적으로 말해 주는 실례를 하나 소개해볼까요?

1997년 IMF의 구제 금융으로 온 나라가 패닉(panic) 상태에 빠졌을 때 당시 필자는 경제부장직을 맡고 있었습니다. 시시각각으로 위기가 증폭되고 있던 그 시기에 재정경제원(현 기획재정부)의 한 고위간부가 기자들을 붙들고 매달리며 말했습니다.

"도대체 어떻게 해야 하죠?"

물론 얼마나 당황했으면 그랬을까 이해가 되지 않는 것도 아니었습니다. 그렇다고 기자들도 알 수가 없었습니다.

"그럼 나는 어쩌라고. 나는 더 모르지!"

이것이 현실입니다.

그로부터 10여 년이 지난 지금 우리나라는 또 다시 세계적인 경제위기 속에서 살아갈 길을 모색해야 하지만 뉴스가 예전과 달라진 것은 별로 없어 보입니다. 경제뉴스가 위기를 극복하는데 그다지 도움을 주지 못하고 있습니다.

③ 이해하기 어려운 경제뉴스

경제뉴스가 지적을 많이 받는 대목은 어렵다는 것입니다. 내용이 어려워서 이해하기가 힘들다는 것이지요. 여기서 어렵다는 것은 우선 전문용어가 생소한데다가 통계수치가 나열되기 때문에 골치가 아프다는 것입니다.

국민들이 경제뉴스에 대해 어렵다고 느끼는 것은 미국도 마찬가지입니다. 미국의 퓨리서치센터가 2009년 조사한 바에 따르면 정부에서 발표하는 경제 관련 용어들이 암호문과 같아서 전체 국민의 4분의 1은 '전혀 이해하지 못한다'는 것입니다.

특히 방송뉴스는 신문과 달리 한 번 보거나 들으면 금방 흘러가기 때문에 숫자를 지나치게 많이 나열하는 것은 시청자의 이해도를 높이는데 도움이 안 됩니다. 그리고 전문용어는 쉽게 풀어써야 함은 물론이지요. 여의치 않을 때는 사례를 들어 설명하고 본래의 의미를 훼손시키지 않는 선에서 단순한 표현을 써보려고 기자들은 노력해야 합니다.

방송 뉴스에서는 숫자를 쓰는 것은 절제할수록 좋다고 할 수 있습니다. 특별한 경우가 아니면 숫자를 보도할 때 소수점까지 쓰지는 않지요. 특별한 경우라고 하면 경제성장률 같은 거시경제 지표입니다.

숫자도 그때그때 상황에 따라 적절하게 반올림해서 씁니다. 예를 들면 504명은 500여명, 수출액 561억 5천만 달러는 560억 달러로 쓰는 식입니다. 방송뉴스에서의 통계수치는 하나의 흐름 즉, 추세를 보여주는데 의미가 있기 때문입니다.

경제기자의 전문성은 목표가 아니라 좋은 기사를 쓰기 위한 조건이라는 말이 있습니다.

전문성을 갖춘 기자는 뉴스거리를 충분히 그리고 다각도로 파악한 다음, 기사를 쉽게 풀어 써서 시청자가 이해하기 쉽게 방송할 수 있는 능력을 갖춘 사람입니다.

경제 현상은 수많은 변수가 복잡하게 얽혀 있기 때문에 기사를 단순하게 표현하기가 어려운 점도 있고 TV뉴스는 1~2분 안에 방대한 정보를 축약해 전달해야 하는 어려움이 있습니다. 하지만 능력 있는 기자라면 복잡다단한 사안을 단순명쾌하게 요약할 수 있어야 하겠지요.

④ 언론은 정부 탓, 정부는 언론 탓

국민들이 TV뉴스가 전하는 사실과 자신들이 느끼고 겪는 현실이 다르다고 생각하듯이, 정부 당국자 역시 TV뉴스가 지엽적인 것을 침소봉대(針小棒大)하여 보도하는 경향이 많다고 지적합니다. 때로는 사실을 왜곡하여 보도하기도 하고 위기 상황을 조장하는 등 선정적인 보도를 한다고 비판하기도 하지요.

노무현 정부 때 이병완 청와대 홍보수석이 "미디어의 부정적인 보도가 경기를 위축시키고 소비자들의 지갑을 닫도록 한다"(2004. 8.8 SBS 밤 8시 뉴스)고 말한 것에서 알 수 있듯이, 정부는 언론이 경제상황을 나쁘게 보도함으로써 국민들의 심리를 위축시켜 진짜로 경제가 나쁘게 돌아가게 만든다고 주장하기도 합니다. 비단 노무현 정부뿐만이 아닙니다. 역사적으로 모든 정권은 정책 집행 결과가 잘못 나오면 언론을 탓하는 습성이 있습니다.

언론인들은 경제가 나빠진 것은 정부의 정책 대응이 잘못된 것이며 이를 언론 탓으로 돌리는 것은 공무원들의 책임전가라고 주장합니다. 언론은 있는 현실을 그대로 전달할 뿐이고 언론의 보도로 인해 경제가 나빠지는 등 현실이 달라지는 것은 아니라고 말합니다.

이 문제에 대해 학자들이 연구한 내용을 소개해볼까요?

학자들의 연구 결과에 따르면 모든 것이 그렇듯이 경제 역시 쌍방통행적 관계라고 합니다. 뉴스와 현실과의 관계는 어느 한 쪽이 일방적으로 영향을 주는 관계가 아니라 상호 영향력을 주고받는 관계인데, 경제기사 역시 그렇다는 것이지요.

결국 언론도 이 문제에 있어서 책임이 있다는 뜻이지요. 특히 경제는 심리적인 요인에 의해 크게 반응하는 면이 있기 때문에 예민한 문제에 대한 보도는 경제에 심대한 영향을 끼칩니다. 예를 들면 부동산 가격이 움직일 때 과장된 보도를 하면 부동산 투기 심리를 자극할 수가 있고, 금융시장이 불안할 때 과잉 반응하면 지나친 불안 심리를 조성하여 금융 혼란을 야기할 수도 있지요. 또한 물가에 대해 보도할 때 일부 오른 품목만 중점적으로 부각시키다 보면 물가 전반에 파장을 미치게 할 수도 있고 사재기 등 부작용을 유발할 수도 있습니다.

⑤ 증권뉴스는 어떤 점을 주의해서 보아야 하나?

● **경제의 추세, 큰 흐름을 파악하는데 만족해야...**

지상파 TV에서는 증권뉴스는 폭등, 폭락 등 말 그대로 뉴스거리가 될 때 다루기 때문에 평소에는 별로 취급하지 않습니다. 또 주식시세가 폭락하거나 폭등할 때에도 시황에 대한 소개에 그치고 간단한 분석을 곁들일 뿐 상세한 보도는 하지 않습니다.

그러나 케이블 TV의 증권방송은 대부분의 방송시간을 주식시황에 대한 뉴스로 채우고 있기 때문에 상세한 내용을 전달하고 있지요. 여기서 증권 전문 방송을 보면 여러 가지 문제점이 발견됩니다. 그 중에서도 가장 큰 문제는 소위 전문가들이 방송에 출연하여 선부른 증시 전망을 하는 게 아닌가 싶습니다.

진정한 주식의 고수(高手)는 주식 시세를 전망하는 것이야 말로 바보 같은 짓이라고 말합니다. 그런데 증권 방송에 출연한 이들 가운데 많은 사람들은 주식시세에 대한 전망을 내놓지요. 단 하루 만에 그 예측이 빗나가기도 하지만 이들은 또 다시 주가 예측을 되풀이하곤 합니다. 이것은 출연자 자신은 물론 방송사의 신뢰도를 크게 떨어뜨리는 행위입니다.

시청자들이 방송에서 캐치(catch)할 것은 경제의 추세 즉, 큰 흐름을 파악하는데 만족해야 한다는 것입니다. 전문가를 자칭하는 사람들의 얘기를 그대로 믿고 따라 행동하는 것은 위험천만한 일이지요.

● **장기투자는 손해를 안 본다?**

주식투자는 단기투자를 하면 손해를 볼 수 있지만 5년이고

10년이고 장기투자를 하면 큰 수익을 얻을 수 있다는 주장을 보도하는 것을 많이 볼 수 있습니다. 이것은 주식투자를 유도하는 증권회사의 의도를 여과 없이 그대로 반영하는 것입니다.

주식투자는 두 가지가 중요합니다. 종목과 시간 투자이지요. 어떤 종목을 언제 사서 언제 파느냐가 중요합니다. 종목과 시간 중에서 시간이 특히 중요합니다. 아무리 우량 주식에 투자한다 할지라도 사는 시점과 파는 시점을 잘 선택해야 수익이 나게 되어 있습니다.

주식시세는 하루 앞을 예측하기가 어렵고, 단 몇 분 앞도 예측하기가 쉽지 않지요. 때문에 무턱대고 장기투자를 하면 수익을 낼 수 있다고 얘기하는 것은 잘못된 표현입니다.

펀드에 투자하는 것도 마찬가지이지요. 펀드 투자는 위험을 분산하는 것으로 착각하고 있는데 그렇지 않습니다. 펀드라는 것도 여러 가지 주식 종목에 투자하는 것이기 때문에 내용을 따지고 보면 주식에 직접 투자하는 것과 크게 다르지 않습니다. 단지 개인이 주식에 투자하는 것은 직접 하는 것이고, 펀드는 기관이 투자를 대행하는 차이가 있을 뿐이지요.

장기 투자는 손해를 안보고, 펀드 투자는 리스크를 피할 수 있다는 식으로 말하는 것은 너무 단순한 표현입니다.

● 손바닥 뒤집듯이 말을 바꾸는 증권전문가

매스컴에서 자기가 발언하거나 기고한 글을 부인하고 딴소리를 하는 사람들이 있습니다. M 연구소의 한 모 부소장의 예를 들어보겠습니다.

그는 2007년 12월과 2008년 1월 한국경제신문에 기고한 칼럼에서 '한국 증시 새 정부 출범하면 큰 장 선다'(2007년 12월 19일), 'MB효과와 코스피 5000포인트'(12월 23일), '올

하반기 환율이 효자된다'(2008년 1월 20일) 라는 제목의 칼럼을 통하여 증시의 낙관론을 확대 재생산하였습니다.

그런데 그는 증시가 폭락하던 시점인 2008년 10월 16일 MBC TV <100분 토론>에 출연해 "작년 12월 초와 올해 1월 초 이런 위험에 대해 사전에 많이 경고를 했다"고 주장하고 "환매를 못한 사람은 탐욕이나 기대심리가 있었기 때문이다" 라고 말했습니다. 이 같은 그의 발언에 시청자들의 항의가 빗발쳤지요.

증권방송에 출연하여 증시 전망 및 분석을 하는 전문가 또는 애널리스트의 말은 단지 참고 사항으로 듣는 게 좋습니다.

어려운 세계 경제 상황을 분석하고 전망할 수 있는 사람은 흔치 않습니다. 특히 매일 방송에 나와서 새롭고 유익한 정보를 제공할 수 있는 사람은 별로 많지 않습니다. 그리고 증시를 정확하게 분석하고 전망할 수 있다면 그 귀중한 정보를 불특정 다수에게 쉽사리 풀어 놓겠는가 하는 점도 생각해 볼 필요가 있습니다.

증권 방송사는 잘못된 방송을 해서 시청자들에게 피해를 주는 일이 없도록 각별한 주의를 해야 합니다. 또한 증권방송사에 대한 관련 당국의 철저한 지도 감독이 이루어져야 합니다.

⑥ 통계는 얼마나 믿을 수 있을까?

● '사실'을 '진실'로 믿게 하려고 수치를 제시

> "세상에는 세 가지 종류의 거짓말이 있다. 거짓말, 새빨간 거짓말 그리고 통계"

이것은 영국 빅토리아 왕조에서 총리를 지낸 벤자민 디즈레일리의 유명한 말입니다.

통계에 허구(虛構)가 많다는 것은 익히 알려진 사실이지요. 사람들은 어떤 '사실'이 '진실'이라는 것을 믿게 하기 위해 수치를 근거로 제시합니다. 특히 정부, 공공기관, 대기업 등에서 발표하는 보도자료에서 통계수치를 제시하면 쉽게 믿어버리는 경향이 있지요. 통계에 대한 이해가 부족한 기자들은 기사 마감 시간에 쫓긴 나머지 보도자료에 나와 있는 통계수치를 검증하지 못한 채 그대로 인용하는 일이 많습니다.

통계수치는 발표기관이 자신들에게 유리하게 해석하기도 하고 심지어는 왜곡하는 사례도 적지 않은 게 현실입니다. 통계 자료를 언론에 제공하는 사람들은 대개 어떤 목적을 가지고 있지요. 이것을 생각 없이 그대로 보도하면 오보가 될 가능성이 있습니다.

● 물가를 낮추려고 조사 전날, 채소 반입(搬入)을 독촉

'총인구 1%가 전체 사유지의 51.5% 소유'

'일부 지방은 인구 1%가 토지 90%까지 소유'

2005년 7월 행정자치부(현 행정안전부)가 발표한 보도 자료의 제목입니다.

당시 행정자치부는 '전국토지소유현황'을 발표하면서 총 인구의 상위 1%(48만 7천명)가 전체 사유지의 51.5%를 소유하고 있는 것으로 나타났다고 주장하였습니다. 특히 부산은 1% 인구가 전체 토지의 93.6%를 소유하는 등 일부 지역은 인구 1%가 전체 토지의 80~90%를 소유하고 있다고 발표했습니다.

이것은 통계를 조작하고 왜곡한 대표적인 사례입니다.

행정자치부는 남한의 사유지를 총인구 4천8백만으로 나누어 계산한 수치를 발표했습니다. 그러나 4천8백만 명은 어린

아이까지 포함된 숫자입니다. 정확하게 집계하려면 토지 소유가 가능한 연령대의 인구로 나누어야 하는 것입니다. 즉, 토지를 소유할 수 있는 가구 수로 나누는 게 합당하다는 것이지요. 왜냐하면 토지 소유자는 개개인이 아니라 한 가구를 대표해서 가구당 1명인 경우가 대부분이기 때문입니다.

이것은 부동산 소유 관련 법안을 통과시키기 위해 '소수의 가진 자들이 땅을 많이 가지고 있다'고 여론을 조성하려는 의도에서 통계를 왜곡 · 조작한 사례로 알려졌습니다.

예전에는 통계수치를 조작하기 위해 여러 가지 방법을 동원했습니다. 1990년대 초반 경제기획원(현 기획재정부)에서는 매달 초에 소비자 물가지수를 발표했습니다. 그때는 매월 5일, 15일, 25일 세 차례에 걸쳐 조사를 하여 한달 평균치를 냈는데 조사 시점에 물가를 조금이라도 낮추어 보려고 인위적인 노력을 많이 했습니다. 예를 들면 배추, 무 등 농산물 가격을 낮추기 위해서 조사 전날 밤에 경제기획원 고위간부가 지방의 공무원에게 직접 전화를 걸어 가락동 시장으로 채소를 많이 올려 보내도록 독촉을 하기도 했지요.

외국에서도 통계치를 좋게 산출하기 위해 조사방법이나 지수 산정방식을 바꾸는 행위를 합니다.

미국의 경우 리처드 닉슨 대통령 재임 시 소비자 물가가 연간 5% 안팎으로 상승하자 닉슨은 번스 연방준비제도이사회 의장에게 압력을 넣어 물가지표를 바꾸게 했습니다. 가격 변동이 심한 식료품과 에너지 가격을 빼고 물가지수를 산출하여 상승률을 낮추었지요.

로널드 레이건 대통령은 집권 초기에 2차 석유파동 여파로 물가상승률이 10%에 육박하자 주택가격이 물가 상승률을 부풀린다면서 이를 지수 산정에서 빼고 '자가임대(自家賃貸)비용'이라는 것으로 대체하기도 했습니다.

조지 부시, 빌 클린턴 대통령 시절에도 물가상승률을 낮추기 위해 비슷한 수법을 썼습니다.

정도 차이는 있지만 어느 정부든지 국민들에게 발표하는 통계자료를 손질한다는 것을 알 수 있게 하는 대목이지요.

● 기관마다 서로 다른 통계

기관마다 제각기 목적하는 바가 있기 때문에 통계를 최종 목표에 맞추어 내는 일도 있습니다. 아전인수(我田引水)라는 표현이 적합하다 할까요?

2006년 말 주택 전세가격 동향을 1년 전인 2005년 말과 비교한 통계가 있습니다. 국민은행과 통계청이 발표한 것을 보면 국민은행은 6.5%, 통계청은 0.7% 상승했다고 각각 다르게 발표했습니다.

왜 이렇게 차이가 많이 난 것일까요?

이것은 통계를 작성하는 방식이 서로 다르기 때문입니다. 국민은행 통계는 표본 가구의 전세금이 오르면 같은 단지 내에 있는 같은 면적의 아파트는 모두 전세금이 오른 것으로 간주하여 지수를 산출했습니다. 국민은행의 통계는 전세금의 흐름을 신속하게 보여주는데 목적이 있었지요.

통계청은 소비자 물가지수를 집계하면서 전국 표본 가운데 전세 계약이 갱신되어 전세금이 오른 표본가구만 반영한 것입니다. 이 경우 소비자 물가 통계는 전세금의 흐름이 아니라 가계의 실질 지출이 어떻게 변하는지를 보여주는 것이지요. 따라서 1~2년 단위로 이루어지는 전세 계약은 소비자 물가에 서서히 반영되기 때문에 상승률이 낮게 나타날 수 있는 것입니다.

이렇다 보니 가격 변동을 보여주는 국민은행의 통계는 반응이 빠르고 출렁거림도 크지요. 반면에 통계청이 발표하는 것은 국민은행 것보다 1~2년 뒤늦게 나타나고 변동 폭도 상대적으로 적은 것입니다. 통계를 작성하는 목적에 따라 집계가 달라질 수 있음을 보여주는 좋은 사례이지요.

임금 상승률 통계도 마찬가지입니다.

사용자 단체는 임금 상승률이 높다고 하고 노동자 단체는 낮다고 주장을 하지요. 이들은 통계수치를 비교할 때 제각기 유리한 입장에서 비교하여 제시합니다. "OECD 기준으로 산출해 보니 이렇다" 또는 "개발도상국 기준으로 비교하면 어떻다" 라고 하면서 자신들에게 유리하게 끌어다 쓰지요.

비교 기준을 어떻게 잡느냐에 따라 해석이 제각각 다르게 나오는 통계수치는 속이 뻔히 들여다 보일 뿐만 아니라 신뢰성을 얻기가 어렵겠지요.

● 통계 단순 비교의 함정

기저(基底)효과 또는 바닥효과라는 것이 있습니다.

경제성장률, 물가상승률, 수출증가율 등의 통계치를 산출할 때는 대개 전년 대비 즉, 1년 전 같은 기간과 비교하여 변화된 양을 백분율로 표시하지요. 예를 들어 올해 1/4분기 성장률이 전년 동기 대비 5% 증가했다고 발표하면 작년 1/4분기에 비해서 5% 성장했다는 뜻입니다. 금년 1/4분기 성장만 놓고 보면 좋은 성적이라 할 수 있지요. 그러나 작년 1/4분기의 성장률이 그 전년도 즉 재작년에 비해 마이너스 5%였다면 올해 성장률은 재작년 수준 정도 되는 것입니다. 즉, 작년의 성적이 나빴었다면 나쁜 성적과 비교해서 조금 좋아졌다고 해서 올해 성적이 썩 좋은 것은 아니라는 것이지요.

이것을 기저효과(base effect)라고 합니다. 밑바닥 성적과 비교하면 당연히 좋게 보일 수밖에 없는 것을 기저효과라고 하지요.

IMF가 연초에 2009년도 한국의 경제성장률은 −4%를 기록하다가 2010년에는 +4%를 기록할 것이라고 예측했습니다. 물론 전망치가 잘 맞는 것은 아닐 뿐더러, 여러 번 수정됐지요.

처음 IMF의 발표가 나오자 정부 일각에서는 2010년에 경제가 급속하게 회복될 것이라고 낙관하기도 했습니다. 그런데 엄밀하게 따져보면 플러스, 마이너스 0이기 때문에 2010년의 경제는 2008년 수준이라는 얘기가 되지요.

● 세상을 놀라게 한 '2쌍 결혼, 1쌍 이혼'의 진실

2003년 12월 29일 신문들은 <한국 작년 2쌍 결혼, 1쌍 이혼>이라는 제목으로 기사를 실었습니다. '꽃동네 현도사회복지대학교'가 발간한 '복지와 경제의 선순환 관계 연구보고서'를 인용한 것으로 2002년도에 결혼대비 이혼률이 47.7%를 기록했다는 것이지요.

그 뉴스를 보고 사람들은 의아해했습니다. 아무리 주변을 둘러보아도 그렇게 이혼한 사람들이 많아 보이지는 않았기 때문이지요.

이것은 이혼비(離婚比)를 이혼률(離婚率)과 구분하지 못하고 보도한데서 나온 해프닝이었습니다.

이혼비는 특정기간 발생한 이혼건수를 혼인건수로 나눈 것입니다. 예를 들면 2002년 혼인건수는 약 30만 6600건으로 하루 평균 840쌍이 결혼을 했습니다. 이혼건수는 약 14만 5300건으로 하루 평균 약 4백쌍이 이혼을 했지요. 이혼건수는 혼인건수의 47.4%에 이릅니다. 이것을 이혼비라고 하지요.

그러나 이혼률은 총 이혼건수를 총 혼인건수로 나누어야 합니다. 예를 들면 2002년 1월말 현재 혼인경력자의 총 혼인 횟수는 2천815만6천여 건이고 이들의 총 이혼횟수는 262만3천여 건입니다. 따라서 이혼률은 9.3%로 나타나지요. 부부 11쌍 중 1쌍이 이혼했다는 뜻이지요.

● 달러 가치도 불변으로 고정되어 있지는 않다

우리는 흔히 국민총소득이 2만 달러를 넘어서야 선진국 문턱에 들어설 수 있다며 정책당국자들은 2만 달러 달성에 집착해 왔습니다.

2007년에는 마침내 2만 달러를 넘겼다고 했지요. 그런데 달러에 비해 원화 가치가 크게 떨어진 2008년에는 다시 2만 달러 아래로 주저앉았습니다. 선진국 문턱에서 오르락내리락하는 형국이지요.

달러 가치는 불변으로 고정되어 있는 것은 아니지요. 미국도 해마다 물가상승으로 달러 가치가 떨어지고 있는 상황입니다. 더구나 미국은 2008년 하반기부터 금융위기를 겪으면서 달러 발행을 남발하여 국제통화 시장에서 달러가치는 급격하게 추락하고 있습니다.

원화가 달러에 대해 과대평가됐는지, 또는 과소평가됐는지를 고려하지 않은 채 현재의 환율을 적용하여 국민소득을 달러로만 환산하는 것은 문제가 있지 않을까요?

이러한 문제점이 있기 때문에 구매력 평가(ppp : purchasing power parity) 환율로 국민소득을 환산하기도 합니다. 구매력 평가 환율은 각국의 물가 수준을 반영한 것으로 각국 화폐의 구매력으로 국민소득 수준을 평가하는 것입니다. 이것은 생활수준을 보다 정확하게 파악할 수 있는 기준이 되어 객관성을 인정받고 있지요.

● '행복'이라는 추상적인 개념까지 수치로 나타내는 통계

나라별로 사람들의 행복지수를 조사한 것을 보면 의외로 후진국 국민들이 선진국 국민들보다 더 행복하다고 생각하는 것으로 나타납니다.

영국의 민간 싱크탱크인 신경제재단(NEF)이 전 세계 143개국을 대상으로 조사한 2009년 국가별 행복지수(HPI)를 보면 코스타리카가 1위로 나와 있습니다. 이 조사에는 10위 권 내에 도미니카, 자메이카, 쿠바 등 중남미 국가가 9곳이나 들어 있습니다. 한국은 68위이고 일본은 75위, 미국은 최하위권인 114위로 돼 있지요.

미국 미시간 대학이 조사한 행복지수를 보면 우리나라는 국민소득이 1만 달러 이하였던 때가 1만 달러 이상이었던 때보다 오히려 행복지수는 더 높은 것으로 나타났지요.

국민 소득이 높다고 행복지수가 따라서 높아진다는 법은 없겠지요. 행복지수는 경제성장 외에도 자연환경을 비롯하여 사회보장제도 등 사회의 안전 요소, 기대 수명, 상대적 박탈감, 경쟁에 대한 부담감 등 여러 요인을 감안해야 하겠지요.

그러함에도 불구하고 국민 소득이 행복 지수를 산정하는데 상당한 비중을 차지할 것이라는 생각은 듭니다.

그렇기 때문에 많은 사람들은 경제 후진국 국민들이 선진국보다 더 행복하다고 느끼는 점에 대해서는 좀 의아하게 생각하지요. 학자들은 이 부분에 대해서 후진국 국민들은 상대적으로 순진해서 여론조사에 긍정적으로 답변하는 측면이 있기 때문에 이런 결과가 나오게 된 게 아닐까 추측하기도 합니다.

가난하지만 천혜의 자연환경 속에서 문명사회보다 스트레스를 덜 받고 살아가는 저개발국가의 국민들이 선진국 국민보다 스스로 더 행복하다고 느끼며 산다면 할 말이 없을 것입니다. 그러나 '행복'이라는 추상적인 개념 자체가 사람마다 제각각 다르게 받아들이는 개념임을 생각할 때 이를 수치화하여 통계자료로 제시하는 것 자체가 무리가 아닐까요?

(3) 사회뉴스

사회부 기사는 크게 사건 기사와 행정 기사로 나눠집니다.

사건 기사는 경찰서, 병원 등을 담당하고 있는 기자의 몫입니다. 살인 · 강도, 유괴, 성폭행 등 강력 사건, 화재, 교통사고, 항공기 추락, 풍수해, 전염병 확산 등 재난에 관련된 기사, 미담 기사 등 사회 전반에 관한 뉴스를 사건기자가 처리하지요. 그래서 사건기자는 사회부의 꽃이라 불립니다. 검찰청과 법원, 헌법재판소도 사회부의 중요한 출입처입니다.

행정 기사는 교육과학기술부, 행정안전부, 보건복지부, 여성가족부, 식품의약품안전청, 환경부, 고용노동부, 국방부(언론사에 따라서는 정치부에서 담당) 그리고 서울시 등 지방자치단체와 관련되는 뉴스입니다.

◎ 취재 및 기사 작성 시 유의사항

– 사회부 기자, 그 가운데서도 사건기자는 가장 고달픕니다. 언제 어디서 터질지 모르는 사건 사고에 항상 대비하고 있어야 합니다. 사건기자는 민첩해야 합니다. 항상 촉각을 곤두세우고 있다가 사건이 터지면 신속하게 현장으로 달려가야 합니다. 때문에 사건기자에게는 부지런히 뛰는 열성

과 끈기 있게 현장을 지키는 근성이 필요합니다. 경찰은 범인 검거 등 자신들의 실적은 적극적으로 홍보하려 하지만, 사건 발생 자체는 숨기려고 하는 속성이 있는데 이를 캐내는 것도 사건기자의 몫이지요.

사건 사고는 방송 매체에서 일보(一報)를 신속하게 전하는 것이 가장 중요합니다. 사건 내용을 짧은 시간 내에 정확하게 파악하여 보도해야 한다는 점을 명심해야 할 것입니다. 사건 기사에는 선정적이거나 자극적인 표현, 기자 개인의 주관이 개입된 표현이 들어가지 않도록 각별히 유의할 필요가 있습니다.

– 재판 기사는 국민들의 생활에 직결되는 사건의 판결, 국책사업을 비롯하여 국가적으로 큰 정책이 좌우되는 사건에 대한 판결, 대법원 판례 등을 다룹니다. 고위 정치인 및 관료의 뇌물 수수 사건 등 사회적으로 관심을 끄는 사건, 유명인의 스캔들과 관련된 소송도 관심을 끄는 뉴스입니다. 사건 사고, 수사 및 재판 기사에서 유의할 점은 피해자나 미성년자는 물론 피의자에 대해서도 배려해야 한다는 것입니다. 신원이 드러나 불명예나 불이익을 받는 일이 없도록 기사는 물론 화면 처리에 신경을 써야 합니다.

재판은 법에 따라 엄정하게 집행돼야 합니다. 때문에 법조 출입 기자는 권력이 있고 돈이 많은 사람과 그렇지 않은 사람이 재판에서 차별을 받지 않는지 관심을 가지고 지켜보아야 합니다. 유전무죄(有錢無罪) 무전유죄(無錢有罪)가 되는 일이 없도록 감시하는 일이 법조 담당 기자의 책무이지요.

– 교육은 학부모와 학생들의 관심이 큰 분야입니다. 학부모

들은 누구보다도 교육에 대한 전문가라고 말할 수 있습니다. 때문에 교육 담당 기자는 교육과학기술부의 발표에만 의존할 것이 아니라 교육의 수요자인 학부모, 학생들의 여론에 귀를 기울여야 할 필요가 있습니다. 대학 입시에 대한 교육부의 정책, 공교육, 사교육, 해외유학 등에 대하여도 깊이 있는 지식을 축적해야 합니다. 교육관련 단체인 전교조 등의 동향에 대해서도 예의 주시할 필요가 있습니다.

– 보건복지부는 각종 질병으로부터 국민들을 보호해야 하는 문제 등 국민 건강에 가장 밀접한 관계가 있는 부처입니다. 또한 이해 당사자들이 대립하고 있는 현안을 많이 안고 있는 곳입니다. 의약 분업, 양 · 한방의 간의 갈등, 건강보험, 국민연금, 식품의약품 안전 등 국민 건강과 복지에 관한 문제는 매우 민감한 사항입니다. 그래서 기자는 평소부터 병원 등 현장 취재원을 다양하게 접촉하여 신종 질병 동향 등을 예의 주시해야 합니다. 식품 안전 실태 등에 대해서도 관련 기관을 수시로 체크하여 동향을 파악해야 합니다. 아울러 의료인 등의 이해 관계자들이 첨예하게 맞서있는 문제에 대해서는 어느 일방의 편에 서지 않고 국민들 입장에서 취재 보도해야 합니다.

– 지구촌 환경오염 문제가 날이 갈수록 심각해지고 인류 건강에 대한 관심이 높아지면서 환경 문제는 뉴스의 중요도가 더욱 부각되고 있습니다. 환경 문제를 다루는 시민단체들의 활동이 활발해지면서 이들의 목소리가 정부의 국책사업에까지 영향을 미치게 되었지요. 환경 담당 기자는 정부의 발표나 환경단체들의 주장을 단순히 중계 보도하지

말고 현장을 직접 찾아 흙을 밟아보면서 확인하고 느껴 보아야 합니다. 해당 지역 주민과 전문가의 의견을 듣는 등 다각도로 취재하여 살아있는 환경뉴스를 만들어야 합니다. 환경 문제에 대하여 공개하지 않고 감추려 드는 정부나, 지나치게 과장하고 야단법석을 떠는 환경 단체에 휘둘리지 말고 냉철하게 접근하는 자세가 필요합니다. 정부나 환경 단체에서 발표하는 실험 결과나 각종 수치가 타당성이 있는지 신뢰할 수 있는지 확인하고, 시청자의 피부에 와 닿게 보도해야 합니다.

– 노동 문제는 민감한 뉴스입니다. 대기업 중심의 노동조합이 세력화되어 큰 힘을 발휘하면서 연례행사로 벌어지고 있는 파업이 주요 뉴스가 되고 있지요. 기자는 노동자와 사용자 간의 다툼에서 공정성을 잃지 않고 보도해야 합니다. 균형된 시각과 생산적인 방향에서 노사 관련 기사를 다루어야 하는 책임이 있습니다.

– 서울시는 취재 영역이 방대한 출입처입니다. 외교와 국방을 뺀 정부의 기능 전체가 축소되어 있는 곳이라 할 수 있지요. 도시 계획, 주택, 세무, 교통, 환경, 상하수도 등 시민 생활과 직접 관련된 문제들을 다루기 때문입니다. 인·허가 업무가 많고 시민들의 민원도 끊이지 않는 곳입니다. 시청출입기자는 서울시가 민원을 많이 다루는 곳인 만큼 부패 공무원에 대한 감시와 함께 선거용 선심 정책으로 인한 예산 낭비, 전시 행정 등을 파헤치고 시민들의 편의를 위한 서비스는 제대로 이루어지고 있는지 등에 관심을 가지고 취재하여야 합니다.

① 사건 사고 기사에서 삶의 질을 높이는 기사로

종전의 사회부 기사는 사건 사고 기사가 주류를 이루어왔습니다. 살인사건, 대형 비리 사건, 태풍 홍수 등 재난 사고가 발생하면 사회부는 바삐 움직였지요.

그러나 사회가 안정되어 사건 사고가 줄어들게 되면서 사회부 기사는 사건 위주에서 벗어나고 있는 경향입니다.

사회부 기사는 이제 국민들의 일상적인 삶에 주목하고 있습니다. 노동, 환경, 인권, 복지 등 사람들의 일상생활과 밀접하게 관련되어 있는 분야에 주력하고 있는 추세입니다.

사회의 구조적인 문제에 천착(穿鑿)하여 사람들의 삶의 질을 높이는 방향으로 취재 관점이 이동하고 있는 것이지요.

② 다양한 삶의 모습이 반영되는 현장

사회뉴스는 국민들의 삶의 모습이 반영되는 분야입니다. 다양한 계층의 생생한 삶이 녹아있습니다. 위로는 대통령에서부터 아래로는 노숙자에 이르기까지 모든 사람들의 일상생활에서 일어나고 있는 각종 사건 사고를 비롯해 각계각층의 이해관계가 첨예하게 대립되는 갈등의 현장을 생생하게 전해주는 것이 사회 뉴스입니다.

그렇기 때문에 모든 기사가 그러하겠지만 특히 사회 기사는 탁상공론식 기사가 아니라 현장에서 일어나는 사건을 있는 그대로 적나라하게 전달해야만 기사의 생명이 살아납니다. 특히 사회뉴스는 발로 써야 합니다. 기자가 부지런히 현장을 뛰어다녀야 한다는 뜻이지요.

그런데 세상에서 일어나는 사건 사고, 세상에서 벌어지는 무수한 일들이 모두 뉴스가 되는 것은 아닙니다. 단순한 사건

사고는 뉴스로서 가치가 없습니다. 사회에 경각심을 줄 수 있는 것이 뉴스가 되는 것입니다. 물론 사람들에게 호기심을 불러일으키는 현상, 세태의 변화도 훌륭한 뉴스거리가 됩니다.

사회 뉴스는 미담 즉, 좋은 일이 기사거리가 되는 수도 있지만 대부분 나쁜 소식이 많습니다. 각종 사건 사고로 인한 사망, 부상 등 인명피해 소식이 사회뉴스의 주종을 이룹니다. 시청자들도 대형 사건 사고에 대해서는 높은 호기심 및 흥미를 가지고 뉴스를 접합니다.

대형 사건에 대한 보도는 동일한 사고가 재발하지 않도록 경각심을 주기 위한 목적에서 그 의미를 찾을 수 있습니다.

때문에 사건 사고에 대해서는 단순히 겉으로 드러나는 현상만을 전달하는 것에 그쳐서는 안 되고 사건의 배경을 정확하게 설명해 줌으로써 시청자들에게 정보 제공은 물론 합리적인 판단을 할 수 있도록 사건을 분석 보도해야 합니다.

사회뉴스는 자칫 연성뉴스를 많이 다루는 경향으로 흐르기 쉽습니다. 깊이 있는 뉴스, 딱딱한 뉴스, 정책뉴스가 경성뉴스라면 흥미롭고 오락성이 있는 부드럽고 가벼운 뉴스, 표피적(表皮的)인 뉴스가 연성뉴스라 할 것입니다.

경성뉴스는 좋은 뉴스이고 연성뉴스는 나쁜 뉴스라고 단정할 수는 없습니다. 그러나 말초신경을 자극하는 지극히 깊이 없고 얄팍한 아이템이 사회뉴스를 점령한다면 그것은 단지 오락거리의 집합장 밖에 되지 않을 것입니다.

③ 휴머니즘이 도도히 흐르는 뉴스

사회뉴스는 인간의 희로애락(喜怒哀樂)이 녹아있으면서도 그 밑바탕에는 휴머니즘이 도도히 흘러야 합니다. 또한 사회적인 약자, 소외된 자들의 편에 서서 세상을 바라보는 방향으로 뉴스를 제작해야 합니다. 그렇다고 해서 비뚤어지거나 편향된 시각으로 일관해서는 안 되겠지요. 다양한 시각과 넓은 안목으로 세상을 바라보고 뉴스가치를 판단하는 능력을 기자는 갖추어야 합니다.

갈등이 발생한 사안에 대해서는 이해 당사자의 입장을 균형 있게 반영함은 물론 사회 전체적인 측면에서 사건을 조명함으로써 사회공동체의 발전에 기여할 수 있는 건설적인 뉴스를 만들어야 합니다.

④ 현상에만 집착하지 말고 그 배경을 보아야

2004년 말에서 2005년 초에 걸쳐 경부고속철도 공사 구간 중 천성산 터널공사를 반대하며 100일 단식을 했던 지율스님 사건이 있었습니다. 각 매스컴의 톱뉴스를 장식하며 세상을 떠들썩하게 만든 사건이었습니다. 지율스님은 이 공사가 환경을 파괴한다고 주장하면서 단식농성을 하였는데 이 사건이 매스컴의 주목을 받으면서 각 언론사는 경쟁적으로 보도하게 되었습니다. 사건이 크게 부풀려져 파장이 커지면서 사회적 · 경제적으로 엄청난 비용을 치르게 되었지만 결국은 찻잔 속의 태풍과 같이 지나가 버리고 말았습니다.

스님의 단식농성 자체보다는 고속철도 건설과 환경문제에 초점을 맞췄어야 하는 뉴스였습니다.

이는 하나의 단적인 사례인데 어떤 사건이나 현상을 보도할 때 겉으로 드러난 모습만 이야기할 것이 아니라 그 사건의 배경을 짚어 주어야만 국민들이 사건의 진상을 이해할 수 있습니다. 그런데 타성에 젖어 쉽게쉽게 기사를 엮어내는 기자들이 있습니다. 심층취재를 하지 않고 편하게 앉아서 기사를 써댑니다. 사건에 대한 취재가 부족하기 때문에 타사 기자의 눈치를 봅니다. 다른 언론사에서 다루는 것을 자기 회사에서 빠뜨리면 물먹는다(낙종 즉, 기사를 빠뜨리는 것을 뜻하는 언론계의 은어)고 생각하기 때문에 일단 무턱대고 남이 하는 대로 따라서 기사를 쓰고 보는 것입니다.

각종 시위 기사도 마찬가지입니다. 대부분 시위 상황을 중계하는데 중점을 두어 시위대와 진압 경찰 간의 대결상황을 부각시키는데 그치고 있습니다. 시위대의 주장과 정부의 입장 등을 정리, 보도하는 등 배경 설명을 상세하게 함으로써 국민들로 하여금 올바른 판단을 할 수 있도록 해야 할 것입니다.

⑤ 재난방송[7]은 방송사의 가장 큰 책무

테러사건, 대형 구조물이나 빌딩의 붕괴, 여객기 추락, 지진, 해일, 화재, 태풍, 홍수, 환경오염 등 대형 재난 사고는 일반 사건 사고와는 프레임이 다릅니다.

대형 재난 사고는 대규모 인명 피해가 발생하고 사건 자체가 수많은 사람과 직 · 간접적으로 관련되며 국내외적으로 큰 관심사가 되지요.

이런 경우 방송사는 정규뉴스에서 집중적으로 보도할 뿐만 아니라 기존 프로그램의 편성을 깨고 수시로 뉴스를 중계하기도 합니다. 미국의 경우 1995년 4월의 오클라호마시(市) 폭탄테러, 2001년 9·11사건, 일본은 1995년 1월 한신(고베)대지진, 2011년 3월 동북대지진, 한국은 1995년 6월의 삼풍백

7) 재해, 재난은 같은 의미로 쓰인다. 방송법에서는 주로 재난방송이라는 용어를 많이 쓴다. KBS는 '재난방송 주관 방송사'로 지정되어 있다. 2005년 개정된 방송법은 재난방송 의무사업자를 KBS 등 지상파 방송사업자 외에도 종합유선 방송사업자, 위성방송사업자, 방송채널 사용사업자, 이동멀티미디어 방송사업자까지로 확대했다.

화점 붕괴사고 때 방송사들이 재난 방송을 했지요.

9·11테러 사건은 그 영향이 전 세계에 미치는 만큼 우리나라 방송사들도 정규 프로그램을 중단하고 특집보도로 철야방송을 하였습니다.

우리나라에서는 주로 여름철에 태풍이나 홍수 등의 자연재해가 발생할 때 정규방송을 중단하고 재난방송을 합니다. MBC의 '재해방송 매뉴얼'을 보면 재해방송은 뉴스속보와 뉴스특보로 나뉩니다. 뉴스속보는 재해가 임박하거나 재해의 발생을 상세히 설명할 필요가 있을 때 긴급 편성되는 1시간 단위의 뉴스입니다. 그리고 뉴스특보는 재해의 정도가 심각해 집중 보도할 필요가 있을 때 방송시간에 제한 없이 진행하는 특별방송으로 뉴스속보보다 한 단계 더 강화된 뉴스입니다.

⑥ 재난방송은 흥분하지 말고 냉철하게

재난방송은 국민들에게 재난 상황을 신속 · 정확하게 알림으로써 피해를 최소화 하는데 초점이 맞추어져야 합니다. 재난방송 보도는 흥분하지 말고 차분하게 진행해야 합니다.

미국 정부는 9·11테러가 발생하자 현장통제를 철저히 하였습니다. 일반인은 물론 보도진의 접근도 통제함으로써 재난지역에서의 사고를 최소화 하고자 한 것입니다. 언론은 추측보도를 하지 않고 정부의 발표를 정확히 인용하는 등 비상사태하에서 흔들리는 모습을 보이지 않았습니다.

재해 전담 방송인 일본 NHK-TV[8])도 미국의 언론처럼 냉철한 보도태도를 견지하여 주민들에게 불안감을 주지 않고 피해

8) NHK는 보도국 내에 '기상재해센터' 라는 전담 조직을 두고 재해 상황에 신속하게 대처하고 있다. NHK는 재난 발생 시에 높은 시청률을 보이고 있다.

를 최소화하는데 역점을 두고 있습니다. 대표적인 예로 1995년 한신대지진을 들 수 있습니다. 지진 발생 시 추가 발생 등에 대한 대처법 등 재해대책 시스템을 완벽하게 준비하고 있는 NHK는 주민들에게 시시각각 상세한 정보를 제공함으로써 2차 피해를 막는데 주력했습니다. 유족들이 통곡하는 장면이나 재해 발생 후 일어난 소요사태 등에 대한 보도는 자제하여 사람들이 평상심을 가지고 대처할 수 있도록 했지요.

이에 반해 우리나라 언론은 재해보도를 할 때 자극적인 영상을 남발하는 선정적 보도태도로 비판을 많이 받습니다. 최근 가장 큰 재난이었던 2003년 대구지하철 참사 관련 보도에서도 선정주의적 내용과 화면 구성에 대한 자성의 목소리가 이어졌습니다. 사고 이후 언론에서는 사망자 수 추이, 자극적인 현장 스케치 그리고 유족관련 기사 등을 주로 보도했습니다. 또한 유족들의 울부짖는 모습도 여과 없이 그대로 내보냈습니다.

우리나라 언론의 이런 선정적인 재난 보도는 자주 외국 언론과 비교됩니다. 2005년 미국 뉴올리언스에 허리케인 '카트리나'가 상륙했을 때의 보도가 대표적인 예입니다. 한국 언론은 미국 현지 상황을 전하면서 유언비어에 가까운 내용을 사실인 것처럼 보도했습니다. 피해 지역이 폭력과 강탈 등으로 무정부 상태라는 점을 앞세워 부각시킨 것입니다. 하지만 미국 언론은 확인되지 않은 사실을 보도하기 보다는 부시 대통령의 현지방문, 늑장 구호에 대한 정치인들의 비판 등 재난 이후의 복구와 추가피해 방지 등에 집중하는 모습을 보였습니다.

(4) 문화뉴스

문화기사는 영역이 광범위합니다.

크게는 순수문화와 대중문화로 구분할 수 있습니다. 순수문화는 오페라, 클래식 음악, 미술, 연극, 무용 등이 있고 대중문화는 방송, 영화, 대중음악, 게임, 만화 등이 있습니다. 이외에도 종교, 문학 및 출판, 문화재 관련 뉴스와 문화체육관광부의 문화행정 뉴스가 있지요.

◎ 취재 및 기사 작성 시 유의사항

- 국민들이 소득 향상으로 생활의 여유를 가지게 되면서 문화 뉴스에 대한 수요가 커지고 있습니다. 문화 뉴스에 대한 관심과 안목도 높아지고 있습니다. 따라서 문화부 기자는 문화산업을 이끌고 있는 전문가들과 국민 사이에서 매개 역할을 충실히 하기 위해 끊임없이 노력해야 합니다. 업계 관계자 뿐 아니라 각 분야에 수준급 안목을 지닌 프로급들이 많다는 것이 문화부 기자에게는 상당한 부담입니다. 그래서 웬만한 베테랑 기자가 아니고서는 문화부 기자로서 두각을 나타내기 어렵습니다.

  문화부 기자는 겸허한 자세로, 항상 배우는 자세로 취재원을 대해야 합니다. 문화 담당 기자들이 만나는 취재원은 그 분야에 경륜이 높은 사람들이기 때문에 그들 앞에서 선불리 아는 체를 하는 것은 우스운 일이 될 수 있기 때문이죠. 고미술 분야에서 희귀 미술품에 대한 감정(鑑定)을 둘러싸고 사기사건 등 불미스러운 일이 종종 발생합니다. 이런 경우 기자가 조심하지 않으면 오보를 내는 일이 있을 수 있으니 주의해야 합니다.

– 순수 문화의 보도는 매우 전문적이어서 일반 시청자들이 흥미를 느끼지 못할 수도 있습니다. 반면 대중문화 보도는 자칫 흥미 위주로 흘러 저급 보도로 빠질 수 있지요. 양자를 적절하게 안배하여 보도할 수 있는 지혜와 경륜이 요구됩니다.
문화 분야도 양극화 현상이 두드러지게 나타나는 곳입니다. 고소득층과 저소득층의 양극화, 장르의 양극화가 심화되고 있지요. 고소득층의 문화 소비는 꾸준히 증가하고 있는 반면 상대적으로 저소득층의 소비는 줄어들고 있습니다. 또한 대중문화 가운데 영화 산업은 전성기를 구가하고 있는 반면 다른 장르, 특히 순수 예술 분야는 사람들로부터 외면당하고 있습니다. 문화부 기자는 저소득층에 대한 문화적인 혜택, 순수 문화의 저변 확대 등에 관심을 가지고 보도해야 합니다.

– 문화부 기자는 음악회나 전시회 등을 보도해 달라는 청탁을 많이 받습니다. 청탁에 휘둘리지 말고 작품성을 고려하여 취재 대상을 선정하고 현장에 가서 직접 듣고, 보고 나서 기사를 작성해야 합니다. 홍보용 카탈로그만 보고 책상에서 기사를 쓰는 것은 안일한 자세입니다.

– 영화평이나 서평을 할 때 홍보 자료를 그대로 기사화하는 것은 옳지 않은 일입니다. 영화를 직접 관람하고 시사회장에서 관객과 영화 평론가의 얘기를 듣고 주변 관계자들을 취재하여 내용을 완벽하게 파악한 후 기사를 써야 합니다. 서평도 마찬가지로 책을 읽어보고 여러 사람의 의견을 참작한 다음 기사를 작성해야겠지요.

① TV뉴스에 문화뉴스가 적은 이유

신문은 문화뉴스를 다루는 지면이 많기 때문에 양적으로 문화기사를 폭넓게 수용하고 있습니다. 그러나 TV뉴스에서는 정치 · 경제 · 사회 기사에 밀려서 특별히 중요한 기사가 아니고서는 문화뉴스가 거의 다루어지지 않고 있습니다. 주말에 고정 코너를 마련하여 1꼭지 정도 다룰 정도이고, 아침 뉴스에서 약간 시간을 할애하여 취급하고 있습니다. 따라서 시청자들이 TV뉴스를 통하여 문화뉴스를 접하기는 그리 쉽지 않지요.

TV뉴스는 우선 내용도 내용이지만 영상이 뒷받침된 것을 주로 다루는 편입니다. 그렇기 때문에 연극, 영화, 무용, 문화행사 등 화면이 좋은 것들이 뉴스로서 선호됩니다. 반면 출판, 학술, 문학 등 영상이 단조로운 분야는 외면을 받습니다. 게다가 문화뉴스에 할당된 시간이 적기 때문에 뉴스가 단순한 정보 전달에 그치고 있습니다. 심층 뉴스는 기대하기가 어렵지요.

그러나 이제는 뉴스 편집자들의 사고방식도 바뀌어져야 합니다. TV뉴스는 국민들의 높아진 문화 욕구에 맞추어 나가야 합니다. 정치 경제 사회뉴스 일변도에서 문화뉴스의 비중을 높여나가는 의식 전환이 필요하다 하겠습니다.

② 특정계층 위주의 문화뉴스

문화뉴스가 고학력, 고소득층 등 특정계층 위주로 흐르면서 서민들의 문화 소외현상이 두드러지고 있다는 주장도 있습니다. 서민들이 문화뉴스로부터 소외되지 않도록 배려할 필요가 있습니다.

아울러 단순히 문화에 관련된 정보를 전달하는데 그칠 것이 아니라 문화 상품이 생산 · 유통 · 소비되는 과정을 취재하여 어떤 부류의 사람들이 어떤 목적으로 어떤 문화상품을 만들어내고 있는지 그리고 그 문화상품이 의미하는 바가 무엇이며 소비자들의 취향은 어떻게 변해가고 있는지 등에 대한 분석과 비판이 곁들여지는 문화뉴스가 되어야 할 것입니다.

문화뉴스는 새로 선보이는 연극 · 영화 소개, 미술 전시나 신간 소개 등의 피상적인 보도와 문화 권력자들 위주의 보도에서 벗어나야 합니다. TV의 문화뉴스는 일반시민들이 소비자와 참여자로서 다양한 문화 활동을 할 수 있도록 폭넓은 문화의 장을 열어주는 일을 적극적으로 해나가야겠지요.

③ 아마추어 수준인 뉴스의 영화 소개

영화 담당 기자들은 영화 홍보사로부터 시사회에 초대받아 신작 영화를 감상한 후에 영화평을 쓰게 됩니다. 신문사 문화부 기자들은 한 분야를 오래 맡기도 하고, 지면이 여유가 있기 때문에 나름대로 비평을 합니다.

그런데 방송 뉴스에서는 신작 소개 정도에 그치고 배우나 감독 그리고 관객의 인터뷰를 10여초씩 간단하게 삽입하는 게 대부분이지요. 또한 기자가 전하는 영화소개나 평(評)은 영화에 관심이 많은 전문가 수준급의 누리꾼들에게는 단지 참고사항 정도일 것입니다. 이들은 뉴스 보도 이전에 이미 인터넷을 통해 자기들끼리 그 영화에 대해 의견교환을 하고 평가를 내립니다. 이들이 볼 때 TV뉴스 보도는 아마추어 수준에 머문다고 생각할 수도 있겠지요.

TV뉴스가 피상적인 수준에 머물러서는 안 되겠지요. 영화산업이 어느 정도의 단계에 와 있는지, 영화법은 어떤 문제가 있는지, 국가의 정책은 어떻게 뒷받침 되어야 하는지 등등 심층보도를 해야 진정으로 문화뉴스다운 뉴스가 될 것입니다.

(5) 과학뉴스

과학 부문은 문화부와 합쳐서 운영하는 언론사도 있고 별도 조직을 두어 운영하는 언론사도 있습니다. 교육과학기술부, 방송통신위원회, 기상청, 관련 업계 등이 담당 영역인데 컴퓨터 산업 등 IT(Information Technology, 정보기술) 산업의 성장과 함께 정보 통신 분야의 뉴스 비중이 커지고 있습니다.

◎ 취재 및 기사 작성 시 유의사항

과학 뉴스는 보도하는 내용이 시청자들의 실생활에 어느 정도 관련이 있는지 생각해 보고 기사를 써야 합니다. 시청자들이 피부로 느낄 수 있는 기사가 되도록 만들어야 합니다. 신제품이나 획기적인 기술이 개발됐다고 보도할 경우 이 제품이나 기술의 개발이 어느 단계까지 와 있는지 즉, 실험 단계인지, 시제품인지, 양산 단계인지 등도 밝혀 시청자들의 이해를 도와야 합니다. '국내 최초의 발견' '세계 최초 개발' 등의 발표에 현혹되지 말고 차분하게 전문가의 검증을 거치는 과정을 거쳐야 합니다.

① 할머니도 이해할 수 있도록 쉽게 써야....

과학뉴스는 가장 전문성이 높은 분야를 다루는 뉴스입니다. 때문에 과학기사는 과학계에서 공인된 저널에서 발표하는 논문을 충분히 이해한 다음 시청자들이 이해할 수 있게 쉽게 보도해야 합니다.

그런데 생소한 전문용어로 작성된 난삽(難澁)하기 짝이 없는 이론을 그 분야에 공부가 충분하다고 할 수 없는 기자가 이해하는 것 자체가 쉽지 않을 뿐더러 이것을 알기 쉽게 풀어 쓰기가 여간 어려운 일이 아닙니다. 시청자들이 과학뉴스를 이해하기 어려운 연유가 여기에 있습니다. 따라서 방송사에서도 과학뉴스는 잘 취급하지 않으려 하지요.

과학은 인간과 대단히 밀접한 관계에 놓여 있습니다. 때문에 과학뉴스는 시청자에게 쉽게, 자주, 가까이 다가가야 합니다. 과학 관련 기사를 보도하는 기자는 아인슈타인이 젊은 과학도에게 다음과 같이 했던 말을 상기해 보는 것도 좋을 것입니다.

> "당신이 알고 있는 것을 할머니가 이해할 수 있도록 설명하지 못한다면 당신은 그것을 진정으로 이해하고 있는 것이 아니다."

이는 과학 커뮤니케이션 – 과학의 대중화를 잘 표현한 말입니다.

과학뉴스는 일반적으로 어렵지요. 시청자들은 텔레비전 화면을 보고 대충 그 내용을 짐작할 뿐 리포트의 내용을 정확하게 이해하기는 어렵습니다.

과학뉴스를 보고 나면 '우리나라에서 세계 최초로 개발되었다'는 정도의 말만 머릿속에 남는 경우가 많습니다.

② 현시점에서 알려야 할 사항인지 판단하는 것이 중요

과학뉴스를 시청자가 이해하기 쉽게 보도해야 하지만 그렇다고 무작정 쉽게 보도할 수도 없는 게 현실입니다. 기자가 보도하는 뉴스 내용이 전문적인 것이기 때문에 아무리 쉽게 풀어써도 한계가 있지요. 또 너무 쉽게 보도하다 보면 지나치게 단순해지기 쉽습니다.

기자들이 자칫 범하기 쉬운 것으로 시청자들에게 어필할만한 선정적인 표현을 한다거나, 본질이 아닌 사소한 이야기를 부각시키는 경우가 있습니다. 이렇게 하면 뉴스는 사실보도와는 거리가 멀어지지요. 이것이 과학뉴스가 자칫 범하기 쉬운 오류입니다.

과학뉴스는 기자가 기사거리가 될 내용을 충분히 이해하고 이것이 현 시점에서 시청자 등 대중들에게 알려야 할 사항인지를 현명하게 판단하여 보도할 때 뉴스다운 뉴스가 됩니다. 그럴 경우 과학기자는 전문가와 시청자 사이에서 올바른 커뮤니케이션의 중개자 역할을 했다고 할 수 있겠지요.

③ 너무나도 당연한 '세계 최초'

기자들은 뉴스거리를 만들기 위해 선정적이고 과장된 표현을 쓰는 일이 흔히 있습니다. 가장 흔한 표현이 '세계 최초의 개발'이라거나 '국내 최초'라는 등의 표현인데 이 말에 현혹되어서는 안 됩니다. 과학자가 저널에 발표하는 논문은 남의 것을 표절하면 안 되는 것이기 때문에 당연히 '세계 최초'나 '국내 최초'가 되는 것입니다.

더구나 전문적인 저널에 실리지도 않은 연구 결과를 발표하면서 '세계 최초'라고 하면 일단 의심해야 합니다. 공인된 저널에 실리지 않은 연구 결과는 믿을 수가 없습니다. 다른 과학자들이 철저히 검증하는 절차를 통과한 권위있는 전문지에 실린 논문이라야 믿을 수가 있겠지요.

2005년 황우석 사태 때 경험한 바와 같이 세계적인 저널에 실리는 논문도 엉터리가 있는데 하물며 검증 과정도 거치지 않은 논문은 말할 것도 없겠지요.

④ 신약으로 상용화될 가능성은 1%도 안돼…

의약품 개발 뉴스 역시 마찬가지입니다. '곧 상용화될 전망'이라거나 '치료의 길이 열렸다'는 발표는 반드시 검증을 해보아야 합니다. 실험실에서 동물 실험을 통해 증명된 치료 효과가 실제 임상 테스트를 거쳐 신약으로 상용화될 가능성은 1%도 안 됩니다. 좋은 예로 필자의 경험담을 소개합니다.

유명 일간지인 J일보는 1980년 9월 2일자 사회면 톱기사로 <암 특효약 '인터페론' 멀지않아 국산화 – 경희대 암센터 인체투여 준비 갖춰>라는 제목과 함께 암환자 80명의 신청을 받아 시험적으로 투약을 한다는 기사를 보도했습니다.

〈J일보 인터페론 보도〉

癌特效藥 「인터페론」
멀지않아 國産化
빠르면 9월말부터 생산
肝癌患者등 80명 志願받아 시험投藥

당시 필자의 모친이 수술을 받은 지 얼마 되지 않은 시기였습니다. 이 기사를 보고 가족들은 경희대 병원으로 달려갔습니다. 물론 전국의 암환자와 그 가족들이 경희대 병원으로 대거 몰려들었지요.

경희대 병원은 치료를 원하는 환자가 너무 많기 때문에 우선 병원에 입원하는 환자부터 치료를 해주겠다면서 암환자는 먼저 입원 수속을 하라고 했습니다. 서둘러 입원을 하고 초조하게 기다렸지만 며칠이 지나도록 아무런 소식이 없었습니다.

내용을 알고 보니 신문 기사가 너무 앞서 나간 것이었지요. J일보 기사는 1주일 전에 의학전문지에 실린 기사를 베껴서 게재한 것이었습니다. 인터페론이라는 약이 암 치료에 특효약이라는 검증도 제대로 되어 있지 않은 상태였고 이 약을 환자에게 시험적으로 치료할 만큼의 양을 생산할 단계에 와 있지도 않은 것이었지요.

J일보는 제대로 확인하지도 않고 보도함으로써 수많은 암 환자와 그 가족들에게 다시 한 번 상처를 안겨주었던 것이지요.

자주 틀리는 날씨예보

· 시청자들의 중요한 관심사 중의 하나인 날씨예보

일기예보는 시청자들이 크게 관심을 가지는 뉴스 중의 하나입니다. 아침 출근길에 나서는 사람들은 물론이고 나들이를 하는 사람들은 아침 TV뉴스에서 방송되는 일기예보에 촉각을 곤두세웁니다. 주말에 야외 행사, 등산 또는 여행 계획 등을 세운 사람들은 며칠 전부터 날씨 예보에 귀를 기울이지요.

2008년에는 일기예보가 계속 빗나가 기상청이 시청자들의 불만을 크게 샀습니다. 2~3시간 뒤에 폭우가 내릴 것을 예보하지 못해 일기 예보만 믿고 있던 사람들이 큰 피해를 보고 낭패를 당한 적도 많았지요. 어떤 때는 비가 많이 내린다는 예보를 믿고 야외활동 계획을 취소했는데 날씨가 쾌청하여 하늘만 바라보며 일기예보를 원망하기도 합니다. 방송사에 항의전화를 하는 사람들도 많습니다.

· 하루에 8차례 발표하는 일기예보

기상청에서는 하루에 8회, 인터넷상에 3시간 간격(02시, 05시, 08시, 11시, 14시, 17시, 20시, 23시)으로 예보를 갱신 발표합니다. 이것은 누구나 인터넷상에서 볼 수가 있지요. 그리고 방송사 등 언론사에는 정규예보로 하루에 세 번(05시, 11시, 17시) 인터넷에 공개되는 내용을 정리하여 자료를 보내줍니다. 태풍, 장마, 한파, 무더위 등 악기상(惡氣象) 정보는 세 차례 정규예보에도 포함돼 있고 또 상황 악화에 따라 기상정보와 기상특보 형태로 추가 발표됩니다. 방송사에서는 이것을 근거로 뉴스 시간 등에 기상예보를 방송하지요.

방송사는 기상청에서 보내주는 자료를 그대로 발표하는 것이며 기상예보 자체를 독자적으로 판단하거나 발표할 수는 없습니다. 기상청 역할은 국내 기상 상황을 감시, 예측하는 일이고 방송사 역할은 기상청에서 내놓은 현재 기상 상황과 예측결과를 보도하는데 있지요. 현행 기상법에도 기상청 이외의 자가 불특정 다수를 대상으로 독자적인 기상예보를 할 수 없도록 금지하고 있는데, 그 까닭은 기상재해에 직면했을 때 예측의 방향이 제각기 다를 경우 큰 혼란을 야기할 수 있기 때문이지요.

방송사의 책무라면 기상청 예보가 빗나갔을 때 원인을 지적하고 개선 방안을 제시하는 일 정도일 것입니다. 방송사들을 포함해 국내에서 객관적으로 기상청과 동등하거나 그 이상의 예측 능력을 갖춘 개인이나 조직은 없습니다. 다시 말해 기상청의 예측 능력이 국민의 기대에 못 미치는 것은 사실이지만 이 분야에서 가장 우수한 전문가들이 기상청에 모여 있고, 현재의 기상 예보는 기상청 수준이 국내 최고인 것은 사실입니다.

· 방재예보와 동네예보

현재 기상청의 예보 시스템은 방재예보와 동네예보 등 두 파트로 구분되어 있습니다. 나무에 비유할 때 방재예보는 줄기이고 동네예보는 잔가지라고 할 수 있지요. 방재예보관들이 1차적으로 대들보격의 예보를 생산하면 이를 토대로 각 지역 동네 예보관들이 세부적인 지역예보를 만들어내는 것입니다.

앞서 말한 종합적인 3차례 예보는 방재 예보관이 만들고, 하루 3시간 간격으로 내는 8차례 예보는 동네 예보관이 생산합니다. 3차례 종합예보엔 예보의 근거와 해설, 광역 단위 예상 자료가 제공되고 8차례 예보에는 구체적으로 세분화된 도시 날씨와 기온 등이 제공됩니다.

날씨에 대한 구체적인 자료는 기상청 홈페이지(http://www.kma.go.kr)와 동네예보 홈페이지(http://www.digital.go.kr)를 통해 누구나 얻을 수 있지요. 다만 방재예보와 동네예보는 기상청 내부의 구분일 뿐이므로 일반인들에게는 하나로 통합된 예보가 제공됩니다.

· 기상청과 맞설만한 민간 기상업자는 없다

현재 우리나라에서 민간 기상 사업자로 등록한 업체는 10여 곳 정도 됩니다. 모두 영세한 업체들이고 기상청과 맞설 정도의 예보 능력을 보유하고 있지는 못하지요.

실제 국가 단위의 예보 능력을 보유하기 위해서는 수퍼컴퓨터 등 막대한 장비와 많은 박사급 연구원이 필요한데, 민간 업체가 기상청과 맞설만한 인력과 장비를 갖출 수가 없지요. 그래서 외국에서도 국가가 전국적인 예보를 발표하고, 민간업체가 이를 응용하는 게 보편화되어 있습니다.

민간 기상업체들의 주요 사업은 기상청 예보를 생활과 산업 전반에 응용할 수 있도록 재가공하는 일입니다.

어쩌다가 민간 기상업체의 기상예보가 기상청 예보보다 정확하다고 할 때가 있는데, 이것은 국지적으로 그런 경우가 있을 수 있습니다. 로컬에서는 국지 예측이 가능하기 때문에 반짝 예보로 재미를 보는 경우가 있습니다. 그러나 민간업자도 기상청의 기본 정보를 기초로 자체 정보를 약간 곁들여 예보하는 것이기 때문에 기상청의 정보를 크게 벗어나지는 않는다고 보아야 합니다.

· 기상정보의 중요성 인식해야

일본에서는 날씨 정보가 무척 중요한 정보로 인식되고 있어서 방송 분량이 우리나라의 2배에 이릅니다. 따라서 그만큼 다양한 정보를 제공할 수 있지만 국내의 경우 기상 예보는 아직은 방송의 우선 순위에서 밀리는 실정이지요. 아마도 날씨 정보에 대한 국민의 인식과 활용도 자체가 일본보다 낮기 때문일 것입니다.

미국 일본 등 선진국은 뉴스에서 일기예보를 상세하게 다룹니다. 뉴스 시간대에 여러 차례에 걸쳐 날씨 정보를 들려주는데 기압골이 형성돼 있는 모습에서부터 지역별, 시간대별 기상상황까지 자세하게 전하고 있습니다. 미국의 경우 NBC, ABC, CBS 등은 기상캐스터 2명이 대화를 나누면서 기상정보를 상세하게 전하고 있습니다. 미국은 날씨만 24시간 방송하는 날씨(weather) 전문 채널이 있을 정도입니다.

정확한 기상정보를 얻으려면 국민들의 관심과 더불어 정부의 투자가 필요하겠지요.

우리나라도 CMOS(통신해양기상위성)를 가동시키는 등 좀 더 질 높은 기상예보를 하기 위해 노력을 기울이고 있습니다. 그러나 아직 위성발사체 기술이나 위성 운용 능력이 연구 수준에 머물러 있어 선진국과 기술력 차이는 비교할 수 없을 만큼 큽니다. 우리나라는 지금까지는 직접 위성을 띄우기 보다는 무료로 공개되는 선진국의 기상위성 정보(주로 인접한 일본의 위성자료)를 얻어 사용해 왔습니다. 하지만 이제는 우리도 선진국과 경쟁을 할 정도로 과학기술이 발달해가고 있기 때문에 언젠가는 자체 기술을 확보해야 한다고 봅니다.

(6) 국제뉴스

국제뉴스는 대부분 AP, UPI, 로이터, AFP 등 서방 4대 통신이 공급하고 있습니다. 4대 통신을 통하여 하루에 방송사 국제부에 들어오는 외신기사는 2천 건이 넘습니다. 중국의 신화사, 일본의 교도통신, 러시아의 이타르 타스(ITAR-TASS)에서 제공하는 기사도 있습니다.

방송사나 신문사로 들어오는 외신은 이렇게 많지만 보도는 그 가운데 일부를 선별하여 합니다. 따라서 국제부 기자가 판단하여 기사를 선별하는 일이 중요하지요.

외신기사는 서방 주요통신사가 제공하는 것 외에도 방송·신문·잡지·인터넷 기사 등이 있고 각 언론사가 해외 주요 도시에 파견한 특파원 및 통신원이 송고하는 기사가 있습니다.

◎ 취재 및 기사 작성 시 유의사항

- 국제뉴스는 주로 해외 통신사의 기사에 의존하기 때문에 원문에 충실해야 합니다. 번역을 할 때 기사는 간결하게 작성하되, 원문에서 전하는 사실은 왜곡되지 않도록 해야 합니다.

– 서방 통신사들이 전하는 뉴스에는 그들의 시각이 녹아있기 때문에 우리 시각으로 사건을 보고 우리의 관심사에 맞춰 기사를 관찰하는 자세가 필요합니다.

– 국제부 기자는 자기가 맡은 국가와 분야에 관하여 공부를 많이 해야 합니다. 현재의 정치 상황은 물론 그 국가의 문화, 역사에 관해서도 파악하고 있어야 합니다. 해당 국가에 큰 사건이 발생했을 때 배경 설명 등을 할 수 있어야 하기 때문입니다.

– 국제 뉴스는 우리와 관계가 깊은 사건, 세계사에 큰 변화를 주는 사건, 그 나라의 운명에 관련되는 정치적, 역사적으로 큰 사건 등을 기준으로 비중을 판단합니다. 전쟁과 쿠데타 등 불시에 발생하는 사건을 비롯해 지진, 태풍, 홍수 등 천재지변과 항공기 추락, 여객선 침몰 등 많은 인명 피해가 발생한 대형사고 그리고 국제유가, 미국 증시 동향 등 세계 경제에 큰 영향을 미치는 뉴스는 국제 뉴스로서 비중이 큰 기사입니다.

– 국제 뉴스는 시차 관계로 우리 시간으로 낮 시간보다 밤에 많이 들어옵니다. 미국, 유럽 등지에서 발생하는 뉴스는 우리 시간으로 한 밤중에 들어오는 것이 많습니다. 따라서 외신 기사를 체크하는 야근 기자의 기사에 대한 판단력이 대단히 중요하지요.

① 우리나라와 관련된 뉴스를 중요하게 취급

각 나라마다 국제뉴스의 가치를 판단하는 기준은 다릅니다. 각자 자기 나라와 관련된 뉴스를 중요하게 취급한다고 보면 됩니다. 우리의 경우 정치, 경제, 외교 면에서 밀접한 관계가 있는 미국, 중국, 일본의 동향이 비중 있게 다루어지는 것은 당연한 일입니다.

아프리카 오지에서 물난리로 수만 명이 사망한 기사보다 미국에서 허리케인으로 수십 명이 사망한 뉴스가 우리에게는 더 관심을 끕니다. 이는 선진국에서 발생한 사건이어서 뿐만 아니라 현지에 교포들이 많이 살고 있기 때문이기도 하지요. 또한 최근에는 북한 핵 문제에 대하여 미국과 중국의 정책이 큰 영향력을 미치고 있기 때문에 워싱턴과 베이징 정가에서 흘러나오는 뉴스는 우리 언론이 비중 있게 다루게 됩니다.

② 중요도가 높아진 국제경제 뉴스

요즘에는 경제 문제가 중요해졌고 특히 경제가 글로벌화되어서 미국의 경제상황이 유럽 · 아시아는 물론 전 세계 경제에 큰 영향을 미치고 있습니다. 때문에 미국의 증시동향을 포함한 전반적인 경제상황이 지대한 관심사가 되었습니다. 한국의 주식 투자자들은 밤사이에 미국의 다우지수 등 주가지수가 어떻게 바뀌는지 초미의 관심을 가지고 지켜보게 되었죠. 국제유가의 동향 역시 세계 경제에 미치는 효과가 대단히 크기 때문에 지구촌 사람들은 촉각을 곤두세우고 지켜보고 있습니다. 따라서 이 같은 뉴스는 시청자의 관심권에서 빠져나갈 수가 없습니다.

③ 전쟁보도, 그대로 믿어도 될까?

● 시청률이 높아서 방송사들이 선호하는 전쟁 보도

전쟁뉴스는 시청자들은 물론 방송사들도 매우 좋아하는 아이템입니다. 시청률이 엄청나게 높기 때문입니다. 물론 다른 나라에서 일어난 불행한 사건이긴 하지만, 시청자들은 불꽃놀이 같은 화려한 영상을 보면서 안방에서 전쟁놀이를 즐기는 것 같은 형국이라 여간해서 텔레비전 화면에서 눈을 떼지 못합니다. 그래서 뉴스 담당자들은 가능한 한 전쟁 뉴스에 많은 시간을 할애하여 장시간 보도합니다.

실제로 2003년 이라크전 발발시 KBS 등 지상파 3개 방송사는 개전 이후부터 바그다드가 함락될 때까지 전체 뉴스의 60%를 이라크 전쟁 관련 기사로 메웠습니다. KBS와 MBC는 이라크 공격이 시작된 2003년 3월 20일에는 9시 종합뉴스의 전체 뉴스 시간 가운데 90%를 이라크전 뉴스에 할애하기까지 했습니다. 방송사들은 전쟁뉴스는 시청률이 높기 때문에 되도록 다른 뉴스를 빼더라도 전쟁뉴스 만큼은 충분히 취급하는 것입니다.

● 미국의 CNN을 동시통역하는 한국방송

문제는 한국의 방송사들이 미국 CNN 등의 보도를 거의 대부분 그대로 방송하고 있다는 사실입니다. 심지어 지상파 방송사들은 CNN 뉴스룸을 운영하면서 CNN 방송을 동시통역하기도 했습니다.

일부 매체가 알자지라 방송 등 아랍 쪽 보도를 인용하고 있었지만, 대부분 미국TV를 인용함으로써 결과적으로 미국의 입장이 반영된 보도가 이라크 입장이 반영된 보도보다 2배 이상 많았습니다.

이라크 전쟁 보도는 마치 미국의 첨단 무기 실험장과 같았습니다. 미사일 발사 장면 등만 집중적으로 방영됐습니다. 대량 살상무기로 수많은 이라크 민간인들이 사망하고 유서 깊은 문화재와 시가지가 파괴된 참혹한 모습 등은 외면한 채 호기심과 흥미 위주의 뉴스가 되어버렸지요. 방송사의 시청률 경쟁 속에서 전쟁보도는 고통을 받는 수많은 전쟁 피해자는 아랑곳하지 않고 오락적인 뉴스로 일관해 버린 것입니다.

● 진실보도가 묻혀버리는 전쟁 보도

"진실은 전쟁의 첫 희생자다. Truth is the first casualty of war."

전쟁뉴스에서 가장 큰 문제점은 진실보도가 묻혀버린다는 것입니다. 기본적으로 전쟁을 수행하는 국가는 전쟁 상황을 정직하게 알리려 하지 않습니다.

미국의 경우 베트남 전쟁에서, 전선의 참혹한 모습이 TV 화면에 적나라하게 비쳐짐으로써 자국 국민들의 반전 감정을 불러일으켜 결국 패전으로 이어지게 되었던 점을 교훈삼아, 그 이후로는 철저하게 전쟁보도를 통제해왔습니다. 종군기자들은 군의 통제에 따라 주어진 지역 즉, 전투의 최전선이 아닌 2선 내지는 후선에서 활동하고 군에서 일방적으로 제공하는 정보를 여과 없이 보도할 수밖에 없게 되었습니다. 그 결과 전쟁뉴스는 진실과는 동떨어진 보도가 되었지요.

● 이라크전은 없었다

국가가 통제한 대표적인 전쟁뉴스 가운데 최근의 것은 이라크전입니다. 프랑스 등 서방 언론은 이를 두고 극단적인 표현으로 "이라크전은 없었다"고 보도할 정도였습니다.

이라크전 보도에서는 폭격으로 희생된 이라크인이나 건물 잔해는 볼 수 없었습니다. 텔레비전에서는 마치 불꽃놀이라도 하듯이 이라크를 향해 미사일이 날아가는 장면, 폭격기가 공습하는 장면만이 방송되었지요. 미국 등 서방 TV에서는 전쟁의 참혹한 모습은 찾아보기 어려웠습니다. 아랍계의 알 자지라 방송에 등장했던 수많은 주검들과 처참하게 상처입은 어린이들, 울부짖는 부모들, 공포에 질린 미국 포로들은 미국 TV에서는 찾아볼 수 없었습니다. 미국을 비롯한 서방의 시청자들은 미국의 첨단무기가 일방적으로 이라크 영토를 공격하는 장면만을 컴퓨터 게임의 전쟁놀이를 보듯이 즐겼다고 표현할 수 있을 것입니다.

2003년의 이라크전은 1991년의 이라크전에 비해 미국 정부가 더욱 완벽하게 미디어를 통제해 일방적인 전쟁게임을 안방에 선사했습니다. 미사일이 지상의 목표물을 정확하게 파괴하는 모습이 마치 미식축구를 중계하듯이 전 세계에 방영되었습니다. 이런 장면은 F-15에 장착된 카메라가 촬영해 제공한 것이었습니다.

2003년 이라크 전쟁에서는 미국의 소위 임베드(embed) 프로그램에 참여한 기자가 2천명이 넘었던 것으로 알려지고 있습니다. 임베드 프로그램은 기자들이 작전을 수행하는 군부대에 배속되어 동행 취재하는 것입니다. 이들은 미군이 통제하는 범위 내에서 활동해야 했기 때문에 전체적인 전쟁 상황은 물론 일선 부대의 작전이나 이동경로도 제대로 취재할 수 없었습니다. 다만 미군이 안내하는 일부 작전상황이나 병사들의 활동상황 - 그 중에서도 사기충천한 모습 - 등을 취재할 뿐이었습니다. 마치 서바이벌 게임장을 취재, 보도하는 것과도 같았다고 종군기자들은 증언했지요.

● 전쟁 보도는 보도관제가 필요하다?

흥미 있는 일은 미국 국민들을 상대로 여론조사를 해보았더니 전쟁보도는 보도관제가 필요하다고 생각하는 사람들이 80%에 이르렀다고 합니다. 대부분의 미국인들이 전쟁에서는 국익을 최우선으로 해야 한다는 생각을 하고 있었습니다. 전쟁보도에서 진실을 추구한다는 것 자체가 어쩌면 불가능한 일인지도 모릅니다.

미국에서는 이라크전 이후로 FOX 뉴스의 인기가 높아졌습니다. FOX 뉴스는 편향된 보도, 애국적인 보도, 전쟁을 부추기는 보도로 시청률을 높였습니다. 이 방송사는 극우주의자인 매스컴 재벌 루퍼드 머독 소유의 회사입니다.

● 프랑스 2TV가 폭로한 전쟁 보도의 조작

미국 정부가 전쟁 보도를 본격적으로 통제하기 시작한 계기는 베트남 전쟁을 치루고 나서 부터입니다. 네이팜탄 폭격으로 인해 온몸에 화상을 입고 벌거벗은 몸으로 울부짖는 소녀의 모습, 미 해병대가 베트남 농촌을 공격해 방화하는 충격적인 장면 등이 전 세계로 보도되면서 사람들은 베트남 전쟁의 비극을 생생하게 목격했습니다. 언론보도가 베트남 전쟁의 참상을 미국 국민들에게 적나라하게 보여주자 반전 여론이 확산되기 시작했습니다. 다음에 한 사례를 보여드리지요.

1968년 2월 1일 사이공. 한 월남군 장교가 사람들이 오가는 거리 한복판에서 베트콩 포로의 머리를 권총으로 쏴 즉결처형했습니다. 이 한 장의 사진으로 전쟁의 무분별한 폭력에 대한 반감은 극에 달했고, 이 사건은 베트남전의 악몽으로 미국인들의 뇌리에 깊이 각인됩니다.

〈베트콩 총살장면〉

베트남전이 미국의 패배로 끝나자, 미국의 보수주의자들은 패배의 원인을 언론 탓으로 돌렸습니다. CBS의 전 앵커 댄 래더는 "우리는 전쟁에 졌다거나 일이 잘못되면, 그 책임을 물을 희생자를 찾습니다. 베트남전의 희생양은 언론, 특히 방송이었습니다. 미군은 오랜 고찰을 거쳐서 패전의 원인이 군의 전략 부족에 있었다고 결론을 내렸습니다. 텔레비전의 보도 때문은 아니었지요."라고 말했습니다. 이어 여론이 움직인 이유에 대해 "건장하던 이웃 청년이 성조기가 덮인 관 속에 누워 돌아왔을 때, 또 학교에서 미식축구 쿼터백이거나 농구 포인트가드로 활약하던 소년이 다리를 잃거나 시력을 잃은 채로 돌아왔을 때, 민심이 돌아서기 시작한 겁니다."고 덧붙였습니다. 베트남전을 계기로 미국정부는 본격적인 전쟁보도 통제에 나섭니다. 그 첫 번째가 1983년 그레나다 침공 때입니다. 이때 TV에는 전쟁의 참혹한 모습은 나오지 않고 미군이 작전을 완벽하게 수행하는 장면만 비쳐졌습니다. TV 뉴스 영상은 미군 당국이 촬영한 것을 방송사가 그대로 방영한 것이었습니다. 이제 세계적으로 전쟁보도는 보도관제의 차원을 넘어서 조작과 은폐를 자행하는 상황이 되었습니다. 어떠한 민주주의 국가도 그들이 수행한 전쟁뉴스에서는 투명성을 담보할 수 없을 뿐만 아니라 온갖 술수와 거짓이 판을 치게 됐지요. 영국과 아르헨티나 간에 벌어진 1982년의 포클랜드 전쟁, 1983년 미국의 그레나다 침공, 1989년 미국의 파나마 침공, 1991년의 걸프전, 1993년과 1996년 사이의 보스니아 전쟁 그리고 2003년 이라크 전쟁 등에서의 보도는 이 같은 사실을 여실히 증명해줍니다. 2003년 5월 이라크 전쟁에서 '제시카 린치 일병 구하기 작전'이 대대적으로 매스컴에 보도되었는데 이것 역시 미 군사당국이 제시카 일병 영웅 만들기를 위해 사건을 조작한 것이었습니다. <워싱턴포스트>가 사건의 진상을 다음과 같이 폭로합니다.

> "제시카 린치는 총을 들고 싸운 적도 없었고, 미군이 구출작전을 벌이기 직전에 이라크군은 이미 떠났다"

우리나라에서도 인상 깊게 방영되었던 장면으로, 미군이 이라크를 점령한 뒤 바그다드에서 화가 난 군중들이 후세인 동상을 넘어뜨리는 장면이 뉴스로 방영된 일이 있었습니다. 이 때 동상 제거에 나선 사람들은 대부분 미 군사당국이 동원한 이라크 군인과 기자들이었음이 프랑스 2TV에 의해서 폭로됐습니다.

〈후세인 동상을 끌어내리는 모습〉

이라크 전쟁 화면은 뉴욕에 있는 다국적 PR 회사인 힐앤널튼(Hill & Knowlton)이 미 국방성의 용역으로 제작했습니다. 이 회사는 걸프전 때 이라크 군인들이 쿠웨이트시에 있는 산부인과 병원에 난입해 인큐베이터에서 유아들을 꺼내 바닥에 내동댕이쳐 죽였다는 허위사실을 보도자료로 만들어 유포하기도 했습니다. 이 사건은 당시 레이건 미 대통령의 홍보참모였던 마이클 디버와 핼앤널튼사가 날조해낸 것입니다. 이라크 전쟁 영상은 PR회사가 계획된 시나리오대로 촬영하여 TV방송사에 화면을 제공한 것입니다. 그러니 진실성이 사라진 전쟁보도에서 남은 것은 축제 분위기 끝의 허탈함이요, 잃은 것은 휴머니즘이라는 말이 나오게 됐지요.

제 3 장

방송뉴스의 영상

제 3 장 방송뉴스의 영상

1. 방송뉴스 영상의 특성

(1) 방송뉴스 영상의 기본적인 특성

텔레비전 뉴스 영상은 태생적으로 사건이 벌어진 현장의 화면을 잡기 어려운 한계를 지니고 있습니다.

돌발 사건의 경우 실제로 사건이 진행되는 과정 자체에 대한 영상은 존재하지 않습니다. 다만 사후적으로 상황이 끝난 장면을 촬영하여 방송할 수밖에 없는 것이지요. 예를 들면 살인사건은 사건이 종료된 후 카메라 기자가 현장에 도착하여 촬영을 하게 되어 아무리 신속하게 촬영한다 해도 사건이 발생한 당시의 모습을 찍을 수 없습니다. 대개는 어지럽혀진 사건 현장이나 또는 현장이 정리된 장면을 촬영할 수밖에 없습니다.

교통사고도 마찬가지로 카메라가 현장에 도착할 즈음이면 대개 사망자나 부상자가 병원으로 옮겨졌을 확률이 높습니다. 카메라가 찍을 수 있는 장면은 파손된 차량이나 나뒹굴고 있는 승객들의 소지품 정도이지요.

회의에 관한 영상취재도 마찬가지입니다. 비공개 회의 같은 경우 회의 장면은 촬영할 수 없고, 참석자들의 회의 시작 전 모습이나 회담장에 드나드는 장면만을 찍을 수 있습니다.

그래서 CCTV 화면에 사건 과정이 잡히거나 사건 현장에 있던 시민들이 때마침 사건을 촬영하게 되면 귀중한 자료가 되지요.

그리고 과정 자체의 영상을 예상하여 포착할 수 있는 경우도 있습니다. 예를 들면 태풍처럼 그 진로를 미리 예측할 수 있는 사태는 태풍의 모습과 태풍이 지나가는 지역의 피해상황 등을 생생하게 잡을 수 있는 것이지요. 집회나 파업현장 그리고 공권력 투입 장면도 과정 자체를 포착할 수 있는 예입니다.

또 전쟁은 인류가 경험하는 비정상적인 사건 중 최고일 것입니다. 종군기자단이 전선의 전투 상황을 보도할 수 있으면 이 또한 '과정'의 영상을 얻을 수 있는 진귀한 경우가 되겠지요. 또한 도주하는 범인의 차와 그것을 추격하는 경찰차의 모습이나 침몰하는 선박을 촬영한다면 이것 역시 과정을 얻을 수 있는 드문 취재활동이 될 것입니다.

(2) 한국 방송뉴스 영상의 특징

① 컷의 길이가 짧아 화면의 흐름이 빠르다.

우리나라 TV뉴스의 영상 구성을 분석해 보면 문화적인 배경 및 언론환경을 이해할 수 있지요.

기본적으로 우리나라 지상파 방송의 종합뉴스는 외국에 비해 편성 시간이 긴 편입니다. 종합뉴스를 1시간 가까이 방송하는 나라는 별로 많지 않지요.

또한 뉴스 한 개 아이템에 할애되는 시간은 평균 1분 20초로 외국에 비해 짧습니다. 뉴스 아이템은 평균 25개 정도로 많은 편입니다. 뉴스가 다양하다고 볼 수도 있으나 반면 뉴스의 심층성이 떨어진다고 할 수 있지요.

각 개의 뉴스를 보면 영상 편집의 기본 단위인 컷(cut)이 지나치게 짧습니다. 대개 한 컷의 길이는 4~5초 정도가 적절하다고 합니다. 시청자가 화면 내용을 충분히 인지할 수 있는 시간으로 외국에서는 이 정도를 기준으로 삼고 있지요. 그런데 우리는 외국보다 한 컷의 길이가 짧은 편으로 대략 3초 정도로 편집하고 있습니다.

호흡이 짧고 화면이 빠르게 전환되는 게 한국뉴스의 특징입니다. 이는 우리나라의 시청자들이 성급하고, 지루한 것을 싫어하기 때문이라는 해석도 있지요. 사운드바이트(sound-bite, 인터뷰 컷)도 짧은 편입니다. 보통 15초를 넘기지 않지요.

한 컷의 길이가 짧은 만큼 예를 들어 일본의 NHK와 비교해 보면 영상 흐름이 빠른 것을 느낄 수가 있습니다. 그러다보니 편집에서 많은 컷이 필요해져 여러 꼭지로 방송하는 대형 뉴스 사건의 보도에서는 동일한 화면을 여러 차례 쓰는 일이 일어나기도 합니다. 이는 글을 쓰면서 똑 같은 문장을 반복해서 쓰는 것과 같은 것으로 TV보도에서는 피해야 할 일이지요.

② 급격한 줌과 팬 등 카메라워크가 많다

우리나라 뉴스는 영상에 변화를 주기 위해 급격한 줌(zoom : 렌즈를 조작하여 촬영범위를 좁게 또는 넓게 잡는 것), 팬(pan : 카메라 헤드를 좌우로 돌려서 찍는 것) 등을 많이 활용하는 편입니다. 카메라를 최대한 조작하여 빠르게 변화하는 영상을 만들어내는 시도를 많이 하고 있지요.

이렇게 카메라를 최대한 조작하면 뉴스가 생동감이 있고 현장감이 돋보이는 장점이 있습니다. 그러나 사실성에 충실한 뉴스를 전하려면 카메라를 작위적(作爲的)으로 조작하는 행위는 절제하는 게 좋습니다. 더구나 화면의 구성을 위하여 사건을 재연(再演)하는 것은 금물이라 하겠습니다.

이밖에도 그래픽으로 이미지를 만들고 도표 및 자막 그리고 효과음악의 사용빈도가 높은 편입니다. 이 역시 뉴스에서 자주 사용하는 것은 바람직한 일은 아닙니다.

③ 외국에 비해 폭력적 · 선정적 화면을 많이 사용

선정적인 보도는 성적(性的)인 자극을 주듯이 자극적이고 과장된 보도를 한다는 뜻으로 충격적인 장면을 여과 없이 시청자들에게 보여주는 것입니다. 선정적인 보도는 문제의 본질을 규명하는데 주안점을 두지 않고 표피적으로 드러난 자극적인 장면에 초점을 맞춤으로써 시청자들의 말초적인 호기심만 충족시키게 됩니다. 따라서 사건에 대한 본질은 흐려지고 지엽적인 측면만 과장하여 부각됨으로써 시청자들의 상황판단을 그릇되게 할 우려가 있지요. 특히 TV뉴스의 영상에서 자극적이고 폭력적인 이미지를 강조하다 보면 사건에 있어서 문제의 심각성이 단순화되고 뉴스가 흥미위주의 오락적인 수준으로 떨어지게 됩니다.

우리나라 뉴스의 영상 편집 성향을 보여주는 좋은 사례로 2001년 9·11 테러 발생 시 미국, 영국 등 선진국과 국내 뉴스의 영상을 비교 분석한 당시 KBS 이화섭 부장의 '재난 방송의 폭력적 영상 연구'라는 논문의 내용을 간략하게 소개해 볼까요?

이 논문에 따르면 9·11 테러가 발생한 2001년 9월 11일부터 9월 20일까지 10일간 방송된 KBS, MBC, SBS 등 국내 지상파 3사와 영국의 BBC, 일본의 NHK, 미국 ABC의 뉴스를 분석한 결과 한국 TV 뉴스가 훨씬 더 자극적인 영상을 많이 방영한 것으로 나타났습니다.

여객기 충돌 장면과 WTC(세계무역센터) 건물의 붕괴 화면 등 테러 참사 보도에 있어서 폭력적 · 선정적 영상을 더 많이 사용했다는 것입니다. 우리 뉴스는 아이템의 내용과 큰 관계없이 충격적인 영상을 짧은 컷으로 편집하여 반복적으로 보여 주었습니다.

〈9·11테러〉

선정적인 보도로 문제가 된 화면 중에 빌딩에서 떨어지는 사람(jumping people)이 있었습니다. 대단히 혐오스러운 화면(horrifying, gruesome, disgusting picture)이라며 많은 사람들이 지적한 장면이었지요.

최초 방송 때는 현장 상황을 정확하게 파악할 수가 없기 때문에, 진행되고 있는 사건을 그대로 보도하는 생방송의 특성상 jumping people을 방영할 수밖에 없었다고 이해할 수도 있겠습니다. 그러나 상황 파악이 끝난 후 종합뉴스 시간에도 이 화면을 계속 내보낸 것을 두고 언론의 사회적 책임을 저버린 행위라는 비판이 잇따랐습니다.

④ 선진 방송사는 자체 가이드라인에 충실

NHK와 BBC는 자체 가이드라인에 따라 선정적인 영상을 방송하지 않았습니다. NHK의 폭력 표현 방송기준을 보면, 폭력 행위는 '최소한으로' 억제하도록 규정하고 있습니다. 또한 폭력 장면의 횟수를 줄이도록 노력해야 하며, 이야기 전개와 관계없는 표현은 피해야 한다고 명시하고 있지요. 이밖에 '살해 장면은 여러 번 되풀이하지 않는다'와 같은 7가지 구체적인 가이드라인이 있어 선정적 영상을 경계하고 있습니다. TV뉴스에서 영상화면은 어떻게 재구성해야 하는지 특히 재난 방송에서 어떤 이미지를 전달해야 할지에 대한 깊은 성찰이 필요하다 하겠습니다.

급하고 빠른 컷으로 영상을 구성하고 자극적이고 선정적인 표현에 집착하는 우리의 TV 문화를 다시 한 번 되돌아보아야 할 것입니다.

2. 리포트보다 영향력이 큰 영상메시지

(1) 카메라가 없으면 TV뉴스도 없다

텔레비전 뉴스는 현장 화면이 있는가 없는가에 따라 큰 차이가 납니다. 영상은 TV뉴스에서 빼놓을 수 없는 뉴스의 '눈'입니다.

텔레비전 뉴스는 일단 카메라가 촬영을 해야 뉴스가 됩니다. 촬영을 못하면 현장 화면이 없기 때문에 뉴스로 올리기가 어렵죠.[9] 반면에 현장에 카메라가 많이 동원되어 있어 뉴스가 크게 부각되는 경우도 있습니다.

다음에 그 예를 소개해 봅니다.

1989년 봄 소련의 고르바쵸프 대통령이 중국과 정상회담을 하기 위해 베이징을 방문했을 때 이 상황을 보도하기 위해 세계 유수의 TV 방송사들이 몰려들었습니다. 그때 마침 천안문 시위 사건이 터진 것입니다. 정상 회담 보도를 위해 파견된 카메라 기자들에게는 절호의 기회였겠지요. 그들은 천안문 시위사태의 생생한 장면을 카메라에 담아 전 세계에 내보낼 수 있었습니다. 천안문 사태가 서방세계에 대대적으로 보도된 배경이 여기에 있습니다.

---

9) 중요한 뉴스는 자료화면을 써서 전달할 수도 있다. 대형 사건이 발생했을 때는 현장 촬영화면이 없더라도 방송을 해야 하기 때문에 동영상 없이 자막 처리한 화면에 리포트를 할 수도 있고 기사와 직접 관련 없는 자료화면을 바탕으로 방송하기도 한다.

<천안문 사태-탱크를 막아선 청년>

이와는 대조적인 예로 1994년 아프리카 르완다 사건[10])을 들 수 있습니다. 부족 간의 싸움으로 백만 명에 가까운 사람이 죽는 대학살 사건이 일어났지만 전 세계인들은 대부분 이 엄청난 사건을 알지 못한 채 지나갔습니다. 같은 시점인 5월 초에 프랑스의 칸에서 열린 영화제에는 수많은 매체의 카메라가 몰려가 영화제를 보도하기에 바빴지요.

카메라가 없으면 뉴스도 없다는 말이 실감나는 대목입니다.

(2) TV영상은 무섭고 엄청난 파괴력을 지닌 괴물

'화면 한 컷이 천 마디 말보다 낫다'는 말이 있습니다. 이는 TV 영상(화면)의 중요성을 한 마디로 표현한 말인데, 인

10) 르완다 내전은 1994년 4월부터 6월까지 약 3개월 동안 후투족이 소수 민족인 투치족 등을 대량 학살한 사건이다. 20세기 최대의 비극이라고 하는 부족간의 내전으로 르완다 인구의 20%인 80만명 내지 100만명이 숨진 것으로 추정된다.

간이 받아들이는 모든 감각의 60% 이상을 시각이 차지한다고 하니 그것이 결코 과장된 표현은 아닐 것입니다. 그래서 텔레비전 영상은 참으로 무섭고 엄청난 파괴력을 지닌 괴물이라고 말하는 사람도 있습니다.

서울 청계천 광장을 가득 메운 촛불시위 영상은 성난 민심을 한 마디로 대변합니다. 망치와 전기톱이 등장한 국회의 영상은 대화와 타협이 실종되고 폭력이 난무하는 한국정치의 현실을 대변하지요.

1989년 11월 베를린 장벽이 무너지는 역사적인 뉴스는 현장 리포트를 하는 기자의 등 뒤에서 벌어지고 있는 텔레비전 영상 한 컷으로 동서독의 통일에 대한 설명이 되지요. 전 세계의 시청자들이 독일 통일의 역사적인 사건을 상징적인 이 한 컷의 영상, 한 장의 사진으로 이해하고 있다고 보아도 과언은 아닐 것입니다.

<베를린 장벽 붕괴>

(3) 먼저 “그림 좋아?”라고 묻는 보도국 간부들

보도국의 간부들은 뉴스에 대한 보고를 받으면 으레 “그림 좋아?” 라고 묻곤 합니다. 기자들은 TV 영상을 ‘그림’이라고 말합니다. 영상 즉, 화면이 충격적이고 생생하면 TV 뉴스거리로 좋은 소재라고 생각하며, 경우에 따라서는 기사 내용은 약하더라도 그런 화면 때문에 주요 뉴스로 올리기도 합니다.

그렇기 때문에 영상을 만드는 카메라 기자는 좋은 그림을 구성하기 위해 혼신의 힘을 기울이지요. 이 과정에서 의욕이 지나친 나머지 연출을 하기도 하고 사건을 재연하기도 합니다.

그러나 뉴스는 시청자에게 절대로 사실을 왜곡하여 보여주어서는 안 됩니다. 그래서 카메라 기자에게 가장 중요한 윤리적인 덕목은 바로 시청자의 눈을 속이지 않는 것입니다. 연출과 조작을 해서 만든 화면은 더 이상 TV뉴스 화면이 아니겠지요.

(4) TV가 만드는 이미지의 허상(虛像)

우리는 흔히 이미지 정치를 하는 정치인들을 비판합니다. TV 화면에 그럴듯하게 비치는 홍보성 행사나 개인 이미지 관리에만 신경쓰지 말고, 열심히 공부해서 정책 개발도 하고 국민들의 애로를 적극적으로 해결해줄 것을 주문합니다. 비단 정치 분야뿐만 아니라 경제 · 사회 · 문화 등 모든 분야에서 내실은 없고 겉만 번지르르 해서 외형적인 PR만 하는 사람들에 대해 질책을 합니다. 그런데 그들이 콘텐츠는 부실한데 이미지만 그럴듯하게 포장하여 홍보하는 것을 도와주는 것이 바로 TV뉴스입니다. 시청자들은 복잡한 일, 내면적인 것까지는 잘 모르고 또 알려고 하지도 않으며, 단지 TV뉴스 화면에 비치는 그럴듯한 모습, 화려한 모습, 연기하는 모습만 보고 있으며 또한 그러한 것들만 보려고 하는 경향이 있지요.

이렇게 이미지가 과장되게 만들어진 허상에 시청자들은 매료됩니다. 그러나 실상을 들여다보면, 그렇게 만들어진 허상에 자신도 모르는 사이에 속임을 당하고 있는 게 현실인데도 그것을 깨닫기가 어렵지요. TV뉴스를 만드는 측이나 시청자 모두가 경계해야 할 점일 것입니다.

(5) TV로 보았는가, 라디오로 들었는가에 따라 반응이 달라진다

선거에 TV가 본격적으로 등장하면서 후보의 이미지가 TV에 의해 형성되고, 유권자들이 이미지에 따라 후보를 선택하는 이른바 이미지 선거가 문제라는 지적이 일고 있습니다. 후보의 자질 및 공약에 대한 검증보다는 겉으로 보이는 이미지를 중시하는 풍조가 문제라는 거지요.

그리고 매체에 따라서 후보에 대해 형성되는 이미지도 달라진다는 사실이 밝혀졌습니다. 한 예를 들어볼까요?

1960년 닉슨과 케네디 후보의 대통령 선거 토론이 세계 최초로 TV와 라디오를 통하여 동시에 중계방송 되었습니다. 그런데 똑같은 내용을 보고 들은 사람들의 반응이 각각 다르게 나타나는 흥미로운 결과가 나왔지요. 라디오를 청취했던 사람들은 닉슨 후보가 케네디 후보보다 토론을 더 잘 했다고 평가했습니다. 그러나 TV를 통하여 토론을 시청한 사람들은 케네디 후보가 낫다고 평가했습니다. 텔레비전 화면에 비친 케네디 후보의 깔끔한 모습과 닉슨 후보의 다소 후줄근한 모습이 시청자들에게 대조적으로 비친 것이 두 후보의 이미지에 큰 영향을 미쳤다고 합니다. 똑같은 내용을 듣고 보고나서 평가가 다른 것은 미디어의 차이로 밖에 설명할 수가 없겠지요. 유권자들에게 영향을 끼친 것은 미디어라는 것이 이 사실로 입증된 셈입니다.

〈케네디와 닉슨의 대선토론〉

미디어는 메시지다

케네디와 닉슨의 대선토론은 '미디어는 메시지다'라는 맥루한의 말이 잘 적용되는 예라 할 수 있습니다. 맥루한은 인간의 감각기관이 각기 다른 방식으로 세상을 지각한다고 생각했으며, 기술은 인간 몸의 다양한 기관과 기능의 연장이라고 주장합니다. 따라서 기술의 발전으로 탄생한 커뮤니케이션 미디어도 인간 감각기관의 연장이어서 세상을 지각하고 인식하는 방법에 영향을 준다는 것이지요. 즉, 미디어가 전달하는 것은 그 내용과 전혀 다른 곧, 미디어 그 자체의 특징이라는 것입니다. 같은 메시지라고 하더라도 얼굴을 맞대고 직접 말하는 것과 신문에 나오는 것 그리고 TV로 방송되는 것은 큰 차이가 있습니다. 결국 매체가 다르면 메시지도 달라지고 수용자가 세상을 인식하는 방식도 달라진다는 것이지요.

3. 방송 영상의 촬영과 편집

(1) 영상 취재의 기본

① 1분 20초짜리 뉴스를 위해 몇 시간씩 촬영

촬영이 영상을 선택하는 과정이라면 편집은 선택된 영상을 조합하는 과정입니다. 카메라 기자는 1분 20초짜리 뉴스를 만들기 위해 몇 시간씩 촬영을 합니다. 촬영하는 테이프 분량은 방송되는 것보다 수 십 배 많습니다.

편집은 촬영된 영상을 선별하고(select) 결합하고(combine) 압축하고(condense) 수정하는(correct) 작업입니다.

② 화면과 기사가 조화를 이루는 게 이상적

TV뉴스는 화면과 기사가 같이 조화를 이루어가는 것이 이상적입니다. 그러나 대개는 취재기자가 기사를 작성하여 리포트를 한 다음 기사에 맞추어 촬영한 화면을 편집합니다.

여기에서 취재기자가 화면을 고려하지 않고 신문기사를 작성하듯이 6하 원칙에 의거하여 기사를 쓴 다음 기사에 맞추어 화면을 구성하면 평면적인 뉴스가 되기 쉽지요. 원칙적으로 취재 기자는 현장에서 영상 취재 기자와 화면에 대해 협의하면서 기사와 영상을 동시에 구상해야 합니다. 기사작성 시에는 화면을 염두에 두고 원고를 써야 입체적인 뉴스가 될 수 있습니다.

현장음도 삽입하고 인터뷰 내용도 적절하게 배치한 다음 현장에서 녹화한 기자 스탠드업 컷을 필요한 부분에 편집하여 리포트와 화면이 조화를 이루도록 자연스럽게 연결해야 하지요.

③ 첫 화면은 가장 임팩트 있는 영상으로

단어와 단어가 결합되어 하나의 문장이 되고 문장과 문장이 모여 단락을 구성하듯이 영상은 샷(shot)과 샷이 모여 씬(scene)이 되고 씬과 씬이 모여 시퀀스(sequence)가 되지요.

샷은 카메라로 촬영된 최소 단위의 영상이며, 샷을 편집에서는 컷(cut)이라고 합니다. 샷(컷)은 기사에서는 단어와 같습니다. 씬은 시간이나 장소가 바뀌면서 나타나는 장면의 단위입니다. 기사로 말하면 문장에 해당되지요. 여러 개의 씬이 모여서 시퀀스를 이룹니다. 시퀀스는 연속된 일련의 화면입니다. 시퀀스는 글에서의 단락과 같습니다.

좋은 편집은 씬의 연결이 눈에 거슬리지 않고 물 흐르듯이 자연스럽게 연결되는 것입니다. 속도와 템포 등 시간 조절을 리듬있게 하면서 화면이 일관성을 지니고 동일성을 유지하게 해야 합니다. 편집은 소리(리포트)와 영상이 조화를 이루도록 하는 것이라 할 수 있겠지요.

TV뉴스 화면에서 가장 중요한 것은 뉴스가 시작되는 영상을 어떻게 편집할 것인가 하는 문제입니다. 가장 인상적이고 임팩트(impact)가 있는 장면을 맨 앞에 두어야 합니다. 그렇게 해야만 시청자의 시선을 붙잡아 둘 수 있습니다. 기사에서 맨 첫 문장인 리드가 중요하듯이 화면도 마찬가지입니다.

④ 시청자가 편안하게 볼 수 있도록 안정되게 촬영

카메라는 기관총이 아니라 저격수의 소총처럼 사용해야 한다는 말이 있습니다. 이 말은 불필요하게 이것저것 마구 촬영하지 말고, 한 장면 한 장면을 신중하게 생각하면서 촬영하라는 뜻입니다. 또한 저격수처럼 결정적인 장면은 놓치지 않고 카메라 영상으로 잡아야 한다는 뜻도 있습니다.

TV 화면은 기본적으로 시청자가 편안하게 볼 수 있도록 안정되게 촬영해야 합니다.

상황이 급박한 경우에는 카메라를 어깨에 메거나 손에 들고 현장을 뛰어다니면서 촬영하게 됩니다. 이런 경우 움직이면서 찍기 때문에 화면이 흔들릴 수가 있는데, 이런 화면은 시청자들에게 긴장감이 묻어나는 긴박한 현장의 분위기를 전달하는 효과가 있습니다.

그러나 급박한 상황이 아니라면 카메라를 트라이포드(tripod 삼각대)에 고정시켜서 안정된 위치에서 촬영을 하여야 합니다. KBS 2TV의 'VJ 특공대' 프로그램에서처럼 카메라를 마구 흔드는 것은 금물이지요. 영상이 빙빙 돌고 흔들리면 시청자는 피곤하고 현기증까지 느낄 수 있습니다.

여기서 명심할 것은 삼각대에 고정시켜 촬영한다고 해서 한 장소에서 움직이지 않고 촬영해야 한다는 것은 아닙니다. TV 카메라기자는 끊임없이 움직이면서 촬영해야 합니다. 멀리서 원경을 잡았다가 카메라를 이동해서 피사체에 가까이 다가가서 촬영하는 등, 부지런히 움직이면서 촬영을 해야 한다는 것입니다. 취재기자가 발로 뛰어 기사를 쓰듯이, 카메라기자도 발로 뛰면서 영상취재를 해야 좋은 화면을 잡을 수 있지요.

⑤ 현장음이 들어가야 생생한 뉴스가 된다

영상 취재기자는 화면 촬영뿐만 아니라 현장음까지 카메라에 담게 됩니다. 현장음이 없이 기자리포트만 나가면 마치 옛날의 무성영화를 변사(辯士)가 해설하는 것 같겠지요. 화면에 현장의 소리가 곁들여져야 뉴스에 현장감이 느껴져 생동감이 있습니다. 그래서 영상 취재기자는 화면 촬영과 함께 현장음을 채취해야 합니다. 영상 이미지는 시각적인 것과 청각적인 것이 합쳐 완성되는 것이지요.

영상은 가능한 한 있는 그대로 촬영한 화면만을 사용하는 것이 원칙입니다. 물론 음향도 현장음을 쓰는 것이 정석이지요. 인위적으로 효과음을 삽입하면 현실이 왜곡됨으로써 뉴스의 사실성이 훼손됩니다. 뉴스의 저널리즘 가치가 떨어질 위험이 있지요.

(2) 시청자들의 생각을 바꾸는 TV영상

① 같은 내용도 화면에 따라 받아들이는 느낌이 달라질 수 있다

TV뉴스가 똑같은 리포트인데도 영상이 달라짐에 따라 시청자들이 받아들이는 반응이 달라집니다. 한 예를 들어볼까요?

살인사건의 용의자가 TV 화면에 나올 때 비록 기자가 똑같은 내용을 리포트 한다 해도 인상착의가 험악한 사람이 나오면 시청자들은 '역시 흉악범 같이 생겼다'고 느낍니다. 그러나 해맑고 선량하게 생긴 청년이 용의자의 모습으로 나타나면 '어떻게 저렇게 순진한 사람이 나쁜 짓을 저질렀을까' 라고 생각할 것입니다. 사건에 대한 인상이 달라지는 것이지요. 이렇듯 언어정보가 같아도 영상정보에 의해 시청자가 받아들이는 느낌이 달라질 수 있는 것입니다.

TV 뉴스의 영상은 시청자가 뉴스를 이해하고 그 의미를 부여하는데 대단히 중요한 판단자료가 되는 것이지요.

② 기사에 어떤 영상을 입히느냐에 따라 뉴스의 이미지가 달라진다

북한에 관한 뉴스를 가지고 예를 들어보면 기사에 어떤 영상을 입히느냐에 따라 뉴스의 이미지가 달라질 수 있지요. 김정은이 선글라스를 끼고 위압적인 태도로 손가락질하는 모습이 리포트 화면을 덮는다든가, 미사일 발사 장면이 나오든가, 군사 퍼레이드 장면이 화면을 채우면 남북간 긴장 상태가 전개되는 뉴스로 생각하게 됩니다. 혹은 평양의 깨끗하게 정돈된 거리에서 미인형의 여자 교통경찰이 교통정리를 하는 화면이 나오면 북한에 대한 좋은 이미지를 줄 수 있겠지요.

TV뉴스가 단순히 언어적인 의미뿐만 아니라 영상적인 정보를 가미하여 시청자에게 메시지를 전달하고 있다는 사실을 입증하는 좋은 사례라 할 수 있을 것입니다.

③ 카메라의 시각에 따라 뉴스가 달라진다

동일한 기사에 대한 뉴스 화면도 카메라가 무엇을 잡느냐에 따라 시청자에게 전혀 다르게 비칠 수 있습니다. 예를 들면 촛불 시위 현장에서 경찰이 시위대를 곤봉과 방패로 진압하는 장면을 집중적으로 보여주면 과잉진압이라는 뉘앙스(nuance)를 풍기게 되겠지요. 반대로 시위대가 쇠파이프 등으로 대항하는 장면이 주로 나가게 되면 폭력시위라는 인상을 시청자들에게 심어줄 것입니다. 취재 기자의 리포트와 마찬가지로 카메라 기자의 영상도 기자 개인의 주관이 개입될 소지가 다분히 있는 것입니다.

〈과잉진압을 부각하는 장면〉

〈폭력시위를 부각하는 장면〉

TV뉴스는 조합되는 영상에 따라 얼마든지 달라질 수 있는 것입니다. 현실적으로 가치중립적인 화면 즉, 기자의 주관을 철저히 배제한 영상을 기대하기가 쉽지 않다고 할 수 있는 것이지요.

④ 뉴스 화면과 실제상황이 전혀 다른 대표적인 예

TV뉴스에 보도되는 것이 실제 상황과 상당히 다를 수도 있습니다. TV뉴스는 실제 상황을 선별해서 촬영하여, 촬영된 화면을 편집 과정에서 다시 한 번 걸러내기 때문에 경우에 따라서는 막상 뉴스로 나갔을 때 실제 상황과 차이가 많이 날 수도 있는 것이지요.

이와 같은 사례는 무수히 많지만 이를 입증할만한 대표적인 사례를 필자가 기자 시절에 직접 목격한 적이 있습니다. 그 예를 소개해 볼까요?

● 13대 대통령 선거의 보도

– 실제 유세장은 썰렁했지만 TV화면은 열기가 가득

1987년 대선 때 일입니다. 전두환 정권이 끝나가던 시점, 국민이 직접선거로 대통령을 뽑는 13대 대통령 선거전이 막바지에 이른 11월에서 12월 사이의 일이었지요.

당시 대선후보 중 기호 1번은 민정당의 노태우 후보, 2번은 통일민주당의 김영삼 후보, 3번은 평화민주당의 김대중 후보였습니다. 김종필 후보는 신공화당 후보로 기호 4번 이었습니다.

당시는 TV 방송사가 KBS와 MBC 2개 밖에 없었던 시절이었습니다.

두 TV의 9시 종합뉴스는 기사 밸류와 관계없이 뉴스 순서가 기호 순서대로 노태우, 김영삼, 김대중 후보 순으로 보도되었습니다. 투표 전 날까지 약 한 달간 똑같은 순서로 방송이 되었지요.

뉴스 내용을 비교해 보면, 노태우 후보는 청중이 가득 찬 장면과 함께 당시 민정당의 상징색인 푸른색을 뒤 배경으로 한 연단에서 연설하는 산뜻한 화면이 방영되었지요. 뉴스 영상만 보면 지지자들의 열렬한 환호 속에서 박력있게 연설하는 노태우 후보가 다른 후보들보다 가장 유세를 잘 한 것처럼 인식됐습니다.

반면 김영삼, 김대중 후보의 유세 장면이 보도된 텔레비전 영상은 엉성하기 짝이 없었습니다. 유세장에는 사람들이 듬성듬성 서있고, 후보의 육성은 여러 잡음에 묻혀 알아듣기가 쉽지 않은 상태로 방송되었습니다. 텔레비전 영상만을 보면 김영삼, 김대중 두 후보의 연설은 노태우 후보에 비해 여러 가지 관점에서 뒤떨어지는 것으로 인식됐지요.

이런 식으로 보도되는 9시 뉴스만을 보면 기호 순서대로 차별화가 되어, 유권자들에게는 TV뉴스에 보도되는 순서대로 후보들의 우열이 판가름 나는 것처럼 보였습니다.

그런데 필자가 유세현장을 직접 방문하여 눈으로 확인한 것은 TV보도 내용과는 크게 달랐습니다. 노태우 후보의 효창운동장 유세, 김영삼 후보의 안양 유세, 김대중 후보의 여의도 유세장에서 본 후보들의 강연 내용 및 청중들의 반응은 TV 보도와는 대조적으로 달랐지요. 후보들에 대한 지지자들의 충성도(loyalty)의 정도가 각각 다른 점을 감안할 필요는 있겠지만, 여하튼 TV뉴스 보도 내용과 현장상황은 너무나도 달랐던 것입니다.

1987년 대선은 신군부 세력이 철권통치를 하고 있던 상황에서 치루어졌습니다. 지금과는 분위기가 사뭇 달랐습니다. 방송은 정부의 강력한 통제 하에 있었고 언론기관에 종사하는 저널리스트들 가운데는 권력집단의 일원으로 기득권 세력과 밀착되어 있는 사람들이 많은 시대였습니다.

TV뉴스의 가공성 내지는 허구성을 적나라하게 보여줄 수 있는 좋은 사례가 아닌가 싶어 당시의 상황을 간단히 소개해 보았습니다. 외국의 사례도 한번 살펴볼까요?

● 맥아더 장군의 개선행진 TV중계

– 특정 부분만 부각시켜 극적 효과를 노려

한국 전쟁의 영웅으로 알려진 맥아더가 1951년 트루먼 대통령으로부터 해임된 뒤 시카고로 돌아와 개선행진을 벌였습니다. 시카고시는 이 날을 맥아더의 날로 지정하고 TV는 3시간 동안 중계방송을 했지요. TV를 시청한 사람들은 맥아더가 열렬한 환영 인파 속에서 개선장군으로 당당하게 시가행진을 하는 모습을 보았습니다. 그 모습은 일대 장관을 이루었지요.

그러나 시카고 대학 연구팀이 거리 곳곳에 대학원생 수십명을 투입해 군중들의 행태를 조사한 바로는 현장 분위기가 TV에 비친 화면과는 판이했다는 것입니다. TV 화면과 달리 현장에는 반(反)공산주의, 반(反) 트루먼 분위기도 별로 없었고 교통도 그리 혼잡하지 않았다는 것입니다. 대다수 군중들은 맥아더를 먼발치에서 잠깐 보았을 뿐 흥분되는 이벤트나 구경거리는 없었다는 것이지요. TV 방송이 실황 중계를 하면서 특정 부분만을 부각시켜 극적 효과를 내도록 했는데, 실제 상황은 달랐다는 것입니다.

시청자들은 TV를 보면서 마치 현장에 있는 듯한 느낌을 받습니다. 카메라가 현장을 보여 주기 때문에 있는 현실을 그대로 보여준다고 생각하지요. '맥아더의 날'의 중계방송 조사 결과는 TV가 고의로 진실을 왜곡할 수 있다는 것을 입증한 좋은 사례일 것입니다.

⑤ 영상취재도 팩트에 충실해야

기자가 쓰는 기사가 팩트에 충실하여야 한다는 논리와 마찬가지로 화면이 팩트에 충실해야 한다는 것은 지상 명제입니다. TV뉴스 화면은 가치중립적이어야 하며 촬영기자의 주관이나 가치판단이 개입되지 않은 공정한 것이어야 합니다.

따라서 TV뉴스의 촬영에서 가장 중요한 것은 피사체를 있는 그대로 찍는 일입니다. 뉴스 화면이 밋밋한 것을 걱정한 나머지 사건을 재연하여 촬영하려고 해서는 안 됩니다. 사건사고 현장을 촬영할 경우 카메라 기자는 대부분 사건이 종결된 현장에 뒤늦게 도착하여 촬영을 하게 됩니다. 예를 들어 살인 사건을 촬영하기 위해 현장에 갔을 때 살인하는 장면을 촬영할 수 없는 것은 당연한 일이지만, 살인 사건이 저질러진 어지러운 현장도 치워져 있는 경우가 대부분입니다. 이 때 카메라기자는 화면을 만들어 보겠다는 생각에서 사건을 재연시켜 보고 싶은 유혹에 빠지기 쉽습니다. 그러나 뉴스는 어디까지나 사실에 충실해야 하기 때문에 연출을 하여 사건을 재연 촬영하는 일은 있을 수 없는 일이지요.

시청자들은 TV뉴스 화면에 나타난 것을 현실로 받아들이지요. 사람들은 눈에 보이는 것을 믿는 속성이 있기 때문입니다.

화면은 절대로 조작해서는 안 됩니다. 신문의 경우 이미 찍은 사진에서 일부를 지우거나 덧붙이는 방식으로 손질을 하는 수가 있는데 보도윤리에 어긋나는 행위입니다.

2008년 7월 미국산 쇠고기 파동으로 온 나라가 떠들썩한 가운데, 중앙일보는 손님이 식당에서 미국산 쇠고기를 먹는 장면을 내보내기 위하여, 인턴기자를 식당 손님으로 가장하여 찍은 사진을 신문에 게재한 일이 있습니다. 이런 행위는 보도윤리에 어긋나는 절대로 있어서는 안 될 일이겠지요.

<중앙일보 오보관련 사과기사>

독자 여러분께 사과드립니다

본지 7월 5일자 9면에 실린 "미국산 쇠고기 1인분에 1700원" 이란 제목의 사진은 연출된 것입니다. 사진 설명은 손님들이 미국산 쇠고기를 먹고 있다고 돼 있으나 사진 속 인물 중 오른쪽 옆모습은 현장 취재를 나간 경제부문 기자이며 왼쪽은 동행했던 본지 대학생 인턴 기자입니다. 이 인턴은 업무를 시작한 지 이틀밖에 되지 않았으며 이번 사진에 대해 아무런 책임이 없습니다. 그 때문에 정정 기사에서 인턴 기자의 얼굴은 모자이크 처리했습니다.

두 사람은 사진기자와 더불어 4일 오후 5시쯤 서울 양재동에 있는 식당에 도착했습니다. 다시 시판되는 미국산 쇠고기를 판매하는 음식점을 취재하기 위해서였습니다. 기자들이 도착했을 때는 이른 저녁 시간이라 손님이 없었습니다. 마감시간 때문에 일단 연출 사진을 찍어 전송했고, 6시가 넘으면서 세 테이블이 차자 기자가 다가가 사진 취재를 요청했으나 당사자들이 모두 사양했습니다.

하지만 손님들이 모두 미국산 쇠고기를 주문했기 때문에 음식점 상황을 독자들에게 전달해야 한다는 판단에서 잘못을 저질렀습니다. 독자 여러분께 머리 숙여 깊이 사과드립니다.

⑥ 편집과정에서의 의도적인 작업으로 영상의 공정성을 잃을 수 있다

TV뉴스의 화면은 현장에서 촬영한 소재를 편집하여 방영하는 것이 원칙입니다. 현장 촬영의 경우에 카메라기자는 자신의 선입견을 배제하고 철저하게 중립적인 자세에서 화면을 잡도록 노력해야 합니다. 그런데 아무리 균형감각을 가지고 촬영한 화면이라도 편집과정에서 의도적인 작업을 하게 되면 촬영된 영상이 공정성을 잃게 됩니다. 한 예를 들어 볼까요?

한 남자의 얼굴이 클로즈업된 샷이 있다고 할 경우, 이 샷 바로 앞에 김이 오르는 밥상을 잡은 샷을 연결하면 이 남자는 배고픈 남자로 시청자들에게 보입니다. 그러나 바로 앞에 갓난아기의 샷을 연결하면 이 남자는 아기를 바라보는 자애로운 모습으로 보일 수 있습니다. 화려하게 차려 입은 여성의 샷이 바로 앞에 연결되면 남자의 욕망이 표현될 수도 있지요.

이렇듯 영상은 그 조합에 따라 즉, 편집에 따라서 얼마든지 의미가 달라질 수 있는 것입니다.

편집의 예술

편집은 촬영과는 또 다른 작업입니다.

편집은 영상물을 최종적으로 만들어내는 일입니다. 똑같은 촬영 화면의 원본을 가지고도 편집에 따라서 각기 다른 영상이 나오게 됩니다.

우리나라의 경우 TV뉴스의 1컷 당 시간은 대략 3초 정도입니다. 선진국 TV보다 1컷의 길이가 짧지요. 선진국은 대개 4~5초 정도 됩니다. 그러나 1컷 당 시간이 꼭 정해져 있는 것은 아닙니다.

TV뉴스 영상은 시청자들에게 메시지에 맞는 화면을 인상적으로 보여주는데 의미가 있습니다. 때문에 어떤 것은 길게는 5초 이상을 주어도 되고 또 어떤 것은 1초 또는 0.5초를 보여줘도 됩니다. 연결되는 컷 끼리의 조합에 따라서 메시지가 달라지기 때문에 반드시 긴 영상이 메시지 전달이 잘 된다고 볼 수 없습니다. 경우에 따라서는 짧은 컷이 임팩트가 강할 수도 있습니다. 영상 편집의 묘미가 여기에 있습니다.

TV뉴스를 보면 대형사건이 발생하여 여러 꼭지로 보도될 때 똑같은 화면이 중복돼 방영되는 것을 자주 볼 수 있습니다. 뉴스 편집실에는 통상 종합뉴스가 시작되기 30~40분 전에 리포트물이 몰려듭니다. 영상편집을 마감시간 내에 끝내기에는 시간이 촉박한 것이지요. 대형뉴스는 통상적으로 여러 명의 편집자가 여러 아이템을 나누어 편집 작업을 하는데 이런 경우 서로 화면을 협의할 시간이 부족합니다. 그래서 같은 화면이 중복 편집되어 방송되는 일이 허다합니다. 방송사 업무 시스템상 어쩔 수 없는 현실이지요.

4. 촬영의 실제

(1) 카메라 구도

영상 촬영은 3가지로 나눌 수 있습니다.

첫째는 피사체가 움직이는 것입니다. 카메라는 고정돼 있는 상태에서 사람이나 동물, 물체 등이 움직이는 것이지요. 둘째는 카메라가 움직이는 것입니다. 피사체는 그대로 있는 상태에서 카메라기자가 카메라를 움직여 촬영하는 것입니다. 셋째는 피사체와 카메라가 모두 움직이는 것입니다. 예를 들면 달리는 사람이나 차량을 카메라가 따라 이동하면서 촬영하는 것이지요. 카메라 워크 등 카메라의 구도에 대해 간단히 살펴보겠습니다.

① 실제보다 약하고 왜소하게 보이는 하이앵글(high angle)

카메라가 피사체를 촬영할 때의 높낮이 각도를 앵글(angle)이라고 합니다.

앵글에는 수평각(eye angle), 부감(high angle), 앙각(low angle)이 있습니다.

아이앵글은 눈높이에서 촬영하는 것으로 TV뉴스는 일반적으로 아이앵글을 많이 씁니다.

하이앵글은 카메라가 높은 곳에서 낮은 곳에 있는 피사체를 촬영하는 것입니다. 상황판단을 하고 객관적인 설명을 할 때 사용하는 앵글이지요. 이것은 위에서 아래로 내려다보듯이 촬영하기 때문에 피사체가 실제보다 왜소하게 보이고 '약함' '비굴함' '패배감' '불안' '어두움' '믿음직스럽지 못함' 등의 이미지로 표현됩니다.

② 히틀러를 신격화한 로우앵글(low angle)

로우앵글은 하이앵글과는 반대입니다. 카메라가 피사체보다 낮은 위치에서 피사체를 올려다보는 샷이지요. '존대' '강력함' '밝음' '믿음직스러움' 등의 이미지를 주게 됩니다.

나치 독일의 아돌프 히틀러를 연상하면 사람들은 거만하고 위압적인 자세로 부하들의 경례를 받는 그의 모습을 떠올리게 됩니다. 그가 허리를 굽힌다거나 인자하게 사람들과 대화하거나 하는 모습은 전혀 상상할 수가 없지요.

〈군대를 사열하는 히틀러〉

이것은 히틀러를 신격화하기 위해서 촬영을 할 때 로우앵글이라는 촬영기법을 사용한 결과입니다. 아래쪽에서 위를 향해 촬영하기 때문에 인물이 실제보다 크고 위풍당당하게 보이지요. 히틀러를 촬영한 사진은 사람들로 하여금 히틀러를 올려다보는 것과 같은 느낌을 주어 그를 위대하고 신비한 인물로 비치게 하는 효과를 거두었습니다.

히틀러를 신격화시킨 의지의 승리(Triumph of the Will)라는 다큐멘터리 영화가 있습니다. 1935년에 제작된 이 영화는 나치당 대회를 기록한 다큐멘터리로 리펜슈탈(Leni Riefenstahl, 1902~2003)이라는 유명한 여성 다큐멘터리 감독이 제작했습니다.

뛰어난 촬영기술과 리드미컬한 편집으로 세계의 이목을 집중시킨 작품이기도 한데, 이 작품에서는 히틀러를 대부분 로우앵글로 포착함으로써 독일 국민들에게 그를 메시아와 같은 존재 그리고 아버지와 같은 듬직한 이미지를 지닌 인물로 부각시켰지요.

김정일과 사진촬영

김정일 국방위원장은 선전·선동에 있어서 뛰어난 감각이 있으며 사진 촬영에서 그 감각을 잘 활용했던 것으로 알려져 있습니다. 북한에서는 텔레비전이나 신문 등에 나오는 사진에는 지도자를 위대하게 보이도록 하기 위해서 '화면 가운데 위치시키기'와 '크기'에 신경을 씁니다.

김일성과 마찬가지로 김정일도 여러 사람들과 함께 있을 때 반드시 한가운데에 위치하도록 하고 아울러 주변 사람들보다도 크게 나오도록 신경을 썼습니다. 지도자의 사진과 군중대회의 사진을 큰 사이즈로 촬영해서 신문이나 잡지 등에 게재하는 것은 러시아 스타일로 북한은 이 스타일을 모방한 것으로 알려지고 있지요.

김정일은 카메라기자와 사진기자들을 의식하고 포즈를 취해주며 연출도 해 주는 등 사진촬영에 협조적이었다고 합니다. 한 예를 들어 볼까요?

2000년 6월 14일 목란관 만찬에서 김대중 대통령과 김정일 위원장이 남북공동선언문 서명에 앞서 손을 맞잡아 올린 장면은 연출된 사진입니다. 이날 만찬에서 양국 정상 간에 대화가 급진전을 이루었고 만찬 끝 무렵 두 정상이 남북공동선언문에 합의하고 손을 맞잡는 극적인 상황이 벌어졌습니다. 그러나 이때 사진기자들은 모두 밖으로 나가 있었기 때문에 이 장면은 촬영하지 못했습니다.

이에 박준영 당시 공보수석은 김정일 위원장에게 다시 한 번 손을 맞잡아 줄 수 없겠느냐며 조심스럽게 물었고, 김 위원장이 이에 흔쾌히 응하여 두 정상이 손을 맞잡아 올리는 모습이 연출을 통해 촬영된 것이지요. 당시 우리들이 실제인 줄 알고 본 텔레비전의 영상은 이와 같이 연출된 장면이었던 것입니다.

북한은 이 때 상황을 2005년에 발간한 6·15 공동선언 발표 5주년 기념사진집 '사진으로 본 5년'에 실린 "배우 노릇 한 번 더 합시다"라는 글에서 다음과 같이 소개하고 있습니다.

'이 역사적인 순간을 촬영하지 못한 남측 기자들은 울상이 되어 있었다. 경애하는 장군님께서는 호탕하게 웃으시고는 김대중 대통령에게 "그러면 우리 배우 노릇을 한 번 더 합시다"라고 하시며 연단으로 나가시었다.'

③ 줌인 : '이것을 보아 주세요'
줌아웃 : '아, 그거였구나!'

카메라 워킹에는 두 가지가 있습니다. 하나는 카메라를 고정시킨 상태에서 렌즈와 카메라 헤드가 움직이는 것입니다. 그리고 다른 하나는 카메라 자체가 움직이는 것이지요.

카메라는 고정시킨 상태에서 렌즈만 움직이는 것을 주밍

(zooming)이라 하는데 줌인과 줌아웃이 있습니다. 줌인은 강조하고 싶은 피사체를 눈이 쫓아가듯이 촬영범위를 좁혀 들어가는 것이지요.

줌아웃은 줌인과 반대입니다. 어떤 것을 화면 가득히 보여주고 나서 촬영범위를 주변으로 넓혀가는 기법입니다.

줌인은 말로 표현하면 '이것을 보아 주세요'라고 화면이 말하는 것이라 이해하면 됩니다. 예를 들어 회담이 열리고 있는 호텔을 촬영할 때 호텔 전경을 잡은 다음, 호텔 간판을 줌인으로 들어가면 '아하! ○○호텔에서 회담이 열리고 있구나'라는 메시지를 전달하는 것이지요.

줌아웃은 어떤 피사체를 화면 가득히 비쳤다가 카메라를 피사체 주변으로 넓게 잡아줌으로써 주변의 상황이나 환경, 관계 등을 나타내는 기법입니다. 예를 들면 투명한 빛이 십자형으로 번쩍번쩍 빛나는 장면을 화면 가득히 잡아준 다음 줌아웃으로 당겼을 때 크리스털 글라스가 나오게 된다면 '아, 그것 이었구나'라고 느끼는 효과를 주는 것이지요. 이런 것은 파티의 시작을 알리는 영상으로 많이 사용됩니다.

그러나 줌인과 줌아웃 촬영을 남용해서는 안 됩니다. 일종의 급소와 같은 것이기 때문에 꼭 필요할 때 사용해야 효과가 있으며 함부로 사용하면 의미가 퇴색되지요.

④ 팬(pan)과 틸트(tilt)

카메라를 고정시킨 상태에서 카메라헤드를 좌우로 움직이는 것을 팬, 상하로 움직이는 것을 틸트라고 합니다.

팬은 좌에서 우로 혹은 우에서 좌로 촬영할 수 있지요. 이때 카메라가 움직이다가 멈춘 순간의 장면이 강조하고자 하는 화면입니다. 즉, 카메라가 좌측에서 움직이기 시작하다가 우측에서 멈추면 우측에 있는 피사체를 강조하는 것입니다.

예를 들면 카메라가 교실에서 공부하고 있는 학생들을 잡은 상태에서 팬을 해서 교사에게서 카메라가 멈추면 '학생들을 가르치는 교사'를 강조하는 의미가 됩니다. 반대로 교사에서 팬을 시작하여 학생들에게서 카메라가 멈추면 '수업을 듣는 학생들'이라는 뜻이 강조되지요.

틸트 역시 개념은 팬과 마찬가지입니다. 카메라가 멈춘 장면이 강조하는 것으로, 이것이 주제이고 주역입니다. 예를 들면 '석가탑'을 촬영할 때 아래에서부터 위로 촬영하면 '여기에 그 유명한 석가탑이 있습니다' 라는 표현이 됩니다. 반대로 위에서부터 아래로 촬영하여 아래에 있는 꽃에서 멈추면 '석가탑 밑에는 이렇게 아름다운 꽃이 있습니다' 라는 표현이 되지요.

대개 유적이라든지 명물 등 유명한 것을 표현할 때는 아래에서 위로 틸트하는 것이 상례(常例)입니다.

단 피사체에 따라서는 '위에서 아래로' 틸트하는 편이 좋은 것이 있습니다. 예를 들면 '폭포' 같은 것이지요. 물의 흐름에 따라 위에서 아래로 틸트하는 편이 폭포를 적절히 묘사할 수가 있지요.

⑤ 달리(dolly)와 부밍(booming)

카메라 자체가 피사체에 접근하거나 멀어지는 기법을 달리라고 합니다. 카메라가 피사체에 접근하는 것은 달리 인(dolly in) 반대로 멀어지는 것은 달리 아웃(dolly out)이라고 하지요.

달리와 주밍의 차이점은 주밍은 카메라가 피사체를 보는 사람 앞으로 끌어당기거나 또는 멀리 떼어놓는 느낌을 주지만, 달리는 피사체가 보는 사람에게 접근해 오거나 멀어져가는 것처럼 보이는 것입니다.

달리는 시야의 변화를 주기 위해, 동작을 따라가기 위해, 극적 효과를 얻기 위해, 샷에 다양성을 주기 위해 사용합니다.

카메라가 상하로 이동하는 것을 부밍이라 합니다. 카메라를 올리는 기법을 붐업, 내리는 것은 붐다운입니다. 틸트와는 달리 카메라의 각도를 변화시키는 것이 아니라, 카메라가 수평을 유지한 상태에서 상하로 움직이는 것이지요. 수직 이동이기 때문에 앵글에 대한 변화가 뚜렷하여 역동적인 느낌을 줍니다. 부밍은 촬영자가 크레인을 타고 있는 상태에서 크레인이 상하로 움직여주면서 촬영하는 것입니다. 쇼 프로그램에서 많이 사용하는데, 뉴스에서도 야외에서 열리는 대형 행사 장면을 촬영할 때 쓰는 기법이지요.

클로즈업 샷은 객관적 보도로서는 적절치 않다

롱 샷(long shot)이 전체적인 상황을 표현하는 것이라면 클로즈업 샷(close up shot)은 구체적인 상황을 표현하는 영상입니다. TV는 영화에 비해 화면이 작기 때문에 클로즈업 샷(특정 피사체가 화면에 가득 차보이도록 촬영하는 것)을 많이 잡는데 클로즈업 샷은 현실적으로는 사람의 눈으로는 보기 어려운 장면입니다.

클로즈업 화면은 주관적 이미지를 강하게 부각시키는 측면이 있습니다. 교통사고 현장을 보여줄 때 크게 부서진 승합차, 차에 탔던 어린이들의 신발이 나뒹굴고 있는 모습 등을 클로즈업으로 보여줌으로써 처참한 사고현장을 표현할 수가 있겠지요. 주가(株價)가 폭락했을 때 증권사 객장에 앉아있는 수심에 가득 찬 투자자의 모습을 클로즈업으로 보여줌으로써 경제 불황으로 고통을 받고 있는 사람들의 모습을 그려낼 수 있을 겁니다.

카메라가 피사체와 일정한 간격을 두고 떨어져서 촬영하는 롱 샷은 객관적인 시각으로 피사체를 바라보는 측면이 있는 반면 카메라가 피사체에 가까이 다가가서 촬영하는 클로즈업 샷은 촬영기자의 주관이 개입되어 있다고 보아야겠지요. 클로즈업 샷은 엄밀한 의미에서 객관성이 담보되지 않기 때문에 이런 점을 염두에 두고 촬영에 임해야 합니다.

(2) 영상은 팀워크의 산물

방송사에서 TV 뉴스를 촬영하는 사람을 카메라기자 혹은 영상 취재기자라고 합니다. 외국에서는 카메라맨이라고 하고 우리나라에서는 기자라는 호칭을 붙여 부릅니다. 우리나라에서는 카메라기자의 위상이 높다는 뜻이지요.

뉴스 영상은 담당 카메라맨, 취재기자, 데스크 등 여러 사람의 의견과 땀이 녹아 들어있는 협동작품이라 할 수 있습니다. 뉴스 제작팀은 어떻게 하면 임팩트가 강한 뉴스를 만들어낼까 최선을 다해 머리를 짜내 기획하고, 이를 토대로 현실보다 더욱 생생한 영상을 만들어내는데 전력을 기울이게 되지요.

뉴스를 촬영하기 위해 현장에 나가게 되면 취재기자와 카메라(영상취재)기자는 좋은 화면을 잡기 위해 협력해야 합니다. 서로의 의견을 존중하고 팀워크를 이루어서 최상의 영상을 만들어내는데 힘을 모아야 합니다.

영상 취재 역시 취재기자가 기사거리를 취재하는 것과 똑같은 이치로 생각하면 됩니다. 카메라기자는 먼저 촬영하기 전에 취재기자와 촬영할 것에 대해 의논을 합니다. 현장을 둘러보고 나서 주제가 무엇이고 기사의 핵심 메시지가 무엇인지 판단한 후에, 무엇을 어떻게 촬영할지 생각을 정리한 다음 촬영에 들어가는 것이지요. 물론 사건 사고 현장 등은 현장이 치워지고 정리되기 전에 사건 발생 초기의 생생한 현장의 모습을 서둘러서 촬영해 두어야 합니다. 현장을 놓치지 않고 재빨리 촬영하는 요령을 익힐 필요가 있습니다.

(3) 역사의 현장을 누비는 카메라기자들

우리는 안방에서 편안하게 TV를 통하여 전 세계에서 일어나는 일들을 볼 수가 있습니다. 우리가 보는 화면은 대개 불과 몇 시간 전에 벌어진 상황이지요. 국내는 물론 미 백악관에서부터 아프리카의 오지에 이르기까지 전 세계에서 벌어진 생생한 사건입니다. 우리들은 이 사건들을 카메라로 포착한 기자들 덕분에 마치 현장을 들여다보듯이 안방에서 시청할 수가 있는 것입니다.

그러나 생생한 현장의 모습을 전하기 위해 땀 흘리면서 정신없이 뛰어다니고, 생명의 위협까지 느끼면서 카메라에 혼신의 힘을 쏟아온 기자들의 노고는 잘 알지 못합니다. 어쩌면 전혀 생각을 하지 않는다고도 할 수 있을 것입니다.

전쟁터와 참사의 현장을 돌아다니며 참혹한 현장을 12kg의 ENG(Electronic News Gathering) 카메라에 담는 기자들은 오직 시청자들에게 전할 생생한 화면만을 생각합니다. 그들은 이 시간에도 고난과 위험을 무릅쓰고 치열하게 현장을 누비고 있습니다.

SBS 카메라기자들의 체험담을 담은 책 <그때 카메라가 내 눈물을 닦아 주었습니다> 중에서 일부분을 소개해 봅니다.

● 어깨에 카메라를 들쳐 메는 순간 샘솟는 용기

인도네시아 반다아체, 2004년 12월 26일, 진도 8.9의 강진으로 발생한 쓰나미(지진해일)의 영향을 온몸으로 맞닥뜨린 곳이다.

나는 대재앙의 거대한 공동묘지로 향했다. 12월 29일, 출장 명령이 떨어졌다. 쓰나미 발생 2~3일 뒤였지만 내게는 해일만큼 갑작스런 명령이었다. 애써 감추려 했지만 긴장한 빛이 역력했고 어깨는 출렁였다. 많은 시간이 주어지진 않았다. 필요한 모든 걸 완벽하게 준비할 수는 없다. 최소한의 장비만을 챙겨본다. 송출기, 위성전화기, 충전기 등 모든 게 방송 위주의 식단 같다. 일행의 안전에 대한 준비는 뒷전이고 사치다.

난 카메라만을 믿는다. 카메라는 배신한 적이 없다. 일단 움직이면서 생각하고, 생각하며 재빨리 이동해야 한다. 현장에서의 우리는 야전사령관과 닮아 있다면 과장일까. 우리 직업이 약간은 무모하게 보일 때가 있고 가끔은 물불 안 가리고 달려드니 말이다. 천생 부나방이다. 무엇이 나를 이다지도 용감하게 만들어 가는지 모르겠다. 어깨에 카메라를 들쳐 메는 순간이면 어김없이 샘솟는 용기, 사실보도에 대한 의무인가, 아니면 그 어떤 소명인가?

(임우식)

● 탕! 탕! 탕! 내 허리 바로 앞으로 예광탄이 스쳐갔다

내 카메라는 뜨거웠다. 벌써 몇 시간째 카메라를 돌리고 있는지 모른다. 한 순간이라도 놓치지 않고 찍기 위해선 잠시도 카메라를 놓을 수가 없다. 이때 한 외국인 카메라 기자가 카메라를 높이 들면서 달려가는 것이 보였다. 멀리서 보면 마치

비주카포처럼 생긴 카메라를 손에 쥐고 머리 위로 번쩍 든다.

공장 벽에 바짝 붙어 한 걸음을 내딛고 천천히 그 다음 걸음을 떼려는 순간, 탕! 탕! 탕! 내 허리 바로 앞으로 예광탄이 몇 발 지나갔다. 황급히 벽 뒤로 물러섰다. 처음에는 공장의 지붕을 맞추는 위협사격이 계속 이어지다가 내 허리 아래를 쏘는 조준 사격이다. 총알이 6~7발 지나간 다음, 노랗게 달궈진 예광탄이 슬로모션처럼 천천히 내 앞을 지나갔다.

(이원식)

● 전화기 너머 들려온 데스크의 다급한 목소리

휴대폰이 울렸다. '8시 뉴스' 편집 때문에 늦은 퇴근을 한 후 종일 흐른 땀 때문에 짠 내 가득한 몸을 씻고 있는데 휴대폰 벨 소리가 샤워기의 물살을 뚫고 너무나 선명하게 들려왔다. 몸을 대충 닦고 부리나케 달려가 전화를 받았다.

"회사까지 오는데 얼마나 걸리나?"

전화기 너머 들려온 데스크의 목소리는 다급했다.

"택시를 타면 20분 내로 도착할 수 있습니다."

그리고 두 시간 후 아프가니스탄에서 단기선교를 하던 중 탈레반에게 납치되었다 풀려난 샘물교회 신도들을 취재하기 위해 나는 두바이로 향하는 비행기에 몸을 실었다.

(주용진)

● 길가에 놓인 주검들, 마스크를 써도 콧속 깊이 파고드는 악취들

전장에서 총을 빼앗기면 이런 심정일까?

갑작스런 지진에 취재 비자를 받을 수 없어서 6mm카메라와 마이크, 송출장비만을 챙겨 떠난 중국 출장길. 공항에서부터 가장 걱정했던 사태가 벌어지고 말았다. 카메라와 마이크, 대부분의 방송 장비를 반입하지 못하도록 막는 게 아닌가. 거의 한 시간 동안 실랑이를 벌이며 한국에서 온 다른 취재진들과 함께 사정을 해 보았지만, 방송사 로고를 발견한 중국 세관 직원들은 오히려 카메라를 압수했다. 그나마 다행인 것은 카메라 외의 다른 부수 장비들은 갖고 들어갈 수 있게 해 주었다. 무거운 마음으로 호텔로 향한 우리는 그 날 밤 내내 카메라를 구할 방도를 찾아 동분서주하느라 눈 한번 붙일 수가 없었다. 다음 날 새벽 6시, 어렵게 총(6mm 카메라)을 구한 우리 팀은 가장 피해가 심한 베이촨으로 들어가기 위해 호텔을 나섰다. 두 시간 정도 달렸을까. 공안들이 도로를 봉쇄하며 그 지역 주민 외의 다른 지역의 차들은 진입을 금지시켰다. 이번엔 카메라에 이어 차를 버려야 했다. 결국 걸어서 경계선을 넘은 뒤 웃돈을 주고 오토바이를 구했다. 거의 고물이 된 오토바이를 세 명이 올라타 곡예를 하듯 30분을 달려 현장 입구에 도착했다. 첩첩산중이라더니 또 다른 난관에 부딪쳤다. 시체들이 너무 많아 그 지역이 오염됐다며 출입을 통제하는 것이다. 몇 시간의 협상 끝에 결국 어렵게 출입이 허용됐다. 진앙지인 원촨 잉슈를 비롯해 베이촨 등 대규모 인명피해를 낸 곳은 대부분 산골이거나 협곡에 있었다. 산지이면서도 인구 밀집 지역인 베이촨의 경우 인구 2만 명 중 약 8천여 명이 이번 지진으로 사망했다. 그곳은 마치 핵폭탄을 맞은 듯했다. 땅이 갈라져 차와 건물들이 그 속에 묻혀 있었다. 길가에 놓인 주검들, 마스크를 써도 콧속 깊이 파고드는 악취들. 그야말로 아비규환의 현장이었다.

(이승환)

● 4시간의 뻗치기 끝에 얻어낸 것은 3분

4시간 동안의 지루한 뻗치기(취재원이 언제 나타날지 몰라 마냥 대기하는 일을 일컫는 기자들의 은어) 끝에 크리스토퍼 힐이 도착했다. 시끄럽던 취재 현장은 일순간 그의 인터뷰를 따기 위해 조용해진다. 인터뷰를 하는 팀을 제외하고는 대부분 현장 화면을 촬영해야 하기 때문에 최대한 시야가 확보되는 곳으로 부지런히 움직이면서 취재 전쟁이 치루어진다.

힐이 모습을 보였던 시간은 불과 5분 내외였다. 4시간의 뻗치기 끝에 얻어낸 것은 3분 내외의 말 몇 마디와 대여섯 컷의 영상이 전부였다. 우리 팀의 첫 번째 취재는 그렇게 마무리되었다.

6자 회담의 대부분의 취재는 뻗치기로 시작해 뻗치기로 끝난다.

......................(중략)......................

외신들과 비교했을 때 취재 인력이 상대적으로 부족한 것도 힘듦의 원인이 될 수 있다. 가장 단적으로 비교하자면 NHK는 80여명의 취재진들이 베이징에 도착했다고 한다. 일본의 니혼TV 역시 여덟 팀 이상을 현지에서 봤고, 중국 중앙방송 취재진들도 곳곳에서 24시간 대기 트라이포드를 펼쳐놓은 상태였다. 각 사에서 한두 팀 정도를 보내는 우리나라 방송사들과 비교했을 때 인력이나 장비 면에서 수적으로 앞선 그들과 경쟁을 벌인다는 것이 결코 쉽지 않았다. 몸이 지치기 때문에 당연히 신경도 날카로워지고 그 틈을 누군가 틀어놓는다면 아수라장 같은 상황이 연출되기도 한다.

(배문산)

5. 선정적인 영상에 대한 경계

(1) 끔찍한 사건을 반복 방영하는 선정성 · 폭력성

TV는 기본적으로 오락적인 속성을 지니고 있는 매체입니다. 사람들은 TV에서는 진지하고 골치 아픈 것보다 재미있는 것을 찾기를 원하지요. TV뉴스가 딱딱한(hard) 내용보다는 부드러운(soft) 내용을 선호하는 까닭도 여기에 있습니다. 그러다보니 뉴스가 자칫 오락화될 우려가 커지는 것입니다. 따라서 TV뉴스에서 가장 경계해야 할 문제가 선정성, 폭력성이 담긴 영상을 남발하는 것입니다.

2001년 5월 서울 올림픽대교에서 헬기 추락사고가 있었습니다. 조종사 등 3명이 사망한 사건으로 한강변 아파트 주민 중에 현장을 목격한 사람들이 많았고 직접 촬영을 하여 영상을 방송사에 전달한 사람도 여럿 있어서 그 영상이 9시 종합뉴스에 방송됐습니다.

방송사는 영상제공자에게 사례금을 주기도 했습니다. 그런데 방송사는 이 장면이 생생하다고 판단했기 때문인지 뉴스 시간에 처참한 헬기 추락 장면을 여러 번 반복하여 방영함으로써 시청자들에게 거부감을 주었지요. 이같이 자극적인 영상을 남발한 것은 방송의 선정성을 드러낸 대표적인 사례입니다.

(2) 혐오감 주는 사진은 싣지 않는 게 포토저널리즘 윤리

2003년 7월 25일 후세인의 두 아들 시신이 전 세계 TV에 공개됐습니다. 미군당국이 촬영하여 공개한 이 장면은 참혹하기 짝이 없어 TV로 방영한 것에 대해 비판이 일었습니다. 미국의 입장에서는 패전국 이라크의 전범이라고 생각하여 시신을 공개했겠지만, 우리 입장에서 미국이 제공한 화면을 그대로 방영할 필요가 있었는가에 대해 논란이 일었던 것이지요. 국내에서는 이 사진을 보도하지 않은 신문도 있었습니다.

현대 정몽헌 회장 자살 사건의 경우에도 대부분의 언론사가 투신자살한 모습을 촬영하고서도 얼굴이 나온 사진을 신문에 게재하지는 않았습니다.

포토저널리즘의 윤리적 기준은 공익을 위한 경우가 아니라면 혐오감을 주는 사진은 싣지 말아야 한다는 것입니다.

(3) 교훈을 던져주어 유사 사고 방지에 도움이 돼야

매스컴에 보도되는 뉴스는 좋은 뉴스보다 나쁜 뉴스가 많습니다. 비극적인 뉴스, 불행한 뉴스의 결정적인 순간을 촬영한 기자는 특종을 하고 큰 상을 받게 되는 영광도 얻게 되지요. 문제는 불행한 뉴스가 선정주의로 흘러서는 안 되고 공익 차원에서 사람들에게 교훈을 던져주어 유사한 사고를 예방하는데 도움을 줄 수 있어야 한다는 것입니다.

한 예로 1976년 퓰리처상을 수상한 사진에 관해 얘기해볼까요? 보스턴 헤럴드지의 사진기자인 스탠리 포만은 1975년 7월 22일 화재를 취재하다가 소방차의 구조용 고가사다리에서 2살 된 어린 여자아이와 19살 된 대모가 추락하는 순간을 촬영했습니다. 여자 아이는 살았으나 대모는 사망했지요. 이 사진은 AP통신으로 전송되어 미국의 128개 신문과 몇몇 외국 신문에 실렸습니다.

〈화재현장의 추락〉

이 보도로 인하여 보스턴시는 화재 사고를 재조사하고, 다른 도시들에서도 사고 예방을 위한 조치를 취하기 위해 이 사진을 참고로 연구했습니다. 낡은 화재구조 장비에 대한 개선 등 소방방재 시스템을 개선하는 계기를 제공한 보도였지요.

이렇듯 영상자료는 단순히 흥미 위주의 보도에 그쳐서는 안 되고 교훈을 주는 의미 있는 메시지를 던져줄 수 있는 것이어야 합니다.

제 4 장

방송뉴스 현장

제 4 장 방송뉴스 현장

1. 뉴스 제작을 위한 산고(産苦)

(1) TV뉴스와 같이 빠르게 돌아가는 보도국

방송사 보도국은 텔레비전 뉴스의 화면과 같이 빠르게 돌아갑니다.

월 단위 또는 연 단위로 장기간에 걸쳐 업무를 계획하고 수행하는 일반 기업체와 달리, 방송은 시시각각 변화하는 세상사를 그 즉시 반영해야 하기 때문에 뉴스를 만드는 보도국 기자들은 하루 종일 긴장을 풀 수가 없는 상황에 놓여 있습니다. 또한 회의의 연속이라 할 수도 있지요.

TV방송사의 메인뉴스인 밤 9시 종합뉴스 아이템은 보도국 간부들이 하루에 3~4 번 이상의 회의를 거듭해 결정합니다.

(2) 보도국 편집회의

① 아침 편집회의

하루의 첫 회의는 오전 8시 30분에 보도국장이 주재하는 편집회의입니다. 정치 · 경제 · 사회 등 취재부서와 영상 그리고 편집부의 부장 등 보도국 핵심 간부가 모두 참석하지요. 이 회의에서는 자사(自社)와 경쟁사의 전날 방송된 종합뉴스에 대한 평가를 한 다음, 당일 밤 9시에 방송될 종합뉴스의 아이템에 관한 보고 및 토론이 이루어집니다.

아침 회의 때는 전날 종합뉴스의 시청률에 대한 분석이 집중적으로 이루어집니다. 시청률 분석 회사인 TNS 미디어 코리아와 AGB 닐슨 미디어리서치 2개 회사가 조사한 전날 TV의 시청률이 1분 단위로 나와 있기 때문에 시청자들의 취향을 한 눈에 알 수 있지요. 특종 및 낙종 기사를 확인하는 것을 포함해 뉴스 전체에 대한 평가는 물론 리포트 기자 개개인의 평가도 이루어집니다.

정부 발표 기사 또는 사건기사 등 같은 소재의 기사를 자사 기자와 경쟁사 기자가 어떻게 다르게 리포트를 했는지, 화면 구성은 어떻게 달리 했는지 등등을 비교하면서 기자 개개인에 대한 평가가 이루어집니다. 방송기자는 시청자들로부터 하루하루 평가를 받고 있다고 할 수 있지요.

② 오후 편집회의

이어 오후 2시에 편집회의가 열립니다. 오전 회의에 참석한 멤버에 뉴스 진행을 총괄하는 편집부 뉴스 PD도 함께 참석합니다. 9시 뉴스 앵커도 참석해 그 날의 뉴스를 파악하고 의견을 제시합니다. 오후 회의는 뉴스 제작 상황을 중간 점검하는 한편, 새로 들어온 뉴스를 체크하고 석간신문을 참조하면서 9시 종합뉴스 아이템을 중간 점검하는 회의지요.

③ 저녁 편집회의

오후 5시 회의에서는 보도국장과 부국장 및 부장들이 모여 저녁 종합뉴스를 최종 조율합니다. 종합뉴스의 아이템이 이 회의에서 최종 확정되지요. 톱뉴스에 대한 결정도 5시 회의에서 이루어집니다. 이 회의가 가장 긴장되는 이유는 종합뉴스에서 탈락시킬 아이템을 선정하기 때문입니다. 9시 종합뉴스는 오후가 되면 대개 뉴스거리가 넘치기 때문에 뉴스시간에 맞추어 아이템을 조정해야 합니다. 기사 비중이 낮은 뉴스부터 먼저 탈락시키고, 시간을 다투지 않는 기획기사는 일단 당일 방송에서 보류시킵니다. 어떤 뉴스를 뺄 것인가를 놓고 부장들 간에 치열한 논쟁이 벌어집니다. 서로 자기 소관 뉴스를 집어넣기 위해 한 치도 양보하지 않으려 하기 때문입니다.

물론 비중이 큰 뉴스가 새로 들어오면 그 즉시 재조정을 합니다. 뉴스가 진행중인 상황에서도 기사 밸류가 큰 뉴스가 들어오게 되면 적절한 위치에 새로운 뉴스를 삽입하게 됩니다.

이어서 다음 날 아침 종합 뉴스에 대한 편집회의가 열리지요. 아침 뉴스 담당 팀장 주재 하에 각 부서의 차장급 기자가 참석하여 아침 뉴스의 아이템에 대해 논의합니다.

이렇듯 보도국은 그날그날 방송되는 뉴스에 대해 어떤 방향으로 제작할 것인지, 뉴스의 중요도를 어디에 두어야 할 것인지, 뉴스의 순서는 어떻게 정할 것인지 등에 대해 여러 차례의 난상토론과 산고(産苦)를 거쳐 종합뉴스의 결정판을 시청자들에게 선보이게 되는 것입니다.

2. 방송사 취재기자들의 하루

(1) 출입처로 출근

취재기자들은 담당 업무를 기관 또는 지역 단위로 맡고 있지요. 청와대, 국회, 기획재정부, 법조, 경찰 등 각자 맡고 있는 부서 또는 구역이 있습니다. 기자들은 이것을 출입처(beat)라 부릅니다. 기자들은 통상 담당 출입처로 출근하고 기사는 컴퓨터로 작성하여 송고합니다. 일반적으로 신문기자들은 신문사에 일주일에 한두 번 정도 회의를 하기 위해 들르고 대부분의 경우 출입처에서 바로 퇴근하지요.

방송기자들은 출입처에서 일단 회사로 들어왔다가 퇴근하는 것이 일상화되어 있습니다. 방송기자들은 종합뉴스에 리포트가 잡혀 있는 날은 카메라기자와 동행하여 취재하기 때문에 취재 후 방송사에 들어와 기사작성을 하고 녹음을 한 다음 편집 담당자와 같이 화면 편집을 하여 리포트를 만들게 됩니다.

1개 출입처에는 각 언론사마다 기자가 1명씩 출입하는데, 국회나 검찰청 등 기사가 많이 나오는 출입처는 1개 언론사에서 여러 명이 나가기도 합니다. 국회는 1개 언론사에서 10명이 나가기도 합니다. 국회는 취재 및 카메라 기자, 보조요원 등 1,300여 명이 출입하는 가장 큰 출입처입니다. 법원과 검찰에 기자를 파견한 언론사는 33개이고 출입기자는 170여 명 정도입니다.

출입처에는 기자실과 브리핑 룸이 있습니다. 기자실은 보통 1개가 있는데 출입처마다 사정이 다르지요. 청와대에는 기자실이 3개 있습니다. 방송 · 신문 · 통신 등의 중앙언론사 기자들이 상주하는 방이 하나 있고 지방지 기자, 카메라 기자

방이 따로 있지요. 청와대의 등록기자는 내외신 합해 300여 명입니다. 등록기자 가운데 취재기자 풀(pool)단에 들어갈 수 있는 기자는 60명이고 이들이 대통령 해외방문시 전용기에 동승하게 됩니다.

경제부처나 대기업에도 많은 기자가 출입합니다. 전경련은 등록한 기자가 60명이 넘습니다. 업계에서는 전자업계를 담당하는 기자가 가장 많은데, 삼성전자의 경우 45개 매체에서 200여 명이 출입기자로 등록돼 있습니다. 삼성전자는 등록된 기자 외에도 보도자료와 메일 등으로 정기적으로 정보를 요구하는 기자가 300여 명이 된다고 합니다.

미국의 경우를 보면 백악관 대변인실에 상주하는 기자는 20여 명이고 기자, PD, 기술직 등 등록된 언론관계자가 1천7백여 명이라고 합니다. 백악관은 전 세계의 이목이 집중돼 있는 만큼 출입기자들도 엄청나게 많지요. 백악관 대변인은 하루에 두 차례 정기적으로 브리핑을 합니다. 오전에는 카메라가 없는 상태에서 격식을 갖추지 않고 브리핑을 하며 오후에는 C-SPAN[11])이 생방송으로 중계를 하는 가운데 브리핑이 이루어집니다.

(2) 기자초년병 이야기

① 사회의 밑바닥을 경험하여 웬만큼 험한 상황도 대응할 능력을 기른다

수습기자가 사건 사고를 취재하다보면 취재의 기초를 배우

---

11) Cable Satellite Public Affairs Network 1979년 미국의 케이블TV 사업자들이 공동출자해 설립한 미국의 연방의회 중계방송국. 의회중계뿐만 아니라 독자적으로 정치토론회, 좌담회 등 정기 프로그램도 방송한다.

고 기사작성법을 수련할 수 있게 됩니다.

초년병 기자는 살인, 강도, 절도, 폭행, 인질 등 강력사건과 지진, 화재, 교통사고, 폭발사고, 건물붕괴 등 각종 사건사고를 현장에서 직접 부딪칩니다. 그러다보면 사회의 밑바닥을 경험하게 되고 웬만한 험한 상황에 맞닥뜨려도 대응할 수 있는 능력을 기르게 되지요.

사건기자는 주로 경찰서를 거점으로 활동하게 됩니다. 경찰서에서 사건을 인지하게 되면 우선 간단한 개요를 파악한 다음 신속하게 현장으로 달려갑니다. 사건에 익숙해지면 민첩하게 상황을 판단하고 형사들과 함께 현장으로 바로 달려갈 수 있게 됩니다. 초년병 기자에게 가장 어려운 것은 기사에 대한 판단입니다. 처음에는 자기가 맞닥뜨린 사건이 기사거리가 되는지 기사의 비중이 어느 정도 되는지에 대해서 판단하기가 쉽지 않지요.

별로 기사거리가 되지도 않는 사건을 큰 기사거리가 되는 줄 알고 흥분하거나, 반대로 큰 기사거리를 무심코 지나쳐서 낙종하는 일도 흔히 있습니다.

한때 청와대 대변인을 했던 김은혜 씨가 MBC에서 사건기자를 할 때의 경험담을 들어볼까요?

> ...기자는 근성이 있어야 해요. 선경인더스트리, 지금의 SK에서 불이 났어요. 수원에서 불이 났는데 모든 기자들을 들어가지 못하게 했어요. 왜? 공장 한가운데서 불이 났는데 어느 기업주가, 어느 기업 관계자가, 어느 회사원들이 자기 회사 불난 것을 찍게 하겠어요. 들판에 있는 굉장히 큰 곳이었는데 울타리로 다 막았어요. 그런데 저랑 카메라 기자는 찍어야 되니까, 방송기사는 그림이 없으면 나가지 못해요. 신문기자들은 들은 것을 가지고 써도 되고

대략 자기가 본 것을 써도 되지만 방송은 철저히 사람들에게 이 현상이 어떻게 나타나는지를 그림으로 보여줘야 해요. 카메라기자가 없이 방송기자는 살아남을 수가 없어요. 그래서 우리는 돌아다니다가 담장 두 개를 타고 울타리를 넘었어요. 가정집 두 개를 타면 그 울타리를 넘어갈 수 있었는데, 그 때가 새벽 0시였어요..........(중략)...............모든 회사원들이 우르르 저희한테 달려와서 저희를 때리기 직전이었어요. 우리 카메라기자가 키가 컸거든요. 180이었는데 저를 앞으로 내세우면서 "때려봐, 때려봐"하는 거예요. 그런데 정말 맞았어요. 저는 안 때릴 줄 알았는데 진짜 많이 맞았어요. 어깨도 맞았고 그 다음부터는 저도 때렸는데, 몸을 맞는 건 괜찮아요. 하지만 카메라가 손상되는 것을 우리는 보지 못해요......(중략)...........그 사람들도 때린 게 미안하고 우리도 맞서서 때린 게 미안해서 감정의 카타르시스가 생겨서 서로 얘기를 하게 됐어요. 그래서 선경이 며칠 전에도 똑같은 화재가 있었다는 것을 알게 됐어요.

② 기자는 삼투압에 의해 배운다(They learn it by 'osmosis')

언론사 조직은 전통적으로 보수적입니다.

선후배 및 상하 관계가 엄격하고 내부 의사결정구조는 권위적인 편입니다. 노조의 영향력이 커진 진보매체 등에서는 풍토가 옛날과 많이 달라지긴 했지요.

기자들이 취재와 기사작성 등에 대해서 별도의 정규 교육과정을 거쳐 배우는 예는 흔치 않습니다. 수습기자들을 한국언론진흥재단 등에 위탁 교육하는 언론사들이 있기는 합니다.

기자들은 대개 선배들로부터 도제식으로 배우고 특별히 누가 가르쳐주지 않아도 눈치껏 알아서 배웁니다. 선배나 동료가 쓴 좋은 기사를 가지고 술자리에서 토론하면서 배우기도 하지요. 데스크로부터 기사 수정을 받으면서, 또 출입처에 나가 타 언론사 기자들과 경쟁하면서 스스로 배워나간다고 보면 됩니다.

기자가 언론사에서 적응해 나가는 과정은 매우 산만하고 지극히 비공식적인 것이지요.

③ '잠 좀 실컷 자는 것' 이 소원인 초년병 기자

초년병 기자 시절에는 퇴근 시간이 일정하지 않은 것은 물론이고, 야근을 자주 하게 되고 휴일에도 근무해야 할 정도로 바쁘고 고되기 짝이 없습니다. 그래서 사건기자 때는 가장 원하는 것이 무엇이냐고 물으면 '잠 좀 실컷 자는 것'이라고 대답하는 기자들이 많지요.

검찰 출입기자들은 평소에도 검사들이 은밀하게 수사하고 있는 것들을 취재하기 위해 촉각을 곤두세우고 다녀야 합니다. 대형수사 사건이 터졌을 때 즉, 거물정치인, 고위공무원 등의 부정, 뇌물비리 사건이라든지 재벌기업 총수들의 탈세 사건 등이 터졌을 때는 검찰청사에서 대기하면서 취재 및 방송을 해야 하기 때문에 몇 날 며칠씩 철야 근무하는 것은 예사입니다.

또한 검찰이 브리핑하는 것만 듣고 기사를 쓰면 그다지 쓸 만한 기사가 나올 수 없고, 타 언론사 기사와 차별화되지 않기 때문에 별도로 취재를 해야 합니다. 그래서 자기가 나름대로 확보해둔 취재원으로부터 정보를 얻기 위해 동분서주해야 합니다. 대형사건 취재는 몸도 힘들 뿐더러 정신적으로 스트레스를 많이 받는 일이라 할 수 있습니다.

기자들이 많이 쓰는 용어

전문가 집단에는 오랫동안 자기들만이 써 내려온 전문 용어가 있습니다. 이 용어에는 그들만의 문화가 녹아 있습니다. 이 용어를 알게 되면 그들의 업무를 이해하는데 도움이 되지요.

기자 사회도 마찬가지입니다. 수많은 동료 선후배들 간에 치열한 경쟁을 벌이고 있는 기자들의 세계에는 그 직업 성격에 걸맞은 그들만의 전문용어가 있습니다.

이 중 대부분은 일본 용어입니다. 최근에는 미국식 용어도 늘어나고 있는 추세이지요. 이 용어들은 언어 순화차원에서 우리말로 고쳐야 할 것들이지만 아직도 일반적으로 쓰이고 있기 때문에 간단하게 소개해 봅니다.

▲ 도꾸다이 : 특종보도
▲ 야마 : 기사의 핵심
▲ 물 먹었다 : 기사를 낙종하는 것
▲ 반까이 : 기사를 낙종한 후 만회하는 것
▲ 사쓰마와리 : 경찰서 출입기자
▲ 하리꼬미 : 일명 뻗치기. 한군데서 계속 잠행취재 하는 것
▲ 나와바리 : 담당 영역. 기자의 출입처
▲ 캡 : 캡틴(captain)을 줄인 말. 경찰서 출입기자들의 우두머리, 서울 경찰청 출입기자
▲ 풀(pool) : 취재한 것들을 공유하는 것
▲ 킬(kill) : 뉴스가치가 없어서 버리는 것
▲ 데스크 : 부장 또는 차장으로 기사를 검토하고 첨삭하는 중견기자
▲ 꼭지(item) : 뉴스 개수. 1꼭지라는 말은 뉴스 1개를 뜻함
▲ 1단 기사 : 뉴스가치가 낮아 1~2개 문장으로 처리되는 간단한 기사

(3) 기자들이 가장 고생하는 부서는 어디일까?

기자들이 가장 힘들게 고생하는 부서는 사회부입니다. 처음 입사한 기자는 대부분 사회부에 소속되어 경찰서를 맡게 됩니다. 경찰서는 각종 사건 사고가 접수되고 처리되는 곳이기 때문에 경찰서 출입기자는 시도 때도 없이 발생하는 사건 사고를 취재하게 됩니다. 그래서 방송사 보도국에서는 사회부 업무를 3D업종이라 하여, 사회부는 기자들이 근무하기를 가장 꺼리는 부서가 돼 버렸습니다.

언론사마다 다소 차이는 있지만 사회부는 크게 2개 팀으로 나뉘어 있지요. 속칭 상원이라고 칭하는 행정팀과 하원이라고 하는 사건팀으로 나뉘어 운영됩니다. 행정팀은 국방부, 교육과학기술부, 보건복지부, 행정안전부, 환경부, 고용노동부, 여성가족부 등 행정 부처 위주로 담당 출입처를 정하여 취재합니다. 사건팀은 사건 사고를 담당하는 경찰 출입기자와 검찰청과 법원 등을 맡고 있는 법조 출입기자가 주류를 이루고 있지요.

경찰 출입기자는 교통사고부터 화재, 건물붕괴, 폭발사고, 살인, 강도, 인질, 성폭행 등 강력사건 그리고 태풍, 홍수, 폭설, 지진 등 자연재해에 이르기까지 크고 작은 사건 사고를 맡고 있기 때문에 한시도 마음을 놓을 수가 없습니다. 언제 어디서 어떤 사고가 터질지 모르기 때문에 퇴근 후 귀가해서도 긴장을 늦추지 말고 대기해야 하지요. 야근은 물론 휴일 근무도 밥 먹듯이 해야 하고, 대형사건이 터지면 현장에서 날밤을 새우는 일도 허다합니다.

최근 들어서는 법조 출입기자들의 업무가 고된 것으로 알려졌습니다. 법조는 대검찰청 중앙수사부, 서울지검 특수부 등에서 수사하는 대형 사건이 많기 때문에 수시로 철야 근무를 하는 등 업무 강도가 센 것은 물론이고, 취재 경쟁이 치열하여 심적 부담이 큰 출입처로 알려지고 있습니다.

대개 방송사 입사 후 6개월은 수습기자라고 해서 출입처를 배정받지 않고 경찰서를 담당하는 선배기자를 따라 2진으로서 기자 훈련을 받게 되는데, 이때가 심적으로나 육체적으로나 가장 고된 시절이지요.

수습 기간이 끝나고 출입처를 배정받아 독자적으로 일을 하게 되면 다른 언론사 기자들과 본격적으로 치열한 경쟁을 벌이게 됩니다.

(4) 특종기자와 낙종기자는 천국과 지옥의 차이

기사 경쟁에서 동료 기자들을 이기는 것 즉, 특종기사를 쓰는 것은 기자에게는 대단한 직업적 자부심을 갖게 하는 일입니다. 특종(特種)과 낙종(落種)은 종이 한 장 차이입니다. 시간적으로는 단 몇 분 차이로 특종과 낙종이 갈릴 수도 있습니다. 그러나 결과적으로 특종 기자와 낙종 기자는 천국과 지옥의 차이라 할 수 있지요.

좋은 예를 한 가지 들어보겠습니다. 1963년 11월 22일 케네디 미국 대통령이 댈러스에서 저격을 당했습니다. 이 때 백악관 출입 기자들은 대통령을 수행 취재하고 있었습니다. 총소리가 나자 UPI(United Press International)의 메리만 스미티 기자가 이동전화기를 먼저 집어 들었습니다. 그 당시는 이동전화기를 가장 먼저 확보하는 것이 바로 특종과 연결되는 상황이었습니다. 지금으로서는 상상하기 힘들지만 그 때만 해도 이동전화기 자체가 아주 희귀한 것으로서 기자단이 탄 자동차 안에 단 한 대밖에 없었던 것입니다.

이동전화기를 먼저 집어든 스미티 기자는 '세 발의 총탄이 댈러스 시내에서 리무진 차를 타고 행렬 중이던 케네디 대통령을 향해 발사되었다'고 UPI 댈러스 지부에 있던 동료에게 기사를 송고했습니다. 댈러스 딜리 광장에서의 총성이 멎었을 때 미국 대통령 저격에 관한 급보는 전 세계의 언론기관에 타전되고 있었습니다. 세계적인 특종기사였지요. 이때 같은 차에 타고 있던 AP(Associated Press)의 잭 벨 기자는 스미티 기자가 먼저 전화기를 쓰는 바람에 특종을 놓치게 되었지요. 그는 화가 치밀어 스미티를 향해 주먹을 한 방 날렸습니다. UPI는 총성이 들리고 나서 정확하게 9분 뒤 전 세계에 다음과 같은 뉴스를 전할 수 있었습니다.

"케네디 대통령은 저격범에 의해서 치명적인 총상을 입고 쓰러졌습니다."

이 사건은 론 코헨과 그레그 고든의 공저 '마감 시간에 쫓기는 기자들 (Down to the Wire)'이라는 책에 상세하게 서술되어 있습니다.

당시에는 지금처럼 통신시설이 발달되어 있지 않았기 때문에 전화기를 확보하는 것은 전쟁과도 같았다고 합니다. 눈앞에서 벌어진 사건을 동시에 목격하고도 특종과 낙종이 확연하게 갈리는 순간을 보게 되는 것이지요.

3. 방송 저널리스트의 자질

(1) 무엇보다도 기사를 잘 써야 한다

① 취재도 잘하고 기사도 잘 쓰면 금상첨화

방송기자는 첫째, 무엇보다도 기사를 잘 써야겠지요. 기자는 자신이 쓴 기사로 자질을 평가받습니다. NBC 뉴스앵커로써 50년 이상 방송현장에서 뛰어온 데이비드 브링클리(David Brinkley)는 다음과 같이 말합니다.

> "방송뉴스에서 성공하고 싶은 사람은 당연히 자기 글을 써야 한다. 그렇지 않으면 자기만의 스타일을 가질 수도, 개성을 뽐낼 수도 없다."

그만큼 기자로써 자질을 인정받으려면 글을 잘 써야 한다는 것입니다. 기자가 하는 리포팅도 결국은 원고에 기사를 써서 읽는 것이기 때문입니다.

둘째, 기자는 호기심이 많아야 합니다. 세상일에 관심을 가지고 이것저것 궁금한 것이 많아야 하고 궁금한 것을 질문을 통해 알아내려는 노력을 해야 합니다. TV 뉴스와 신문기사를 높은 관심을 가지고 들여다보아야 하지요.

셋째, 집요해야 합니다. 궁금한 것이 있으면 끝까지 물고 늘어져 끝장을 보려는 정신자세가 필요하다는 뜻입니다.

넷째, 아무리 복잡한 사건이라도 빨리 핵심을 파악할 줄 알아야 합니다. 또한 핵심을 파악한 다음에는 그 사건을 명확하고 간결하게 표현하는 능력이 있어야 되겠지요.

다섯째, 저널리스트적인 습관을 길러야 합니다. 매사에 신속하게 행동하고 능률적으로 일해야 하지요. 경천동지(驚天動

地)할 사건이 터져도 침착하게 대응할 줄 알아야 합니다. 또한 뉴스의 원천은 사람이기 때문에 저널리스트는 사람들을 좋아해야 합니다. 다른 사람의 말을 경청하는 것도 언론인이 갖춰야할 중요한 자질이지요. 경청할 줄 아는 기자가 작성한 인터뷰 기사는 뉴스의 격조가 한 차원 높습니다.

방송기자는 흥미롭고 도전적인 직업이지만 투철한 사명감을 필요로 합니다. 매일매일 새로운 사건을 접하면서 올바른 판단을 내려야 하고, 수많은 이해집단들의 압력 속에서 진실을 밝혀내 시청자에게 전달해야 하는 힘든 직업입니다. 긍지와 사명감이 없이는 수행하기가 어려운 일이지요.

② 기사를 잘 쓰기 위한 훈련 9가지

기자가 되려면 먼저 기사를 잘 쓸 수 있는 훈련이 필요하겠지요.

기사를 잘 쓰려면 첫째, TV뉴스와 신문기사를 열심히 보고 읽어야 합니다. 잘 쓴 기사의 문장을 외우면 더 좋습니다. 그리고 평소에 고전, 문학작품, 사회과학 관련 책 등을 폭넓게 읽어야 합니다. 폭넓은 독서는 자신도 모르는 사이에 글에 대한 감각을 키워주지요.

둘째, 좋은 기사는 충분한 취재에서 나옵니다. 취재원을 부지런히 만나서 대화를 나누되 주로 듣는 입장을 취하는 것이 좋습니다. 취재를 해서 사실(fact)을 많이 확보하면 기사는 저절로 써지게 됩니다. 사실을 확실하고 분명하게 확인하면 힘 있는 글을 쓸 수 있습니다.

셋째, 글의 표현 방법을 연마해야 합니다. 문장을 짧고 쉽게 쓰는 연습을 반복하는 것이지요. 잘못된 표현을 철저히 배제할 수 있도록 기초를 다져야 합니다.

넷째, 매체의 특성을 고려하여 거기에 맞는 글쓰기를 해야 합니다. TV는 영상, 효과음 등을 염두에 두면서 기사를 작성하는 연습을 해야 하지요.

다섯째, 기자의 사고방식으로 사는 훈련을 하는 게 필요합니다. 매사에 호기심을 가지고 사건을 분석해 보는 습관을 기르는 것이 좋습니다. 사회적으로 중요한 사건에 대해 나름대로 분석 · 평가하고 자신이 분석한 것과 명망 있는 기자들이 분석한 것을 비교 평가해 보는 것도 기사쓰기에 많은 도움이 될 것입니다.

여섯째, 명석한 판단력을 갖추고 건전한 윤리의식이 있어야 합니다. 아울러 프로다운 기질을 소유하고 있어야 하지요.

일곱째, 전문성을 구비하고 일에 대한 열정과 긍정적인 사고방식 그리고 팀워크를 이루는 협동심을 갖추어야 하며 시간을 잘 지키고 예절바르게 행동해야 합니다.

여덟째, 건강해야 합니다. 기자는 상대하기 어려운 수많은 사람을 만나는 직업입니다. 또한 예정에 없이 갑자기 먼 해외 출장을 가기도 하고 위험지역에 파견되어 정신없이 뛰어다니기도 합니다. 건강이 뒷받침되지 않으면 이와 같은 거칠고 궂은 일을 감당해 내기가 어렵겠지요.

마지막으로 방송기자는 뉴스 제작 시스템을 숙지하고 카메라 등 TV 뉴스에 필요한 장비에 대해서도 정통해야 합니다.

(2) 전문기자는 어떤 사람이 하나?

① 과학, 의학, 기상 분야에 필요

언론사에서 가장 고심하는 문제 중의 하나가 '기자의 전문화'입니다. 사회의 각 분야가 전문화되다 보니 방송도 전문성 있는 기자가 보도하는 기사만이 시청자들에게 어필(appeal)하기 때문에 그 방면에 정통한 기자가 절실히 필요한 것이지요.

정치, 경제, 사회부 등 모든 부서에 전문기자가 필요하겠지만 그 중에서도 상대적으로 전문성이 더욱 요구되는 분야가 있습니다. 과학, 의학, 기상 분야가 그렇습니다. 요즘에는 문화, 환경, 금융 부문 등에도 전문기자가 활약하고 있습니다. 전문기자 제도는 중앙일보가 1994년에 도입했습니다. 처음에는 박사 출신의 외부 전문가들을 영입했지요. 이들에게 기자훈련을 시킨 다음 전문 분야의 취재 보도를 맡겼는데 초기에는 그 성과가 두드러지게 나타나지 않았지요. 시간이 지나면서 전문기자제를 보완하여 지금은 어느 정도 기틀을 잡아나가고 있습니다.

② 외부 전문가 또는 한 분야에서 오랜 경험을 쌓은 기자

전문기자는 두 종류가 있습니다. 하나는 외부 전문가를 특채하는 경우이고, 다른 하나는 언론사에 수습기자로 입사한 사람을 훈련시켜 특정 업무를 고정적으로 담당하게 하는 것이지요. 언론사에서 시행해온 결과를 두고 보면 전자는 실패했고 후자가 그런대로 정착된 상태입니다.

외부 전문가를 데려다가 기자 훈련을 시켜서 전문기자로 활용하는 것보다 처음부터 기자훈련을 받은 사람을 특정 분야에서 경험을 쌓도록 하여 전문기자로 양성하는 것이 효과적이었다는 것이지요. 아무래도 취재와 기사작성 능력 특히 기사에 대한 감각 등을 기본적으로 갖추고 기자 생활을 시작하는 것이 적응력이 있다는 뜻일 것입니다. 저널리스트로서의 자질을 갖추는 게 중요하다는 뜻이겠지요. 기자라는 직업 자체가 오랜 취재 경험에서 축적된 경륜이 필요한 직업이기 때문이라

고 볼 수도 있겠지요.

지금은 방송사와 신문사마다 각자 자기 분야에서 10년 이상 경력을 쌓은 우수한 전문기자들이 많습니다.

일반기자들은 대개 1개 출입처를 1~2년 정도 출입하고 바꾸는 일이 많아서 한 분야에 전문성을 쌓기가 쉽지 않은 편입니다. 이런 경우 어느 한 분야를 깊이 있게 알지는 못하지만 여러 분야를 두루 섭렵하기 때문에 폭넓은 경험을 바탕으로 부서의 데스크를 맡는 데는 유리한 측면이 있습니다.

반면에 전문기자는 한 우물만 파기 때문에 자신의 전문영역을 구축하는 장점이 있긴 하지만 부서를 총괄하는 관리자로서의 데스크 역할을 하기에는 부족한 점이 있을 것입니다. 따라서 언론사에서 조직을 운영하는 측면에서는 장차 관리자로서의 기자와 한 분야에만 집중하는 전문기자를 구분하여 경력관리를 시킬 필요가 있겠지요.

(3) 방송기자와 신문기자의 차이는?

① 방송기자는 신문기자보다 업무량이 훨씬 많다

방송기자는 신문기자 보다 업무량이 2~3배 정도 많습니다. 신문기자는 취재를 해서 기사를 작성해 자기가 소속한 부서의 데스크에게 송고하면 일이 끝나게 됩니다.

그러나 방송기자는 기사 송고를 한 다음 별도로 리포트를 제작해야 합니다.

카메라 기자와 동행하여 현장 촬영과 인터뷰를 하고 스탠드 업 컷을 녹화해야 합니다. 뉴스 제작에 관한 제반 사항 즉, 화면 촬영에서부터 인터뷰 등에 이르기까지 모든 섭외 및 진행 사항은 취재기자가 챙겨야 할 몫입니다. 촬영 후 방송사에 돌아와 편집을 할 때도 취재기자가 편집자와 함께 마무리 작업을 해야 합니다. 뉴스 제작물의 최종 완성까지 제작의 모든 과정에 취재 기자가 관여하는 것이지요. 이밖에도 방송기자는 TV뿐만 아니라 라디오 방송에도 출연하여 뉴스의 해설 및 배경 설명을 하기도 합니다.

② 방송기자는 신문기자만큼 취재할 시간이 많지 않다

그러다 보니 방송기자는 신문기자보다도 취재에 많은 시간을 할애할 수 없게 됩니다. 방송기자가 심층 취재에 취약할 수밖에 없는 구조인 것이지요. 그래서 방송사에서는 심층 취재를 담당하는 별도의 팀을 운영합니다. 그렇지만 심층 취재팀이 출입처마다 배치되어 취재를 하는 것이 아니기 때문에 정부 정책에 대한 배경을 충분히 설명하거나 문제점을 분석하는 기능은 취약할 수밖에 없습니다.

방송보도가 신문에 비해 피상적이고 깊이가 없는 것은 시간적 · 공간적 제약뿐만 아니라 방송기자의 전문성이 부족한 데도 원인이 있습니다. 방송뉴스의 전문성을 기하려면 기자 확충 등의 인력구조 문제 그리고 제작 시스템 문제 등을 근본적으로 해결하여야 합니다.

③ 신문기자도 동영상 촬영 등 업무량이 늘어나는 추세

신문기자도 지금은 예전과는 근무 여건이 많이 달라지고 있습니다.

종전에는 사건을 취재한 다음 기사를 작성하여 송고하는 것으로 일이 다 끝났지만 지금은 휴대용 카메라로 동영상을 촬영하는 일 등 부가적인 일이 많아졌지요. 블로그에 기사 뒷

얘기 등 배경 설명을 하는 기사를 올려야 하는 부담도 있습니다. 기자의 업무량이 갈수록 늘어나고 있다 할 수 있지요.

이렇게 늘어나는 업무량에 비해 신문기자들의 인력 충원은 미흡한 실정입니다. 선진국의 신문기사가 우리나라 신문기사보다 더 심층적이고 다양하다고 사람들은 말합니다. 하지만 업무 여건이 다르기 때문에 동등하게 비교할 수는 없습니다. 미국이나 일본 등에서는 우리나라 보다 몇 배나 많은 인원이 동원되어 취재를 하기 때문에 아무래도 우리보다 기사 내용이 폭넓고 깊이가 있을 수밖에 없습니다. 이런 현실적인 문제로 인해 결국 뉴스의 품질에서 차이가 난다고 할 수 있을 것입니다.

(4) 기자는 권력의 파수견이 되어야 한다

① 권력의 일원이 된 기자

기자는 권력을 감시하고 견제하는 역할을 해야 합니다. 즉 파수견(Watch Dog)이 되어야 한다고 언론 교과서에는 씌어 있지요. 물론 대부분의 기자는 언론인으로서 사명을 다하기 위하여 열심히 뉴스의 현장을 뛰어다니고 있습니다.

그러나 현실을 살펴보면 종종 권력을 감시하라고 출입처에 내보낸 기자가 권력과 밀착되어 있는 경우를 볼 수 있습니다. 권력의 일원이 되어있다는 뜻이지요. 심하게 표현한다면 권력의 앞잡이 노릇을 한다고 해야 할까요? 흔히 권력의 주구(走狗) 또는 애완견이라는 표현을 하는데 언론의 정도(正道)에서 벗어난 행위를 하는 기자를 지칭하는 말입니다.

예를 들어 경찰서를 출입하는 기자를 살펴볼까요?

기자가 모름지기 기자답게 행동하려면 감시자의 입장에 서서 사건을 통찰할 줄 알아야 합니다. 수사발표에 무리는 없는

지, 경찰 조사 과정에서 억울한 일을 당한 사람은 없는지, 경찰관이 시민의 인권을 유린하지는 않는지, 관내 업소로부터 정기적으로 상납을 받고 있지는 않는지 등을 다각도로 살펴보아야 합니다.

그런데 별 의식이 없는 기자들은 경찰이 수사한 조서(調書)를 그대로 베껴 기사를 쓰거나 경찰의 수사발표를 아무런 의심 없이 그대로 보도하는 것으로 할 일을 다 했다고 생각합니다.

경찰의 홍보맨 역할을 하고 있다고 할까요? 이것은 그야말로 경찰과 유착된 데서 나오는 행위입니다. 경찰과 한 통속이 되어 있다고 표현해도 틀린 말은 아닐 것입니다.

공무원들은 자신의 업무 실적에 관한 것이 언론에 보도되면 고과(考課)점수가 올라가 승진과 보직 등의 인사에서 혜택을 받게 됩니다.

경찰관들 역시 마찬가지입니다. 범인 검거 기사가 매스컴에 보도되면 고과점수가 올라가 승진 · 보직 등의 인사에서 유리한 고지를 차지하게 됩니다. 그렇기 때문에 평소에 기자들을 잘 사귀어 자신의 출세를 위해 도움을 받고자 하는 기대심리가 작용할 수 있지요. 기자는 편하게 기사 쓰고 경찰들로부터 호의적인 대접을 받으니 누이 좋고 매부 좋은 격이라고 할까요?

그러나 이런 유착 상태라면 기자는 당연히 경찰의 인권유린이나 잘못된 수사, 부정부패 등에 대해 지적하지도 않고 기사화할 확률도 낮다고 볼 수 있을 것입니다. 취재원과는 항상 긴장상태를 유지해야 합니다.

② 가까기 해서도 멀리 해서도 안 되는 취재원

불가근불가원(不可近不可遠)이라는 말이 있습니다. 가까이

해서도 멀리 해서도 안 된다는 뜻입니다. 적당한 간격을 두라는 말이지요. 흔히 기자와 취재원의 관계를 말할 때 이런 표현을 합니다.

정치부 기자의 예를 살펴볼까요?

어떤 기자들은 흔히 고위 정치인들과 친한 것을 자랑하는 경향이 있습니다. 고위층과 절친하므로 그만큼 고급 정보를 얻을 수 있고 따라서 특종 기사도 쓸 수 있는 가능성이 높다면서 큰소리를 칩니다. 그러나 이런 기자들은 독일 시사주간지 슈피겔의 창간인 루돌프 아우크슈타인의 다음과 같은 말을 경청해야 할 것입니다.

> "기자에게 최악의 적은 정치인과 호형호제하면서 허물없이 지내는 것이다. 기자는 정치인과 영원한 우정을 나눌 수 없다. 정치가는 자신의 영달을 위해 권력을 추구하는 사람이다."

기자는 어디까지나 기자이고 정치가는 정치가인 것이지요. 기자는 취재원과 어느 정도 거리를 두는 게 원칙입니다. 그래야만 취재원과 유착하지 않고 비판의식도 무디어지지 않게 되는 것이지요.

③ 기자는 뉴스제조기인가?

마크 피시먼(Mark Fishman)은 "기자들은 뉴스를 제조한다(manufacturing the news)"고 말했습니다.

일선 취재기자는 공장의 노동자가 제품을 생산하듯이 매일매일 마감시간에 맞추어 기사를 만들어내야 합니다. 그래서 뉴스 근로자(news worker)라고도 합니다.

또 피시먼은 "기자는 마감시간에 맞추어 뉴스를 만들어

내야 하는 무자비한 의무에 짓눌려 있다"고 말했습니다. 공정보도, 취재윤리 같은 것은 생각조차 할 겨를이 없는 것이지요.

스트레스를 가장 많이 받는 직업군에 저널리스트가 단골손님인 이유가 여기에 있는 것입니다.

그러다보니 '출입처'가 기자들에게는 업무상 매우 효율적으로 대처할 수 있는 시스템이 됐습니다. 출입처는 매일매일 뉴스를 만들어 내야 할 기자들 입장에서 신뢰할 만한 분량의 원료를 만들어내는 정보의 샘(fountains of information)인 것이지요.

생산품(뉴스)을 만들어 내기 위해 믿을 수 있고 예측 가능하며 예정된 방법으로 원료를 가공하도록 돼 있는 생산 체제(관료적 조직)로 출입처만한 곳이 없습니다.

그런데 기자들이 출입처에 의존하다 보니 출입처에 끌려다닐 수밖에 없게 됩니다. 출입처의 대변인이 발표하는 자료를 그대로 베낄 수밖에 없게 되었지요. 대변인은 정보를 흘려주면서 힘이 막강해졌고 기자들은 왜소해진 것입니다.

출입처의 홍보전문가가 언론보도를 자신들에게 유리하게 조작하게 되었고 뉴스 의제(news agenda)를 설정하게 됐습니다. 기자들에게 수시로 보도 자료를 제공하는 정부 및 기관들은 뉴스원으로서 언론에 대해 우위를 점하게 되었습니다.

④ 발표 저널리즘

기자가 독자적으로 취재하지 않고 취재원이 발표하는 것을 그대로 받아서 보도하는 것을 비판적인 관점에서 발표 저널리즘이라고 합니다.

정부나 기업, 단체 등에서는 기자실을 통해 홍보할 내용을 발표합니다. 대개는 보도 자료를 작성하여 배포하고 중요한 것은 해당 부서의 관계자가 직접 발표합니다.

그런데 정부가 발표하는 정책, 기업이 발표하는 기술 및 신제품 개발 뉴스, 각종 이익 단체의 성명서 등을 보면 '국가의 경제 발전을 위하여' '업계 최초로' '민주화를 위해' 등의 미사여구로 포장되어 있습니다.

용어도 추상적이고 모호한 표현을 사용하여 국민들을 호도하는 경우가 많지요. 예를 들면 물가당국이 요금 인상을 발표할 때 으레 '원자재 가격 상승' '서비스 개선' 등의 상투적인 이유를 내세웁니다. '요금인상'이라는 표현도 쓰지 않고 '요금 현실화'라는 애매모호한 표현을 쓰지요. 정책을 발표할 때 원가 상승 요인을 설명하면서 통계수치를 발표하는데, 당국이 내놓는 통계는 기자들이 검증하기가 어려울 뿐더러 검증할 수도 없는 형편입니다.

기자는 궁금한 사항을 현장에서 질문하거나 별도로 보충취재하여 기사를 보완할 수 있으나 근본적으로 뉴스거리를 제공하는 정보원이 일방적으로 제공하는 정보의 범위를 벗어나기가 그리 쉽지는 않습니다.

정보를 제공하는 측에서는 자기들 입장에서 알리고 싶은 것만 발표하고 문제가 있는 것은 은폐하는 일을 다반사로 행하고 있습니다. 홍보실 사람들은 흔히 PR(Public Relations)이란 '피할 것은 피하고 알릴 것만 알리는 것'이라고 말합니다. "그들은 진실을 숨기는 대가로 봉급을 받는다"는 BBC 기자 스튜어트 스테픈의 말이 실감나는 대목입니다.

⑤ 선진국 언론도 발표기사가 대부분

발표기사를 많이 쓰는 것은 우리나라뿐만 아니라 미국, 유럽, 일본 등 선진국 언론도 마찬가지입니다. 일본 NHK의 경우 90% 이상, 영국의 BBC는 80% 이상, 미국의 CBS 등 유력 방송도 발표 기사가 전체 기사의 80%에 육박하고 있습니다. 미국의 양대 신문인 뉴욕타임스와 워싱턴포스트 역시 전체 기사의 4분의 3을 정부의 보도자료와 기자회견 등 공식정보에 의존하고 있습니다.

정부, 국회, 기업 등에서 이루어지고 있는 일이 국민들에게 크게 영향을 미치고 있기 때문에 여기서 발표되는 내용이 중요하지 않을 수 없습니다. 이들 기관에서 발표하는 보도자료가 뉴스의 대부분을 차지할 수밖에 없는 게 현실인 것이지요.

미디어가 관청, 경제단체, 유력한 기관 등에 사회적인 의제설정 기능을 일임하고 있는 셈이지요. PD들이 기자들을 비판하는 것도 이런 이유 때문입니다. PD들은 기자들이 출입처의 기자단에 소속되어 공보실(홍보실)에서 발표하는 자료를 그대로 베껴 쓰고 있다고 비판합니다.

(5) 저널리즘의 외길을 걷는 기자들

① 미국에는 백발이 성성한 노장(老將) 기자들이 많다는데…

● 백악관의 터줏대감, 92세의 할머니기자 헬렌 토머스

우리 언론계가 미국의 언론계를 부러운 눈으로 보는 것 중의 하나가 미국에는 노련한 기자가 많다는 점입니다. 백발이 성성한 70~80대의 노(老)기자가 마이크를 잡고 리포트를 하는 모습, 기자 회견장에서 정부 대변인이 쩔쩔 매며 땀을 흘릴 만큼 날카로운 질문을 쏟아 내고 대통령에게까지 따끔한 질문을 해 당황하게 만드는 모습 등을 보면서 미국 언론의 수준 높음에 감탄과 부러움을 금할 수 없게 됩니다.

대표적인 사례로 올해(2012년) 92세인 전설적인 언론인

헬렌 토머스 기자를 들 수 있습니다. 우리나라에서도 번역 출판된 「백악관의 맨 앞줄에서」라는 책에 소개된 토머스는 케네디 대통령으로부터 오바마 대통령에 이르기까지 10명의 대통령을 취재한 원로 기자입니다.

UPI 기자로 출발한 토머스는 오랫동안 백악관을 출입해, 브리핑룸 맨 앞줄 한가운데에 동판으로 자신의 이름이 새겨진 유일한 지정석을 가지고 있었습니다. 그리고 백악관 기자회견은 그녀가 감사하다는 멘트로 마무리해서 끝내는 것을 관행으로 했었지요. 그런 그녀도 2010년 유대인 비하발언으로 50년간의 백악관 취재를 마감해야 했습니다.

백악관의 브리핑룸은 70㎡ 남짓 되는데 의자가 있는 49개 좌석은 모두 지정석으로 되어 있습니다. 맨 앞 줄 7석은 ABC, CBS, NBC, CNN, FOX News 등 5개 TV와 AP, 로이터 2개 통신사의 자리입니다. 두 번째 줄은 워싱턴 포스트, 뉴욕타임스, 월스트리트저널, 블룸버그 통신 등 7개 회사, 세 번째 줄은 프랑스의 AFP통신, USA투데이, LA타임스 등 7개 언론사의 자리로 지정되어 있습니다.

49개 좌석 대부분을 미국 언론사가 차지하고 있고 한국 등 동양계 언론사는 좌석 배정을 받지 못한 실정입니다.

백악관 기자실의 달라진 모습

미국에 첫 흑인 대통령이 백악관에 입성하면서 백악관 기자실의 분위기도 달라지고 있습니다.

오바마 대통령이 취임 후 첫 공식 기자회견을 하면서 백악관 최고참 출입기자인 헬렌 토머스의 질문을 받았습니다. 헬렌 토머스는 부시 대통령 시절에는 이라크 전쟁에 비판적이어서 뒷좌석으로 밀려났었습니다.

그리고 오바마의 첫 공식 기자회견에서 첫 번째와 두 번째 질문자는 각각 AP의 제니퍼 로벤, 로이터통신의 캐런 보한으로 젊은 여기자였습니다. 종전에는 중견 남성기자가 맨 처음에 질문을 했습니다.

또한 양대 신문인 뉴욕 타임스와 워싱턴 포스트의 백악관 출입기자가 모두 흑인으로 바뀌었습니다. 헬렌 쿠퍼와 미쉘 플레처가 그들이지요.

이밖에 '휴핑턴포스트(huffingtonpost.com)'라는 인터넷 신문의 기자가 백악관 역사상 처음으로 질문자로 지명됨으로써 오바마 시대의 변화를 실감할 수 있었습니다.

● 단어 하나로 정책변화의 감(感)을 잡는 노장 기자

미국에는 백악관 출입기자 외에도 각 부문에 경륜있는 기자들이 많습니다. 국무부 등 다른 부처를 출입하는 기자들도 수십 년을 한 부처를 출입하며 경륜을 쌓은 백전노장들이 많아 대변인이 브리핑을 하면서 눈치를 보는 정도라고 합니다. 워낙 베테랑 기자들이라 수십 년 동안 브리핑을 듣다 보니 생소한 단어가 튀어나오면 그것으로 이내 정책 변화의 감(感)을 잡을 정도의 경지에 이르게 된 기자들이 많다는군요.

미국에는 이렇듯 오랫동안 1개 출입처를 나가면서 전문성을 쌓다 보니 관료들보다도 업무에 더 정통하고 그 부처의 히스토리를 꿰고 있어서 어떤 사안에 대해서든 과거와 현재 그리고 미래를 그릴 수 있을 정도로 경륜이 풍부한 기자가 많다고 합니다.

② 한 우물을 파라는 말이 생각나는 요즈음

반면 한국에서는 미국에서와 같이 나이 지긋한 기자들을 찾아보기가 힘듭니다. 저널리스트로 오래 종사하지 않고 중도에 진로를 바꾸는 경우가 많기 때문이지요. 그들 중 대부분은 정치권에 입성합니다. 기자가 정치권으로 진출하는 길은 국회의원이 되거나 청와대에 발탁되는 경우가 있습니다. 정부 부처의 공무원으로 가는 경우도 있지요.

예전에는 전국구 국회의원으로 발탁되는 사례가 많았는데 요즈음에는 지역구에서 출마하여 국회의원이 되는 기자들도 적지 않습니다.

국회의원이 되는 기자들은 대개가 정치부 기자를 하면서 고위 정치인들과 인연을 맺게 되어 정치계에 입문하게 되는 경우가 많지요. 군사독재정권 시절에는 청와대 출입기자들이 대통령의 눈에 들어 정계에 진출하는 사례가 많이 있었습니다. 근래에는 대선 캠프에 몸담고 있다가 정치권이나 언론 유관단체의 기관장 등으로 나가는 기자 출신 인사들이 많아졌습니다.

기자 출신 정치인들이 국회나 정부의 고위직을 맡게 되면서 언론사에서 인연이 있었던 후배기자들을 끌어들여 자기 세력을 확장하는 모습도 눈에 많이 띕니다.

청와대 홍보수석실, 정무 수석실 그리고 문화체육관광부와 그 산하기관에도 기자 출신들이 자리잡고 있지요. 이곳에서 근무하는 사람들은 후에 국회의원에 출마하기도 하고 정계 진출의 꿈을 키웁니다.

기자들은 자신이 출입하던 부처의 장관이나 지자체의 단체장들과의 인연으로 공보관 등 정무직으로 발탁되기도 합니다. 정부 부처 공보관은 1970년대 박정희 정권 시절에 기자 출신들을 대거 발탁하여 쓰게 된 것이 시초였습니다.

정부에서 하는 일을 방송과 신문에 적극적으로 홍보하기 위해 기자들을 대변인으로 차출하여 활용하였던 것이지요.

이와는 다른 케이스이지만 1980년대에 전두환 정권이 기자들을 대량 해직시키면서 실직한 기자들이 삼성, 대우, 현대 등 대기업 홍보실로 취업하게 되어 한 때 대기업 홍보실에 기자 출신들이 많이 진출하는 일이 있었지요.

옛말에 한 우물을 파라는 말이 있습니다. 사회 정의를 위해 언론인의 길을 걷겠다고 나선 젊은 기자들이 정치권과 유착되어 국회의원이 되고 고위관료가 되는 것은 개인적으로는 입신양명(立身揚名)의 기회가 되겠지만 썩 명분이 있고 모양새가 좋은 것은 아닐 것입니다. 정치권력과 언론이 지나치게 가까운 권언유착(權言癒着)의 오해를 받을 수 있으니까요.

제 5 장

방송뉴스의 취재, 기사작성, 리포트

제 5 장 방송뉴스의 취재, 기사작성, 리포트

1. 취재

(1) 방송뉴스 취재는 어떻게 하나?

① 직접적인 취재와 간접적인 취재

취재는 1차적인 것과 2차적인 것이 있습니다.

1차적인 취재는 직접 눈으로 확인하는 것입니다. 화재, 교통사고, 살인사건 등의 사건 사고 현장, 시위 현장 등의 취재가 그것입니다. 국회 및 정부의 각종 회의, 국제회의, 국가간의 회담, 기타 각종 세미나와 토론회 등의 취재도 1차적인 직접 취재에 해당합니다.

기자들이 하는 취재는 2차적인 것이 많습니다. 사건 사고의 경우에도 사건이 발생한 이후 현장에서 목격자나 수사 경찰의 얘기를 듣거나 조서를 보게 되는 방식으로 취재원의 증언과 서류에 의존하는 2차적인 취재가 많습니다.

기자가 현장에서 직접 눈으로 확인하며 취재하는 것은 일정 부분 한계가 있기 때문에 경찰의 수사서류를 확인하는 2차적인 취재가 필요합니다. 사건 사고의 취재는 1차와 2차 취재가 병행해서 이루어지겠지요.

회의에 대한 취재도 회의 참석자들의 얘기를 듣고 기사를 쓰는 경우가 많기 때문에 1차적인 직접 취재와 2차적인 간접 취재가 같이 이루어진다고 볼 수 있지요.

또한 정부 발표 취재는 대개 2차적인 것이라고 보아야 할 것입니다. 정부 부처 출입기자들은 보도자료를 기반으로 기사를 작성하지요. 그러나 보도자료에만 전적으로 의존하면 정부의 홍보기사가 될 수밖에 없어 국민들 입장에서는 필요한 정보가 부족할 수 있습니다.

기자는 정부 발표에서 부족한 부분을 보완하기 위해 다각도로 보충 취재를 하게 됩니다. 예를 들면 정부가 물가 동향을 발표하면 시장에 나가 주부들이 피부로 느끼는 장바구니 물가를 취재합니다. 시장 상인과 주부들을 만나 피부로 느끼는 생활물가를 몸으로 체득하여 기사에 반영하는 것이지요.

그리고 공공요금을 인상한다는 정부 발표가 있으면 기자는 길거리에 나가서 시민들의 여론을 직접 들어보는 1차 취재를 하게 되지요.

② 인터뷰는 취재의 시작이요 끝이다

취재의 대부분은 인터뷰로 이루어집니다. 인터뷰는 취재의 시작이요 끝이라고 할 수 있습니다. 사람을 만나서 또는 전화통화로 궁금한 것을 이것저것 물어서 기사 거리를 확보하는 인터뷰에서 기자의 능력이 판가름 납니다. 기자가 취재를 잘 한다는 것은 인터뷰를 잘 하는 것이라고 보면 됩니다.

인터뷰 대상자가 사건의 목격담을 이야기하거나 어떤 문제에 대해 한 사람의 시민이나 소비자 입장에서 자기 소감을 말하는 것을 취재하는 것은 비교적 쉬운 일입니다. 그러나 사안이 복잡하고 이해관계가 걸려있는 경우에는 인터뷰 취재가 쉽지 않습니다. 대부분 인터뷰 대상자는 자기 입장에서 이야기합니다. 자신에게 불리한 것은 말하려 하지 않습니다.

기자의 입장에서 어려운 것은 인터뷰 대상자가 쉽사리 입을 열지 않는 경우와 진실을 말하지 않고 자신에게 유리한 것만 얘기하는 경우입니다.

시청자에게 중요한 뉴스거리가 될 만한 것일수록 취재원(인터뷰 대상자)은 쉽사리 입을 열지 않으려 하지요.

기자에게 브리핑을 하는 정부 대변인이나 기업체 홍보실 직원은 자기들 입장에서 불리한 것은 말하지 않는 기술을 익히 알고 있는 사람들입니다. 그들은 그러한 일을 하기 위해 그 자리에 있는 것이지요.

기자는 이렇게 어려운 벽을 뚫고 정보를 끄집어내야 하는 사명감을 안고 있고, 그것을 달성해야만 합니다. 그래야 유능한 기자라는 평을 듣습니다.

(2) 취재 행위 자체가 취재 대상에게는 폐가 된다

① 취재 대상자에게 예의를 갖추어 취재에 임해야…

기자의 취재 행위는 국민의 알 권리를 충족시킨다는 명분에서 용인됩니다. 그런데 취재 대상자 입장에서 보면 좋은 일로 취재를 당하는 것은 괜찮겠지만 그렇지 않은 경우에는 귀찮고 불편한 일이 될 수 있습니다. 때로는 대단히 짜증나고 스트레스를 받는 일일 수도 있지요. 자신의 사생활이 드러날 수도 있고 민감한 문제에 개인의 의견을 피력했다가 뜻하지 않게 곤경에 처할 수도 있습니다.

취재 대상자는 자신이 원치 않거나 자신에게 불리한 경우 얼마든지 취재를 거부할 수가 있습니다. 기자의 취재는 경찰관의 수사나 공무원의 조사 행위와는 달리 법적인 강제성이 없기 때문에 일반인이 반드시 협조해야 할 의무는 없습니다.

기자는 취재 행위가 공공성을 띤 것이라 할지라도 대부분의 경우 취재대상자에게는 폐가 되는 것이라고 생각하고 취재에 임하는 것이 좋습니다.

기자는 취재 대상자의 입장을 배려해 취재에 임하여야 합니다. 취재에 임할 때는 자신의 신분을 밝히고 취재 목적과 협조사항을 분명하게 말해야 합니다. 신분과 목적을 가장하거나 위장, 사칭하는 것은 올바르지 않지요.

또한 취재대상자를 위협하거나 괴롭히는 등 고통을 주어서도 안 됩니다. 특히 슬픔과 비탄에 빠져 있는 상황을 취재할 때는 예의를 갖추어 접근해야 합니다.

일본 방송사들은 참사를 겪은 유가족들이 대성통곡하고 오열하는 모습을 TV 화면에 비치지 않도록 절제하고 있습니다. 영국 BBC는 TV뉴스에서 비참한 장면을 필요 이상으로 오래 다루지 않을 뿐만 아니라 슬픔에 젖어 있는 사람들의 모습을 클로즈업으로 촬영하는 것을 금하고 있습니다.

취재 장소에 대해서도 고려해야 합니다. 사람들이 많이 드나드는 정부청사나 사무실 등 공적 장소에서의 취재는 제약이 없지만 개인의 집이나 호텔 등 사생활이 보호되는 장소는 취재에 제약이 있다고 생각해야 합니다. 심야에 예고 없이 방문한다든지 전화 취재하는 것도 상대방에게 결례가 되겠지요. 취재는 가능한 한 일과시간을 이용하는 것이 바람직합니다.

이와 같은 취재 윤리는 이론적인 교육보다는 현장에서의 실전을 통해 터득해 나가는 경우가 많습니다.

② 공인(公人)은 일반인보다 강도 높게 취재해야

지금까지의 이야기는 일반인들을 상대로 취재할 때의 예의에 관한 것이었습니다. 그러나 취재 대상자가 공인일 경우 그리고 범죄자나 부정, 비리 등으로 체포되기 직전의 인물일 때는 일반인과 다를 수 있습니다.

공인의 행동은 국민들에게 미치는 영향이 크기 때문에 취재기자가 강도 높게 취재하여 그 언행을 상세하게 보도하는 것이 공공의 이익에 합당하다고 볼 수 있지요. 여기서 공(公)이라는 단어는 '국가와 사회의 일' 이라는 뜻입니다. 공인은 국가와 사회의 대의(大義)에 복무하는 사람이며 공공성을 구현하는 존재입니다. 따라서 공인은 정치인, 판검사, 경찰, 고위공무원 등을 지칭합니다.

범위를 확대하면 학계, 문화 · 예술계, 재계, 종교계의 지도자 등도 공인의 범주에 넣을 수 있겠지요.

연예인이나 스포츠스타 등은 공적인 일에 종사하는 공인은 아니지만 넓은 의미에서 공인의 범주에 포함시킵니다. 이들은 나라 일을 하는 것은 아니지만 현대 사회에서 대중에게 미치는 영향력이 공직자 못지않게 크기 때문이지요.

2. 기사작성

(1) 방송기사 작성은?

① 시청자들이 알아듣기 쉽도록 간단명료하게

뉴스를 만드는 과정에서 중요한 두 가지 요소는 취재와 기사작성입니다.

뉴스 제작을 음식을 만드는 것에 비유하면 취재는 시장에 가서 음식 재료를 사오는 것이고, 기사작성은 재료를 가지고 요리를 하는 것이라 할 수 있습니다.

기자에게 가장 중요한 것은 취재입니다. 취재를 잘 하는 기자는 유능한 기자라 할 수 있습니다. 그러나 다양하게 좋은 음식 재료를 갖다 놓아도 조미료와 양념을 첨가하고 불 조절을 적절하게 하여 요리를 잘 하지 않으면 좋은 음식이 만들어지지 않지요. 같은 이치로 아무리 취재를 잘 해도 취재한 내용을 잘 정리해서 맛깔스럽게 기사를 만들어 내지 않으면 쓸모가 없다고 보아야겠지요. 시청자는 기자가 전달하는 기사와 리포트를 듣고 뉴스를 평가하기 때문입니다.

방송뉴스는 시청자가 알아듣기 쉽게 기사를 써야합니다. 로리 테일러와 밥 퓰렌의 조사에 의하면 시청자는 전 날 밤에 본 TV뉴스 기사 가운데 4분의 1 밖에 기억하지 못한다고 합니다.

통상적으로 사람들은 다른 사람이 하는 이야기 중 절반은 잊어버리고 나머지 절반은 잘못 알아듣는다고 합니다. 더군다나 사람들은 TV뉴스를 신문기사와 같이 집중해서 보지 않습니다. 뉴스를 인터넷으로 보는 경우는 다르겠지만 대개는 옆 사람과 이야기를 하거나 다른 일을 하면서 TV뉴스를 보기 때문에 내용을 상세하게 기억하지는 못하지요.

또한 한번 보고 들으면 바로 기억에서 사라지는 방송뉴스의 특성상 명료한 메시지가 아니면 시청자의 뇌리에 기억될 수 없습니다.

따라서 방송기사는 신문기사보다 더 잘 써야 합니다. 잘 써야 한다는 말은 시청자들이 쉽게 알아들을 수 있도록 간단명료하게 작성해야 한다는 뜻입니다. 좋은 글은 1개 문장에 1개 메시지만 들어가도록 짧고 쉽게 쓴 글입니다. 좋은 방송리포트 역시 짧게 요점만 말하는 것입니다.

방송 기사는 문장을 써 놓고 나서 만약 어떤 단어를 빼더라도 말이 통하고 전체 문장의 의미를 전달하는데 지장이 없으면 과감히 그 단어를 들어내야 합니다. 이 말은 방송뉴스에서는 군더더기 말이 필요 없다는 뜻이지요.

숫자를 지나치게 많이 나열하는 것도 좋지 않습니다. 시청자는 복잡한 숫자는 기억하기가 어렵기 때문입니다. 결론적으로 방송뉴스는 시청자들이 쉽게 이해할 수 있도록 하기 위해 방송기자들은 기사를 쉽게, 명쾌하게, 간결하게 작성하려고 노력해야 합니다.

② 초등학교 수준의 지적 능력에 맞춰 제작

신문기사는 어렵게 쓰여 있어도 독자들이 여러 번 읽게 되면 이해할 수가 있습니다. 그러나 방송뉴스는 방송되는 그 순간 듣고 바로 이해하지 못하면 그것으로 끝입니다. 뉴스가 방송되는 그 순간 집중하여 이해하지 않으면 내용을 알 수 없지요. 방송의 그런 특성 때문에 방송뉴스 제작은 각별히 신경을 쓰고 정성을 들여야 합니다.

신문을 보는 사람보다 방송을 듣고 보는 사람은 편하고 쉽게 이해하기를 기대합니다. 기자는 이런 시청자의 기대에 맞춰 알아듣기 쉽고 이해하기 쉽게 뉴스를 제작해야겠지요.

흔히 방송뉴스는 초등학교 내지 중학교 졸업 수준의 지적 능력에 맞추어 제작해야 한다고 말하는 것도 이런 점 때문이라고 보면 될 것입니다. 물론 정해진 기준은 없지만 가능한 한 모든 사람이 이해할 수 있도록 쉽게 제작해야 한다는 뜻이겠지요.

그런데 막상 뉴스를 만들다 보면 많은 지식을 갖추어야만 이해할 수 있는 것도 있어서 시청자의 눈높이에 맞추어 제작한다는 것이 쉬운 일은 아니지요. 그래도 원칙적으로 방송뉴스는 쉬우면 쉬울수록 좋다고 말할 수 있습니다.

그러다 보니 방송뉴스에서는 가급적 전문용어를 쓰지 않는 것이 좋고 불가피하게 전문용어를 쓰게 될 때에는 설명을 덧붙여 줄 필요가 있습니다. 경제뉴스 등에서 상세한 숫자를 늘어놓는 것도 좋지 않습니다. TV화면에 숫자를 써서 전달한다 할지라도 시청자들의 머릿속에 숫자는 잘 들어오지 않을 뿐만 아니라 바로 잊혀지기 때문입니다.

방송뉴스는 기사 내용의 핵심 메시지 즉, 큰 줄거리만 시청자의 뇌리에 남기 때문에 지나치게 세세한 표현을 쓸 필요는 없는 것이지요.

(2) 방송기사의 형식

① 스트레이트 기사

우리가 라디오나 텔레비전 뉴스에서 가장 많이 접하게 되는 스트레이트 기사에 대해 알아볼까요?

라디오의 매 시간 뉴스에서 아나운서가 읽는 기사를 스트레이트 기사라고 생각하면 됩니다. 주로 사건 사고 등 발생기사 그리고 정부, 국회, 수사당국, 각종 단체 및 기업의 발표기사로서 그날그날 발생하는 데일리(daily)성 뉴스입니다.

스트레이트 기사는 먼저 리드(lead, 前文)를 쓰고 이어서 6하 원칙(5W1H, who, where, when, what, why, how)에 따라 문장을 써내려갑니다.

방송뉴스에서는 뉴스밸류가 작은 기사(신문의 1단 기사 같은 것으로 20초 내외의 기사) 외에는 원칙적으로 리드를 써야 합니다. 리드는 전체 기사의 핵심요소를 뽑아낸 것이라 생각하면 됩니다. 리드는 미끼와 같습니다. 듣는 사람이 리드를 듣고 다음 말에 관심을 가질 수 있도록 써야 합니다. 방송 뉴스에서 리드는 20자 안팎으로 쓰는 것이 좋습니다.

리드를 쓴 다음 두 번째 문장은 6하 원칙에 의해 사건 개요를 간단하게 써줍니다. 이어 세 번째, 네 번째 문장에서 사건의 전개과정을 서술하지요.

스트레이트 기사는 주어와 동사 위주로 간략하게 작성하는 게 원칙입니다. 형용사나 부사 등 수식어는 될 수 있는 한 쓰지 않는 게 좋습니다. 스트레이트 기사는 드라이(dry)하게 써야 합니다. 사실(fact) 위주로 기사를 작성해야 하기 때문에 기자의 주관이 들어가서는 안 되지요.

방송 뉴스의 스트레이트 기사는 보통 역삼각형 형식으로 작성을 합니다. 리드에 이어 중요한 내용을 순서대로 써내려 가는 것이지요. 아나운서가 뉴스를 읽다가 시간 관계상 다 읽지 못하더라도 중요한 사항은 시청자들이 대충 알 수 있게 하려는 것이지요.

일상의 대화 역시 마찬가지일 것입니다. 듣는 사람에게 말하고자 하는 내용의 핵심사항을 먼저 간략하게 전한 다음, 이어서 중요한 얘기부터 차근차근 풀어나가는 것이 요령 있는 표현 방법이지요.

방송뉴스에서 스트레이트 기사는 통상 4~5개 문장으로 구성됩니다. 문장 1개를 읽는 시간은 10초 정도가 적당하기 때문에 기사 1개를 읽는데 40초 내지 50초 정도가 소요됩니다. 중요한 뉴스는 5~6개 문장에, 1분 정도 읽히는 분량이 될 수 있지요. 스트레이트 기사가 1분을 초과하는 경우는 별로 없습니다.

1개 문장은 글자 수가 50자 이내가 되는 것이 적당합니다.

② 리포트 기사

리포트 기사도 원칙적으로는 기자의 주관이 반영되어서는 안 됩니다. 객관적인 사실 위주로 기사가 작성되어야 하지요. 현장을 스케치(묘사)하는 문장이 기사에 들어갈 수 있는데, 이때에도 가급적 기자 개인의 느낌을 배제하고 사실성에 충실하게 묘사해야 합니다.

리포트 기사는 본문, 인터뷰, 스탠드 업 등 3부분으로 구성됩니다. 일반 뉴스의 리포트는 1개 아이템이 1분 20초 정도입니다.(심층 취재는 3분 내외) 시청자들이 지루해하지 않고 뉴스를 들어줄 수 있는 적정한 시간이 대략 1분 20초 안팎이라고 하는군요.

리포트에 들어가는 인터뷰는 기사의 앞뒤와 흐름이 잘 연결될 수 있는 내용을 삽입해야 합니다. 특히 국민의 여론을 전달하는 내용의 리포트를 할 때는 인터뷰를 신중하게 처리해야 합니다. 민심의 동향을 전달하는 뉴스에서는 인터뷰 대상자를 잘 선정해야 하는 것이지요. 깊이 생각해보지 않고 대충 아무나 붙잡아 인터뷰를 해서 방송에 낼 수는 없지요. 한 두 사람의 의견이 국민 전체의 여론을 대표하는 것으로 비쳐질 수 있기 때문에 자칫하면 여론이 왜곡될 수 있어 신중을 기해야 합니다. 이때의 인터뷰 내용은 여론조사에서 나타난 대표적인 의견이 반영되어야 합니다. 무작위로 인터뷰함으로써 1~2명의 시민이 말한 것을 마치 국민 전체의 여론을 대변하는 것처럼 방송하면 공정성 측면에서 큰 잘못을 저지르게 되는 것입니다.

스탠드 업은 기자가 현장에 서서 멘트를 하는데, 분위기에 따라서 걸어가면서 또는 앉은 자세에서 할 수도 있습니다. 예를 들면 홍수가 나서 한강물이 범람할 때는 한강 교량의 수위를 손으로 가리키면서 스탠드 업을 하기도 합니다.

스탠드 업은 3가지 형태가 있지요. 리포트의 맨 앞부분 즉, 리포트가 시작될 때 하는 것을 오프닝(opening)이라 합니다. 리포트 중간 부분에 하는 것을 브릿징(bridging) 그리고 끝 부분에 하는 것을 클로징(closing)이라 하는데 대부분 클로징을 하지요.

<기자 스탠드업>

클로징멘트는 대단히 중요합니다. 마무리 멘트이기 때문에 시청자의 뇌리 속에 각인되는 임팩트가 강한 인상적인 내용이 되어야 합니다. 그러나 상당수 기자들이 "~주목됩니다" "~관심이 모아지고 있습니다" 등의 애매한 표현을 상투적으로 쓰고 있는데, 클로징멘트는 이같이 막연한 얘기로 끝내지 말고 리포트 전체를 매듭짓는 의미 있는 마무리 멘트가 되도록 해야 할 것입니다.

한 꼭지의 뉴스가 나오기까지

뉴스를 만드는 기자는 먼저 뉴스거리가 될 만한 것을 생각하여 데스크와 협의합니다. 데스크가 뉴스가 되겠다고 판단하면 기자는 취재계획을 세운 다음 카메라기자와 동행하여 현장에 가서 취재 및 촬영을 합니다.

취재기자는 취재내용을 가지고 기사를 작성하여 데스크의 검토를 받은 다음, 기사를 가지고 녹음을 하지요. 이어 카메라기자 또는 영상 편집자와 함께 리포트에 촬영한 화면을 입히는 편집 작업을 하게 됩니다. 이때 현장 촬영 화면 외에 방송사에 보관되어 있는 자료화면을 추가로 활용하기도 하고 필요한 경우 컴퓨터 그래픽 담당자에게 의뢰하여 컴퓨터 그래픽으로 도표나 그림을 그려 넣기도 합니다.

오디오(기자 리포트)에 비디오(화면)를 입히면 편집 작업은 끝나게 됩니다. 추가로 화면을 설명하는 자막, 인터뷰 대상자의 이름 그리고 인터뷰 내용을 번역한 자막을 넣을 수가 있는데 이것은 취재기자가 작성하여 편집부에 넘겨주어야 합니다.

화면 하단의 자막은 편집부의 뉴스 진행자가 뉴스를 진행할 때 처리하게 됩니다.

취재 기자는 앵커멘트도 작성하여 편집부에 넘겨주어야 합니다. 앵커는 기자가 작성한 앵커멘트를 그대로 읽지 않고, 자신의 취향에 따라 첨삭하여 뉴스 흐름에 맞게 적절하게 멘트를 구사합니다.

앵커멘트가 나갈 때 그림과 제목이 화면에 뜨게 됩니다. 이것을 방송사에서는 어깨걸이(DVD)라고 하는데 어깨걸이의 제목을 정하는 것은 뉴스 진행의 책임을 맡은 뉴스 PD의 몫입니다. 방송사에서 뉴스 PD는 통상 편집부 기자가 맡고 있습니다.

3. 리포트

(1) 리포트에 생명력을 불어넣어야

신문 기사는 글로 써진 것을 독자가 눈으로 보는 것이지요. 반면 TV 방송뉴스는 시청자가 화면을 보면서 동시에 소리를 듣습니다. 기사를 눈과 귀로 동시에 접하는 것이지요.

생방송으로 뉴스를 전할 때는 기자는 원고 없이 뉴스를 전하기도 하지만, 대부분은 자신이 쓴 원고를 직접 읽습니다. 이것을 리포트라고 하는데 리포트를 할 때는 책을 읽듯이 줄줄 읽어 내려가면 전달력이 떨어집니다.

간혹 초보 기자가 책 읽듯이 어색하게 리포트를 하는 경우가 있는데, 시청자 입장에서는 듣기가 편안하지 않을 것입니다. 리포트를 할 때는 말하듯이 자연스럽게 해야 시청자들이 쉽게 알아듣고 뉴스를 이해할 수 있지요. TV 뉴스 리포트는 생명력이 있는 리포트가 돼야 합니다.

글(문자)은 말의 보조 수단이라 할 수 있을 것입니다. 말은 인류 최고의 발명품이라고 하는데, 문자가 발명되기 이전에는 말로써 의사소통이 이루어졌지요. 말이 생기기 전에는 몸짓, 손짓 등으로 의사소통을 했을 것으로 추정할 수 있습니다.

미국의 심리학자 앨버트 메러비안(Albert Mehrabian)이 연구한 바에 따르면, 지금도 사람들이 의사표현을 하는 것을 보면 말 자체(대화 내용)보다 음조, 억양, 말투 등 유사언어 그리고 표정, 몸짓, 자세 등 비언어적 요소로 표현하는 비중이 훨씬 크다고 합니다.

그렇기 때문에 기자의 리포트 내용 못지않게 리포트의 음조, 억양도 중요합니다. 기자는 복장, 자세에도 신경을 써야 합니다. 스탠드 업을 할 때는 정장을 하는 것이 무난하지만 상황에 따라 적절한 복장을 갖추어야 합니다. 예를 들면 전쟁터에 어울리는 복장이 있겠고, 수해 피해 현장, 추수하고 있는 농촌 들녘 현장 등 각각의 분위기에 맞는 복장이 있겠지요.

(2) 감정을 배제하고 가치중립적인 자세로

리포트를 하는 기자는 자신의 감정을 배제하고 가치중립적인 자세에서 뉴스를 전달해야 합니다. 예를 들어 기자가 사건사고의 현장에서 리포트를 하면서 눈물을 흘린다거나 혹은 격앙되고 흥분된 목소리로 리포트를 한다면 그 뉴스를 보는 시청자들까지 흥분을 하는 등 악영향을 줄 수도 있습니다. 기자는 리포트를 할 때 어떤 상황에서도 마음을 안정시키고 침착한 목소리로 방송해야 합니다.

① 막연한 예측은 신뢰성을 떨어뜨린다

TV 밤 9시 종합뉴스를 보면 클로징멘트를 하는 기자들의 상당수가 "결과가 주목됩니다" "전망입니다" "~으로 보입니다" "지적입니다" 등의 상투적인 표현을 남발하고 있습니다. "결과가 주목됩니다"는 것은 기자가 임의로 하는 말이라 할 수 있을 것입니다.

"전망입니다" "보입니다"라고 표현하는 것은 기자가 예측을 하는 것입니다. 기자가 주관적인 견해를 피력하는 것은 보도의 객관성을 상실한 것이라 볼 수 있습니다.

"같습니다" "때마침(다행히도)" "무난하게 끝났습니다" 등도 사실을 정확하게 전달하는데 방해가 되는 표현입니다.

"같습니다"라는 표현은 흔히 정국(政局)을 설명하거나 협상이 진행 중인 기사에서 볼 수 있는데, 예를 들면 “여당 내의 분열이 점점 확대될 것 같습니다” “장관 선에서 마무리될 것 같습니다” “협상이 ~선에서 타결될 것 같습니다”는 등의 표현이지요. 이 역시 기자가 자신의 생각을 말하는 것으로 주관적인 표현이라 할 수 있습니다.

“어젯밤 9시를 지나서 불길이 치솟아..........다행히도 이웃에는 피해가 없이.........무난하게 끝났습니다”는 리포트에서 ‘다행히도’ ‘무난하게’라는 말은 기자의 생각이 들어간 표현으로 정확한 사실 전달에는 도움이 되지 않는 표현이라 할 수 있습니다.

그 밖에도 ‘아수라장’ ‘아비규환’ ‘눈물바다’ ‘귀성전쟁 ‘뼈를 깎는’ ‘청천벽력 같은 소식’ ‘날벼락’ 등의 단어는 과장되고 극단적인 표현이기 때문에 쓰지 않는 것이 좋습니다.

화재 기사의 경우 “경찰은 정확한 화재 원인을 조사하고 있습니다”는 문장을 많이 쓰고 있지요. 이것은 상투적인 표현으로서, 쓸 필요가 없는 문장입니다.

② 주어가 불분명한 “지적입니다”

“~지적입니다”라는 말이 들어가 있는 기사를 보면 문장에 주어가 없는 게 대부분이지요. 누가 지적하는지 주체가 없이 막연히 “지적입니다”라고 표현하는데 이는 문법에 맞지 않는 것이지요. 동작의 주체가 불분명한 것으로, 전후의 문맥으로 보면 리포트하는 기자가 문제점을 지적하는 것으로 보이는데 주어를 명확하게 밝혀서 보도해야 할 것입니다.

TV뉴스에서 “야당의원들 사이에서는 이 법안을 반대하는 목소리가 높아지고 있습니다”라는 리포트가 나갔을 경우, 이

법안에 찬성하는 생각을 가지고 있는 의원들은 반대 의견이 다수라는 생각에서 반대 입장을 따라가는 경우가 있습니다.

여기서 "반대하는 목소리가 높아지고 있습니다"는 표현은 "여기에 책이 있습니다"는 말처럼 실체가 분명한 것은 아니지요. 기자가 확실한 근거도 없이 자신의 생각을 표현했을 가능성이 높습니다. 그런데 이런 멘트가 그대로 보도되었을 때 현실 자체에 영향을 끼칠 수도 있습니다. 기자들은 멘트 한마디의 영향력이 크다는 것을 알고 신중하게 어휘를 선택해야 합니다.

제 6 장

방송뉴스 현장의 윤리

제 6 장 방송뉴스 현장의 윤리

1. 기자 내부윤리

(1) 엠바고[12](embargo)

① 기자와 출입처 간에 업무협조 차원에서 있는 일

언론에서 사용하는 엠바고라는 용어는 시한부 보도유예를 뜻하는 말입니다. 정보제공자가 기자에게 보도자료를 제공하면서 일정 기간이 지난 후 기사화해 줄 것을 요청하는 것을 말하지요.

엠바고는 기자와 출입처 간에 업무 협조 차원에서 흔히 있는 일입니다. 보도자료가 한꺼번에 많이 나오는 경우 기자단이 자율적으로 보도 일정을 조정하여 엠바고를 걸게 됩니다. 행사 관련 뉴스는 행사 당일까지 엠바고를 거는 게 상식입니다. 국가 간의 조약체결이나 회담 개최에 관한 뉴스도 관련 당사국들이 동시 발표를 할 때까지 엠바고를 지켜야 하지요.

그런데 한국 언론이 국제적인 엠바고를 지키지 않아 망신을 당한 적이 있습니다.

2008년 7월 29일, SBS-TV는 밤 8시 뉴스에서 베이징 올림픽 개막식 연습 장면을 주최 측의 사전 양해 없이 "세계가 놀랄 개막식, 이렇게 진행된다"고 보도했습니다. 국제 올림픽 위원회는 "SBS가 올림픽 사상 처음으로 개막식 리허설을

---

12) 원래는 한 나라가 상대편 나라의 항구에 상업용 선박이 드나드는 것을 금지하도록 법으로 명령하는 것을 의미한다. 특정한 상품의 거래 금지, 화물수송의 제한이나 금지를 위해 발동한다.

사전에 보도하지 않는다는 관행을 깼다"고 비난했지요.

중국 정부, 세계 언론, 네티즌 등은 SBS 뿐만 아니라 우리나라에 대해서도 반감을 표시했으며, 올림픽 주관 방송사인 BOB는 SBS에 대해 개막식 당일 취재를 제한한다고 밝혔습니다.

SBS 측은 다른 취재를 하러 갔다가 때마침 리허설을 보게 되어 ENG 카메라로 찍어 방송했다고 변명했지만, 이는 올림픽 행사의 관행을 어기고 국제적인 망신을 한 사례로 남게 되었습니다.

〈SBS 엠바고 파기 관련 보도〉

학술전문지에 발표되는 과학기사 역시 엠바고를 걸어서 보도 시점을 정하고 있는데 이를 어기고 보도하는 사례가 간혹 있습니다. 특히 외국의 과학 전문지 등에 게재되는 논문의 기사는 국제적으로 약속을 지켜야 하는 것인데도 불구하고 엠바고를 깨뜨림으로써 세계적으로 신의를 어겨 국가 망신까지 시키는 사례도 있지요.

나중에 사기 논문으로 판명되기는 했지만, 2004년 황우석 전 서울대 교수의 '사이언스' 발표 논문도 국내 신문이 엠바고를 깨고 먼저 기사를 쓰는 바람에 우리나라의 국가신뢰도가 떨어지고 국제적인 망신을 당하기도 했습니다.

엠바고를 깨고 먼저 보도하는 기자는 특종을 했다고 생각할지 모르겠지만 이것은 해서는 안 될 행위이며 특종이라고 할 수도 없습니다.

② 국가의 안전 등 공공의 이익을 위해서는 당연히 지켜야

국가의 운명이나 안전에 직결된 중대한 사안일 때는 공공의 이익을 위해 당연히 엠바고를 지키는 게 원칙입니다.

제2차 세계대전 중 1944년 6월 6일 연합군이 노르망디에 상륙작전을 감행한 D데이에 대한 보도유예는 역사적인 엠바고라 할 수 있지요. 이 때 일부 기자들은 D데이, H아워까지 알고 있었습니다. 그러나 역사적인 이 대작전은 작전 개시 후 6분이 지나 보도됐습니다. 그전에 보도했으면 특종이었지만 앞선 보도를 하지 않은 것은 만에 하나 작전에 차질이 생길 경우 세계적인 오보가 되기 때문이었지요. 물론 그보다 더 큰 이유는 연합군 입장에서 볼 때 기밀 누설로 인해 작전이 실패할 경우 피해가 엄청나게 클 수 있었기 때문이라고 볼 수 있었겠지요.

경찰 수사에서는 유괴 사건에서 보도 협조가 이루어집니다. 어린이 유괴 사건의 경우 어린이의 안전을 위해 경찰 수사에 협조하는 차원에서 엠바고를 지켜 보도를 자제하는 것이 좋은 예입니다. 어린이 유괴 사건 수사는 자칫 언론에 노출되면 일을 그르칠 수도 있기 때문에 보도에 신중을 기해야 할 것입니다. 이 때 언론과 경찰은 어린이 안전을 위해 합리적인 선에서 지혜롭게 협조하는 것이 현명한 행동이겠지요.

③ 엠바고의 악용

엠바고가 악용되는 수도 있습니다. 정보 제공자가 홍보 효과를 극대화하기 위하여 또는 잘못된 일을 감추고 정보를 통제하기 위해 발표 시기를 조정하는 경우가 있습니다. 정부가 불리한 뉴스를 감추어 두었다가 대형 사고가 발생했을 때를 이용해 살그머니 발표함으로써 국민의 관심을 돌리거나 희석시키는 사례가 그것이지요.

엠바고는 기자와 취재원과의 신사협정이라 할 수 있습니다. 기자와 취재원 간에 불순한 의도에서 야합하여 시행하는 엠바고는 정당성을 인정받지 못합니다. 엠바고는 공공의 이익을 위해 필요한 것이고 당연히 그런 취지에서 시행되어야 하겠지요.

그리고 일단 한번 약속한 엠바고는 반드시 지켜져야 합니다. 기자단의 일원으로서 엠바고를 깨고 먼저 보도하는 것은 직업윤리에 어긋나는 일이라 할 수 있을 것입니다.

④ 엠바고는 대중에게 피해가 돌아간다

하지만 엠바고에도 부정적인 면이 있습니다. 똑같은 기사를 똑같은 시기에 양산함으로써 시청자나 독자에게는 사실상 다양한 정보를 제공하지 못하는 것이지요. 또한 기자들이 엠바고에 안주해 취재를 소홀히 하는 부작용도 있습니다.

20여 년간 과학전문기자로 활동한 빈센트 키어넌은 “엠바고 제도가 공공의 이익보다는 과학과 의학기관의 이익만 대변하게 만들었다”며 엠바고 폐지를 주장합니다. 과학 뉴스는 언론인들마저 이해하기 쉽지 않기 때문에 충분한 취재 시간을 주기 위해 엠바고를 거는 경우가 많습니다. 하지만 실제로 엠바고 기간 내에 보충취재를 해서 기사의 오류를 줄이고 양질의 기사를 생산하는 경우는 그리 많지 않습니다.

결국 엠바고 제도로 인해 가장 큰 이익을 보는 것은 전문가 집단이고, 피해는 대중에게 돌아간다는 것이지요. 빈센트 키어넌은 기자들이 취재원이 제공하는 '정보보조'(보도자료)에만 의존하다 보니, 과학 현장에서 탐사보도는 설 자리를 잃었다고 말합니다. 따라서 원칙적으로는 엠바고가 사라져야 한다고 주장합니다. 기자들이 경쟁적으로 열심히 취재해야 진정한 저널리즘이 이루어질 수 있다는 것입니다.

(2) On the record, On back ground, Off the record

① 취재원이 보도 자료를 제공하면서 기사화할 것을 요청

위의 3가지 용어는 기자가 취재원과 기사거리를 놓고 약속을 하는 유형입니다.

먼저 온더레코드(On the record)인데 이것은 가장 일반적인 사례로서 취재원이 보도 자료를 제공하면서 기사화할 것을 요청하는 경우를 말합니다. 기자는 보도자료를 검토한 뒤 취재원에게 궁금한 사항을 질문하는 한편, 관련 이해 당사자에게 보충 취재를 하여 완벽한 기사를 작성하게 됩니다.

② 취재원이 자신을 밝히지 말아 줄 것을 요구

온백그라운드(On back ground)는 취재원이 자신을 밝히지 말아 줄 것을 요구하면서 정보를 제공하는 것입니다. 취재원이 자진해서 기자에게 설명을 하거나 기자의 질문에 답하면서 자신의 신원을 밝히지 말아달라고 하는 경우이지요.

원칙적으로는 취재원을 밝혀야 기사의 신빙성을 높일 수

있기 때문에 '정부의 고위 관계자에 따르면' '업계에 따르면'이라는 식으로 취재원을 익명으로 처리하는 것은 바람직하지 않습니다.

이와 관련해 「신문윤리실천요강」에서는 '취재원이 심층 배경설명을 할 때 공익을 위해 필요한 경우 그의 익명 요청을 받아들이되, 취재원의 소속기관과 일반적 지위를 밝혀야 한다'고 익명처리의 기준을 밝히고 있습니다.

그러나 정황에 따라 취재원을 숨기고 보도할 수도 있습니다. 이 경우 기자로서는 특종 보도를 하면서 취재원을 보호할 수 있는 이점이 있지요. 그러나 한 사람의 말에만 의존하면서 취재원을 익명으로 처리하는 보도는 잘못하면 오보를 낼 수도 있기 때문에 크로스체크(cross check) 등 확인 취재가 필요합니다.

③ 취재원이 기사화하지 말 것을 전제로 정보를 제공하는 것

오프더레코드(Off the record)는 취재원이 기사화하지 말 것을 전제로 기자에게 정보를 제공하는 것입니다. 기자는 취재원이 '오프더레코드'를 전제로 얘기하고 자신도 거기에 동의하고 약속을 했다면 취재원으로부터 들은 내용을 기사로 써서는 안 됩니다.

그런데 '오프더레코드'는 취재원이 의도적으로 악용하는 경우가 적지 않습니다. 나쁜 소문을 퍼뜨리며 자신의 정적을 음해한다거나 경쟁 회사에 불리한 소문을 내서 손해를 끼치는 사례가 있을 수 있지요.

취재원이 발언을 한 뒤 실언했음을 깨닫고 '오프더레코드'를 요청하는 경우도 있습니다. 오프더레코드는 정보를 알려주기 전에 즉, 발설하기 이전에 거는 것이 유효합니다. 말을

하고 난 후에 뒤늦게 실언한 것을 깨닫고 엠바고를 거는 것은 지킬 필요가 없습니다.

원칙적으로 기자는 시청자들에게 뉴스를 알리는 임무를 충실하게 이행해야 합니다. 이것은 개인간에 비밀을 지키는 것보다 더 중요한 일이지요. 시청자들에게 알리는 것은 공익을 위한 것이고 비밀을 지키는 것은 사적인 관계의 일이기 때문이지요.

④ 비밀을 지키는 것보다 중요한, 사실을 알리는 임무

1995년 8월 3일 조선일보는 1면 머리기사로 '전직 대통령의 대리인이 4천억 원의 비자금을 실명화 할 수 있는지를 서석재 총무처 장관에게 타진했다'고 보도했습니다. 이 기사는 보도되기 전날 서 장관이 6~7명의 취재기자들과 회식을 하는 자리에서 비보도(오프더레코드)를 전제로 얘기한 내용이었지요. 당시 회식에 참석한 기자들은 서석재 장관의 요청을 받아들였습니다. 그런데 조선일보는 기자의 보고를 들은 담당 차장이 약속을 깨고 기사를 쓰도록 기자에게 지시했습니다. 담당 기자가 이에 불응하자 차장은 다른 기자를 시켜 기사를 쓰도록 했습니다. 이 기사는 특종 보도가 되었고 그해 조선일보는 이 기사로 관훈언론상을 수상하였습니다.

이 경우 서석재 장관의 '오프더레코드' 제의를 받고 이를 약속한 것은 언론인으로서는 잘못된 판단이라 볼 수 있을 것입니다.

그 이유는 첫째, 당시에 금융실명제가 실시되기 시작했는데 전직 대통령 중 한 사람의 실세 급 대리인이 가차명 계좌에 들어 있는 4천억 원 중 2천억 원을 정부에 줄 테니 2천억 원을 보호해 달라고 요청한 것은 불법이며, 이를 신고하지 않은 서 장관도 공인으로서 법을 위반한 사건이었습니다.

둘째, 서 장관은 이러한 사건의 당사자로서 익명을 보장받을 수 있는 입장이 아니라는 사실입니다. 또한 서 장관이 자기 이름과 실세 대리인의 이름을 모두 비밀로 해달라고 했는데, 이것은 보도의 신뢰성에 문제가 생길 수 있는 경우지요. 보도에서는 이중으로 익명을 사용하면 취재원이 파놓은 함정에 빠질 수가 있기 때문에 이중으로 익명 보도는 하지 않습니다. 이것을 이중익명 금지의 원칙이라 합니다.

사적인 약속도 중요하지만 더 중요한 것은 기자는 어디까지나 시청자 및 독자의 입장에서 보도를 해야 한다는 사실입니다.

(3) 기자실, 무엇이 문제인가?

① 기자들의 취재활동을 위해 출입처에서 제공하는 공간

각 언론사에서는 기자들에게 출입처를 배당하는데, 기사거리가 많이 나오는 곳에 기자들을 많이 배치합니다. 청와대에서부터 국회, 정부의 각 부처, 자치단체, 공공기관, 법원 및 검찰청, 경찰서, 대기업 등 국민들에게 필요한 정보가 많이 나오는 곳을 중심으로 기자들은 출입처를 나누어 맡게 됩니다.

기자들이 담당하고 있는 출입처에서는 홍보 담당 부서를 통해 보도자료를 제공하는데, 발표는 일반적으로 대변인이 맡습니다. 중요한 사안은 장관 등 고위직이 직접 발표합니다. 기자들은 발표 내용을 듣고 미진한 부분은 질의응답을 통해 보완하고, 별도 채널로 보충 취재를 하기도 하지요. 또한 기자들은 출입처에 나가서 각계의 전문가와 타사 출입기자 등과 활발하게 의견을 교환하고 현안에 대한 토론, 간담회, 세미나 등을 통하여 전문지식을 쌓는 기회를 갖게 됩니다.

출입처에 나가는 기자들이 기사를 송고하거나 휴식을 취할 때 이용하는 공간이 기자실입니다. 한 때 기자실에 대해 문제 시하는 시각이 있었습니다. 노무현 정부 시절에는 기자들이 기자실에 죽치고 앉아서 기사 담합이나 하는 등 폐해가 많다고 기자실을 폐쇄하는 일도 있었지요.

② 기자단 운영의 장점

기자단 운영에는 장단점이 있지요. 장점으로는 정부 부처 등 출입처와 기자단 간에 정보 전달 체계가 효율적이 되고, 출입기자들은 정보 교환이 용이해져 취재활동에 도움을 받을 수 있다는 점을 들 수 있습니다. 또한 중요한 문제가 발생하면 기자들이 출입처와 개별적으로 상대하지 않고 단체로 접촉함으로써 출입처에 압력을 가해 감시기능을 강화할 수도 있지요. 정부나 기관의 입장에서도 정선(精選)된 기자들의 집단을 통해 일시에 홍보를 하는 편의성과 효율성이 있고 사이비 기자들의 폐해도 막을 수 있는 이점도 있습니다.

③ 기자단 운영의 단점

문제는 기자실이 기자단에 가입한 기자들만 이용하는 등 폐쇄적으로 운영되는데 있습니다. 우리나라의 기자단은 일본의 기자단 즉 기자구락부를 모방한 것인데 다른 나라에는 없는 독특한 형태입니다.

우리나라의 기자단은 같은 출입처에 나가는 기자들이 상호 정보를 교환하는 등 기자들의 취재 보도 활동의 편의를 위해 자체적으로 회원제 형식으로 운영됩니다. 회원제인 만큼 신규

회원이 되고자 한다면 주요 방송과 신문사 기자들로 구성된 기존 회원들의 동의가 있어야 하는 형편이라 결과적으로 폐쇄적이 될 수밖에 없는 상황이라 할 것입니다. 물론 최근에는 기자실도 예전과 달리 개방적으로 운영되고 있지만 아직도 폐쇄적인 성향을 버리지 못하고 있지요.

이러한 폐쇄적인 운영은 여러 문제점을 가져옵니다. 우선 모든 방송이나 신문 등의 기사가 획일적이 되기 쉽습니다. 출입처에서 발표하는 자료를 가지고 기자들이 일시에 기사를 작성하다 보면 기사가 서로 비슷해지기 쉽습니다. 이른바 떼거리 저널리즘(Pack Journalism)으로 기자들끼리 몰려다니면서 똑같은 기사를 양산한다는 거지요. 기자들이 몰려다니는 것은 낙종에 대한 두려움 때문이라는 해석도 있습니다.

유능한 기자는 독자적으로 보충취재를 하여 차별화된 기사를 작성하기도 합니다. 기자들은 항상 특종을 의식하면서 기사 경쟁을 하기 때문에 일반인들이 보면 모든 기사가 비슷비슷하게 보이지만 전문가의 눈으로 보면 기사마다 다소 차이가 있게 마련입니다.

기자단이 취재, 보도에서 문제가 되는 것은 자기들끼리 기사에 대해 담합을 하는 경우입니다. 국익에 관계된 중차대한 분야 즉 외교, 국방, 통상 문제 등에서 엠바고(기사 유예)를 거는 것은 이해할 수 있는 부분이지요.

그러나 기자단이 출입처와 야합을 하여 국민들에게 알려야 할 사실을 전혀 알리지 않거나 혹은 제 때에 알리지 않는 경우가 있을 수 있습니다. 기자들이 출입처에 오래 나가다 보면 출입처 사람들과 인간적으로 친해지게 되는 수도 있지요. 그러다 보면 그 쪽 입장을 이해하게 되어 국민들 편에서 생각하는 면이 소홀해질 수도 있습니다. 그러나 기자 정신이 투철한 기자들은 이런 사적인 정(情) 때문에 기자의 본분을 잊고 보도의 원칙을 망각하지는 않습니다.

④ 기자실에 안주하지 않고 열심히 발품을 파는 자세가 중요

일부 몰지각한 기자들은 기사와 관련하여 이권 청탁을 하거나 기업 등에 압력을 가하여 금품을 챙기는 등 비리를 저지르기도 합니다. 하지만 대부분의 기자들은 양심적으로 행동하며 기자의 본분을 지키고 있다고 보는 게 정확할 것입니다. 요즘 젊은 기자들 가운데 옛날의 일부 선배 기자들이 저질렀던 악습을 답습하는 사람은 별로 없다고 보아야 할 것입니다.

어쨌든 기자실이 존재함으로써 기자들이 안일해지는 면이 없지 않다고 볼 때 취재기자들은 기자실에서 안주하려 하지 말고 기자실 밖으로 자주 나가 시민들을 상대로 직접 의견을 구하고 취재 영역을 넓힐 필요가 있습니다. 정부나 기업에서 일방적으로 주어지는 정보를 손쉽게 쓰려고 하지 말고, 열심히 발품을 팔아 민생 현장의 생생한 소리를 취재하고자 노력해야 할 것입니다.

2. 취재윤리

(1) 취재원 보호

① 취재원 보호는 언론의 사명이다

기자가 기사거리를 누구로부터 입수했는지 다른 사람에게 밝히지 않는 것 즉, 외부에 뉴스의 출처(news source), 정보제공자(informer)를 밝히지 않는 것을 취재원 비닉(秘匿)이라고 합니다. 취재원 비닉은 극히 예외적인 케이스라 할 수 있는데 이것은 취재원 보호 차원에서 이루어집니다. 취재원 보호에 관해서는 신문윤리 실천요강에도 '취재원의 안전이 위태롭거나 부당하게 불이익을 받을 위험이 있는 경우 그 신원을 밝혀서는 안 된다'고 명시되어 있습니다.

외부로 드러나기 어려운 조직 내부의 구조적인 부조리나 비리에 관한 정보는 용감한 내부 고발자의 제보 없이는 알아내기가 힘들지요. 내부 고발자가 제보를 하는 것은 순수한 정의감에서 하는 것일 수도 있고, 조직 내에서 소외되거나 불이익을 받고 있는 것에 대한 불만에서 나올 수도 있습니다.

제보의 동기가 보도를 악용하기 위한 것이 아니라면, 기자는 제보 내용을 다른 채널을 통하여 확인한 후에 기사로 반영할 수가 있겠지요.

어쨌든 기자 입장에서는 제보의 동기보다는 제보 내용이 더 중요하다 할 수 있습니다. 제보를 확인하여 사실로 드러나고 기사가 되는 내용이면 당연히 기사화해야 하겠지요. 이때 제보를 한 취재원이 자신의 신분이 노출되지 않도록 해달라고 요구하더라도 일단은 취재원을 설득하여 떳떳하게 신분을 밝히도록 유도하는 것이 좋습니다. 그러나 제보자가 자신의 신변이 위험해지거나 신분상에 불이익을 받을 수 있다고 하여 신분 노출을 강력하게 반대하면 제보자의 신원을 밝히지 말아야 합니다. 또한 화면 처리도 취재원(제보자)을 짐작케 하지 못하도록 배려를 해야 합니다. 취재원이 알려지면 그 사람은 온갖 불이익을 받거나 심한 경우 신변이 위태로워질 수도 있기 때문이지요.

기자는 제보자의 신원 이외에 제공받은 취재 내용 전반에 대해서도 비밀을 지켜야 합니다. 넓은 의미의 취재원은 제보자는 물론 영상, 오디오, 문서, 정보 등 모든 자료를 총칭합니다.

그런데 기자가 끝까지 제보자의 신원을 밝히지 않고 취재원을 보호하기란 그리 쉽지만은 않습니다. 권력기관이 집요하게 제보자를 찾아내려고 할 것이고 보도한 기자 및 언론기관에 대해 압력을 가할 것이기 때문입니다.

기자와 해당 언론사는 제보자와 일단 비밀을 지키기로 약속을 하면 이로 인한 온갖 불이익을 감수하고라도 약속을 철저히 지켜야 합니다. 그것은 기본적으로 신의에 관한 문제입니다. 뿐만 아니라 언론사가 메가톤급 제보를 받을 수 있는 취재원을 지속적으로 확보하는 길이기도 하지요. 더 나아가서는 국민의 알 권리를 충족시킨다는 명분에 부합되는 것입니다.

② 법적으로는 보호받지 못하는 취재원 비닉권(秘匿權)

언론계에서는 취재원을 보호하는 것이 당연한 일이라고 생각합니다. 이것은 의무이고 권리라고 주장하기도 하지요. 그러나 재판과정에서 취재원 공개를 요구받고 이를 거부했다가 불이익을 받게 된 경우도 적지 않습니다.

미국에서는 1866년 메릴랜드주를 시작으로 많은 주가 기자의 취재원 비닉권을 보장하는 이른바 실드법(Shield Law)을 제정한 바 있습니다. 그러나 미국의 연방법원은 비닉권을 인정하지 않습니다.

우리나라도 취재원을 보호할 수 있는 권리를 법적으로 인정받고 있지 못합니다. 단지 학계와 언론계에서 이 권리가 없으면 언론이 진실보도의 공공적 기능을 수행하기가 어렵기 때문에 취재의 자유 측면에서 인정해야 한다고 주장하고 있는 정도입니다. 비닉권은 국민의 알 권리에 봉사해야 하는 언론의 사명을 다하기 위해서 필수적인 것이고 언론인들이 지켜야 할 윤리라는 것이지요.

30년 만에 드러난 워터게이트의 얼굴 없는 제보자

1972년 6월 닉슨 대통령의 재선을 위한 비밀 공작반 관계자들이 워싱턴의 워터게이트 빌딩에 있는 민주당 전국위원회 사무실에 도청장치를 설치하려다 체포된 사건이 발생합니다. 워싱턴 포스트는 당시 익명의 제보를 받고 2년에 걸친 추적으로 닉슨 대통령이 이 사건에 관여했음을 밝혀냅니다. 그리고 대통령 사임이라는 초유의 사태가 일어났지요.

'워터게이트 사건'으로 알려진 이 사건의 제보자는 이후 워싱턴 포스트의 제보자 보호원칙에 따라 철저히 비공개에 부쳐졌습니다. 그동안 제보자의 정체를 알고 있던 사람은 3명뿐이었습니다. 당시 워싱턴 포스트의 신참 경찰출입 기자였던 밥 우드워드와 칼 번스타인 기자 그리고 벤저민 브래들리 편집국장이 그들이지요. 우드워드와 번스타인 기자는 "절대로 신분을 공개하지 않겠다"는 약속을 하고 정보를 제공받았고, 끝까지 약속을 지켰습니다.

> 당시 워싱턴 포스트의 사주였던 고 캐서린 그레이엄 여사는 자서전에서 "나도 익명의 제보자가 누구인지 정말 알고 싶었다. 그래서 한 번은 우드워드 기자에게 물어본 적이 있다. 그는 '정말 알고 싶은 거냐'고 물으면서 얘기는 하지 않았다. 나도 기자들이 취재원과 한 약속을 보호해야 할 것 같아 다시는 묻지 않았다"고 밝혔습니다. 이렇게 30년 넘게 비밀은 유지되었지요.
>
> 그러다가 2005년 <베니티 페어>라는 잡지에 '우드워드 기자에게 정보를 준 딥 스로트[13](Deep Throat)는 마크 펠트'라는 기사가 보도되었고 우드워드가 이를 시인하였습니다. 익명의 제보자가 마크 펠트 전 연방수사국(FBI) 부국장이라는 것이 30년이 지난 후에 밝혀진 것이지요. 그는 죽기 전에 비밀을 털어놓고 싶은 생각이 강했던 것으로 알려지고 있습니다. 마크 펠트는 2008년 심장마비로 사망했습니다. 나이는 95세였습니다.

(2) 어떤 경우에 사생활 침해가 되는가?

① 사생활을 침해하는 취재 보도는 위법

프라이버시(privacy) 즉, 개인의 사생활을 침해하는 취재 그리고 보도는 위법입니다. 개인의 사생활에 속하는 사항은 취재 대상자 본인의 승낙을 받고 승낙을 받은 범위 내에서 보도가 허용됩니다.

개인의 집이나 사무실에 허락 없이 들어가서 촬영을 하는 것은 취재 윤리상 있을 수 없는 일이며 사생활 침해로 법적인 문제가 생길 수 있습니다.

---

13) 워터게이트 사건에서 처음 나온 이 용어는 '내부 고발자'라는 뜻의 보통 명사처럼 사용된다. 그러나 '딥 스로트'라는 말은 1972년 상영된 포르노 영화의 제목에서 나온 것이다. 그 자체가 내부 고발자를 뜻하는 말은 아니다. 내부 고발자를 뜻하는 정확한 말로는 '휘슬 블로어'(Whistle Blower)라는 단어가 있다.

사고로 슬픔에 빠져있는 희생자 가족이나 친지들에게 카메라와 마이크를 들이대는 것도 조심스럽게 해야 합니다.

미국의 CBS, NBC-TV 등은 사고가 발생했을 때 취재 대상자의 정신적 · 신체적 상태를 충분히 고려하여 취재하도록 하고 있습니다. 기사의 내용에 명백히 필요하다고 인정되지 않는 한 인터뷰는 하지 않습니다.

우리나라도 보도윤리강령에서 재난이나 사고 취재 때 인간의 존엄성을 침해하지 않도록 노력하고 피해자와 가족에게 적절한 예의를 갖추도록 하고 있습니다.

방송에서 사적인 정보를 공개하는 것도 금지되고 있습니다. 취재 대상이 알리고 싶지 않은 개인 정보 예를 들면 이혼, 전과(前過), 병력(病歷), 가족관계 등 인격권과 관련해 불미스러운 정보를 보도하는 것은 바람직하지 않다고 볼 수 있겠지요.

취재대상이 모르게 전화내용을 녹음해 보도하는 것, 현장에서 몰래카메라로 인터뷰하는 것 등도 모두 사생활 침해 행위입니다.

② 공익을 위한 보도는 예외

국민의 알 권리 측면에서 공인에 대한 보도나 공적 이익을 위한 보도로 인하여 사생활이 침해되는 것은 어느 정도 인정되고 있습니다. 즉, 공인은 그 존재나 직업이 이미 공적 성격을 띠고 있고 언론은 대중에게 공익에 관한 정당한 관심사항을 알려야 할 권리와 의무가 있기 때문에 어느 정도 사생활 보호가 제약되는 것은 불가피하다는 것이지요.

공직을 수행하는 공인은 물론이고 일반 대중으로부터 명성을 얻고 관심의 대상이 되는 연예인, 스포츠 스타들의 사생활

보도 역시 어느 정도 용인될 수밖에 없습니다. 연예인 등 인기인들은 공인 못지않은 사회적 책임을 요구받고 있기 때문에 어느 정도 '정보공개'의 부담을 떠맡지 않을 수가 없습니다. 그러나 아무리 공인이라 하더라도 내밀한 사생활은 보호되어야 한다는 것이 정설입니다.

(3) 피의사실 공표 논란

검찰이 범죄사건 등을 수사할 때 언론은 대개 검찰의 최종 발표가 나올 때까지 기다리지 않습니다. 검찰청 출입기자들은 수사 내용에 대해서 경쟁적으로 기사를 써 댑니다. 남들보다 하나라도 더 새로운 사실을 먼저 보도해야 언론사가 빛이 나고 기자는 유능하다는 평가를 받는다고 생각합니다.

검찰도 기자들의 등쌀에 못 견디어 중간 수사 발표를 하고 가끔씩 수사 진행사항을 브리핑해 기자들이 기사를 쓸 수 있도록 해줍니다.

경우에 따라서는 특정 기자에게 수사 내용을 흘려주어 수사에 대한 여론의 동향을 떠보기도 합니다.

원칙적으로 수사 받고 있는 사람의 피의 사실을 공표하는 것은 형법 제 126조의 피의 사실 공표죄에 해당합니다. 이 조항을 보면 '검찰, 경찰 기타 범죄수사에 관한 직무를 행하는 자 또는 이를 감독하거나 보조하는 자가 그 직무를 행함에 당하여 지득(知得)한 피의사실을 공판청구 전에 공표한 때에는 3년 이하의 징역 또는 5년 이하의 자격정지에 처한다'고 되어 있습니다.

피의자는 법원의 최종 판결이 내려지기 전까지 원칙적으로 무죄입니다. 이는 헌법 제 27조에 명시되어 있는데 무죄추정의 원칙이라고 하지요. 따라서 그 이전에 피의 사실이 공표되는 것은 피의자에 대한 인격권을 침해하는 행위입니다.

그렇다면 현재 언론기관들이 수사 중간에 검찰에서 흘러나오는 이야기들을 보도하는 것은 모두 위법입니다. 다만 국민의 알 권리를 충족시키기 위해 수사 기관이 공식발표를 하는 경우가 있습니다. 이때 발표는 국민들의 정당한 관심의 대상이 되는 사항에 관하여 객관적이고도 충분한 증거나 자료를 바탕으로 한 사실 발표에 한정되어야 합니다. 또한 이를 발표하는데도 정당한 목적 하에 수사 결과를 발표할 수 있는 권한을 가진 검찰 · 경찰 관계자에 의하여 공식절차에 따라 이루어져야 합니다.14)

현실적으로도 많은 언론인과 언론학자들은 피의사실 공표가 잘못된 것이라는 인식을 공유하고 있습니다. 월간 「신문과 방송」이 2009년 언론인과 언론학자 등 467명을 대상으로 설문조사를 한 바에 따르면 검찰 · 경찰의 피의사실 공표가 잘못된 것이라는 응답이 64.2%에 달했습니다.

조사 결과에 따르면 수사기관이 피의사실을 공표하는 이유는 언론보도를 수사에 활용하기 위한 것이라는 응답이 54.6%로 가장 많았습니다. 이것은 언론의 요구에 의한 것 또는 언론의 추측기사 및 오보를 막기 위한 것이라는 응답 비율의 3배에 달했습니다. 피의사실 공표가 국민의 알 권리를 충족시키기 위한 것이라는 응답은 21.5%에 불과했습니다.

결국 원칙적으로나 현실적으로나 피의사실 공표는 바람직

---

14) 원칙적으로 피의 사실 공표죄는 예외가 없다. 형법상 예외조항이 마련되어 있지 않기 때문이다. 하지만 피의사실 공표죄 조항이 사문화 되다시피 한 실정이다. 그래서 관례상 수사기관의 공식발표는 피의 사실 공표죄에 해당되지 않는 것으로 취급받고 있다.

하지 않다는 것이지요.

언론인이 피의 사실 공표를 하는 경우도 있습니다. 검 · 경찰 관계자의 설명만을 바탕으로 보도하거나 수사기록 내지 수사 관계자로부터 입수한 정보만을 바탕으로 보도하는 것 등이 그것입니다. 엄밀히 말해 이러한 보도는 피의사실 공표죄에 해당합니다.

2009년도 노무현 전 대통령의 검찰 수사와 관련해 피의사실 공표죄에 대한 논란이 크게 일었습니다. 민주당은 검찰을 고발하면서 "뇌물죄 성립의 핵심인 직무 관련성과 대가성에 대한 객관적인 증거 자료를 제시하지 못하면서 '범죄 소명이 충분하다' '소기의 성과를 거뒀다'는 취지의 브리핑을 해 국민들이 노 전 대통령의 유죄를 예단하게 했다"고 주장했지요.

노 전 대통령 사건은 검찰 및 언론 기관이 국민의 알권리 충족을 명분으로 피의 사실을 공표하여 피의자의 인권을 침해한 대표적인 사례라는 주장이 나오고 있는 것입니다.

(4) 초상권(肖像權) 침해

① 촬영거절권, 공표거절권, 초상영리권

우리나라에는 초상권에 대한 실정법상의 규정은 없습니다. 초상권은 판례에 의해 정립된 권리라 할 수 있지요. 판례에 의하면 초상권은 촬영거절권, 공표거절권, 초상영리권 등으로 되어 있습니다.

촬영거절권은 얼굴이나 기타 사회통념상 특정인이라고 식별할 수 있는 신체적 특징이 함부로 촬영되는 것을 거부할 수 있는 권리입니다. 공표거절권은 촬영된 사진 및 화면이 공표되거나 복제되는 것을 거부할 수 있는 권리입니다. 초상영리권은 초상 사진 및 화면이 본인의 승낙 없이 영리목적에 사용되지 않도록 할 수 있는 권리입니다.

초상권은 자기의 초상을 대중에게 공표할 것인지 말 것인지, 공표한다면 어떤 방식으로 공표할 것인지를 결정할 수 있는 권리입니다. 오로지 자신만이 그 권리를 행사할 수 있지요. 초상은 TV영상, 비디오 녹화물, 사진, 영화 필름 등에 수록되는 것 그리고 조각이나 인형, 만화 등과 같은 예술적 작품으로 만들어지는 것까지 포함됩니다.

② 공공성과 공익성이 인정되는 경우는 예외

그러나 초상권도 절대적인 권리는 아닙니다. 취재 및 촬영에 공공성과 공익성이 인정되는 경우, 촬영 대상이 공인이거나 촬영 장소가 공적인 공간일 경우 그리고 촬영 대상자가 묵시적으로 촬영에 동의한 경우에는 초상권 시비에서 벗어날 수 있지요.

사회적 관심이 많은 사건의 주인공이나 공공의 관심사에 연루된 관계자가 공공의 장소에 있을 때에는 당사자의 승낙 없이 촬영이 가능합니다. 사건의 중심에 있는 인물이거나 체포되기 직전의 인물이 건물에서 나오는 장면을 찍거나 교통사고 현장에 피해자 가족이 나와 있는 것을 촬영하는 것 등이 이에 해당할 것입니다.

또한 집회, 시위 등 공개 행사에 참가하고 있는 사람 및 길거리의 행인, 귀성 행렬에 있는 사람, 등산이나 야외나들이를 하고 있는 사람도 당사자의 승낙 없이 촬영할 수 있습니다.

③ 기사와 화면은 일치해야 한다

초상권에서 유의해야 할 대목은 공적인 장소에서 불특정 다수를 대상으로 찍은 화면일지라도 화면이 설명하는 기사 내용이 부정적일 때는 초상권 시비에 휘말릴 수 있다는 점입니다. 예를 들어 에이즈 환자가 늘어나고 있다는 보도를 하면서 길거리를 통행하고 있는 불특정 행인을 클로즈업으로 촬영하여 방영할 경우 화면에 나오는 당사자가 오해 받을 수 있는 소지가 있습니다. 기사 내용과 화면을 주의 깊게 생각하여 방송을 해야 하는 이유이지요.

원칙적으로 모든 기사와 화면은 정확하게 일치해야 합니다.

④ 흉악범을 보호해야 한다며 얼굴을 가리는데?

우리나라 언론은 살인 등 강력 사건의 경우 피의자 얼굴을 공개해 왔습니다. 하지만 2004년 무렵부터 인권수사가 강조되면서 피의자들이 언론에 노출될 때 모자와 마스크를 씌워주는 관행이 생겨났습니다. 경찰이 2005년 마련한 직무 규칙에는 '경찰서 내에서 피의자와 피해자의 신원을 추정할 수 있거나 신분이 노출될 우려가 있는 장면이 촬영되지 않도록 해야 한다'는 초상권 침해 금지 규정이 포함됐습니다.

이후 언론은 자백 또는 확실한 증거로 범인임이 확실시되는 경우에도 중범죄자의 이름과 얼굴을 공개하지 않고 있습니다. 연쇄 살인범 유영철 사건(2004년)과 정남규 사건(2006년) 때도 국민들은 TV 화면에서 범인의 얼굴을 볼 수 없었지요. 2008년 10월 서울 논현동 고시원에서 6명을 살해하고 7명에게 중경상을 입힌 방화 · 살인범 역시 얼굴이 공개되지 않았습니다.

그러다가 2009년 발생한 살인범 강호순 사건을 계기로 피의자의 인권이 중요한가, 아니면 범죄자의 얼굴을 매스컴에 노출시켜 범죄 예방을 하는 것이 중요한 것인가에 대한 논란이 끊임없이 일어나고 있습니다.

선진국에서는 중범죄자의 인권보다 범죄 예방과 국민의 알 권리를 더 중시하는 추세입니다. 연쇄 살인범 강호순이 경기도 군포의 20대 여성 살인 사건 현장 검증에 챙이 달린 모자를 깊숙이 눌러쓰고 나타난 모습이 국내 언론에 보도된 다음 날인 2009년 1월 29일, 미국 뉴욕타임스는 한 이민자를 폭행해 숨지게 한 10대 피의자 6명의 얼굴 사진을 톱기사로 보도하였습니다. 미국의 경우 살인범은 물론이고 아동 성범죄자나 총기 살인 미수범의 경우에도 보도로 인한 공익이 더 크다고 판단하여 과감하게 얼굴을 공개하고 있지요. 지난 2004년 서울 서래마을에서 자신의 영아 2명을 살해한 혐의로 프랑스인 부부가 체포되자 프랑스 방송과 신문들은 그들의 얼굴 사진을 크게 보도했습니다. 일본 역시 마찬가지로 흉악범의 얼굴을 언론에 공개하고 있습니다.

우리나라도 조선일보가 2009년 1월 31일 여성 7명을 살해한 연쇄 살인범 강호순의 얼굴을 1면에 크게 공개했습니다. 조선일보는 반(反)인륜 범죄자들의 얼굴을 공개해야 한다는 여론이 높다고 주장하면서 범인의 사진을 게재했습니다.

피의자의 인권에 대한 논쟁은 초상권뿐만 아니라 범인을 부르는 호칭에서도 마찬가지로 문제시 되고 있습니다.

2008년 2월 10일 대한민국 국보 1호인 숭례문 방화사건이 발생했을 때 국내 언론들은 '방화혐의자 ○○○씨 수배'라고 보도했습니다.

국어 학자들에 따르면 이름에 '씨'를 붙이는 경우는 그

사람을 높이거나 대접해서 부르는 것이기 때문에 범죄자에게 '씨'를 붙이는 것은 적절치 않다고 합니다. 우리보다 인권보호가 철저한 미국이나 일본에서도 흉악범이나 범죄 용의자에게는 'Mr.'나 'さん'(우리말의 씨에 해당)이라는 호칭을 사용하지 않고 있지요.

미국의 경우 대부분의 언론은 "Police said Smith committed the crime....... Smith argued that......... "로 쓰며 'Mr. Smith'라고 하지 않습니다.

일본 역시 '살인사건 용의자 다나까를 수배중' '다나까 혐의자'와 같이 표현하지요.

우리의 경우 유죄로 확정판결이 나기 전까지는 무죄로 봐야 한다는 인권존중의 관행에서 피의자에게도 '씨(氏)'를 붙이지만 외국에서는 언론이 범죄 피의자의 이름에 높임말을 붙이는 것은 옳지 않다고 하여 '씨'(Mr. 또는 さん)를 붙이지 않습니다.

(5) 몰래카메라

① 몰래카메라는 원칙적으로 정당한 방법이 아니다

몰래카메라는 정당한 행위일까요? 결론부터 말하면 그렇지 않습니다. 취재는 어디까지나 정당한 방법으로 해야 하겠지요. 편법은 있을 수 없습니다. 편법이나 불법으로 취재한 것은 원칙적으로 보도해서는 안 됩니다. 몰래카메라를 사용하거나 위장 취재를 하는 행위는 인정받을 수 없습니다.

MBC의 경우 자체적으로 제정한 방송강령을 통해 '몰래카메라 준칙'을 만들었습니다. 취재원에게 촬영 사실을 숨기는 몰래카메라 기법은 사생활의 자유와 비밀 보호를 침해하는 등 실정법상으로 문제를 일으킬 우려가 있기 때문에 몰래카메라를 사용하지 않도록 하는 것을 원칙으로 한다는 내용이지요.

다만 탐사형 고발 프로그램이나 정부나 기업, 단체의 비리를 폭로하고 감시하는 프로그램, 기타 중대한 공익 프로그램의 경우에는 예외 규정을 두고 제한적으로 사용할 수 있다고 규정하고 있습니다.

② 몰래카메라를 사용하는 경우

몰래카메라를 사용하는 경우는 첫째, 취재대상이 현장 취재와 촬영, 인터뷰를 거부할 때입니다. 둘째, 현장을 가감 없이 있는 그대로 촬영해 진실을 시청자들에게 전달할 필요가 있을 때 사용합니다. 어느 경우이든 진실 추구가 목적이지요.

몰래카메라로는 방송용 카메라인 ENG는 별로 쓰지 않습니다. 카메라가 무겁고 클 뿐만 아니라, 취재대상이 금방 알아채기 때문이지요. 대개 홈비디오인 6mm 카메라를 사용하는데 카메라의 렌즈와 몸체를 분리해 가방 같은 것에 담아 카메라인지 알아볼 수 없게 하지요. 옷 속에 카메라를 숨겨 촬영하기도 하지만 서류용 손가방처럼 만든 물건을 가장 많이 사용합니다. 최근에는 시계, 안경, 라이터, USB(이동식 저장장치), 넥타이, 단추, 자동차 키 등을 이용하기도 합니다. 몰래카메라를 사용할 때는 대개 신분을 감추고 손님이나 제품 구매자 또는 이용객인 것처럼 가장하고 행동합니다.

현장의 특성상 제보자를 동반하는 경우도 있습니다. 예를 들면 상납하는 자리라든지 제보자만이 출입할 수 있는 현장의 경우, 동료로 위장해 취재를 합니다. 수사관을 동반하는 경우도 있습니다. 불법이 저질러지고 있는 현장, 범죄현장을 취재할 때 취재진은 수사권이 없기 때문에 검찰이나 경찰 등 수사기관의 협조를 받지요. 때로는 여성들만 들어갈 수 있거나 관련되는 사람들만이 갈 수 있는 곳을 취재할 수도 있는데 그런 경우에는 외부 사람에게 몰래카메라를 주어 촬영을 의뢰하기도 합니다.

몰래카메라로 촬영을 할 경우 기자들은 갖가지 위험을 무릅쓰기도 하고 심한 몸싸움을 할 수도 있지요. 또한 온갖 고생 끝에 현장에 잠입하여 몰래카메라로 촬영을 했는데 나중에 보니 카메라가 제대로 작동하지 않아서 허사가 되는 경우가 있는가 하면, 취재도중 취재원이 눈치를 채 심한 다툼이 벌어지거나 심지어 테이프를 빼앗기는 일도 일어납니다.

(6) 인명구조가 먼저인가, 알 권리가 우선인가?

<수단의 굶주린 아이>

위의 사진은 1993년 남아프리카 출신 프리랜서 사진작가 케빈 카터의 작품입니다. 아프리카의 참상을 전 세계에 알린 것으로 인정받아 1994년 퓰리처상을 수상한 유명한 사진이지요.

아프리카 수단의 내란 현장에서 굶주림으로 죽어가는 어린이를 독수리가 옆에서 지켜보고 있는 장면을 담고 있는데, 뼈만 앙상하게 남아 보기에도 처참한 어린이가 금방이라도 독수리의 먹이가 될 것만 같은 위험한 상황이지요.

이 사진은 내전의 참상과 난민 구호의 필요성을 일깨우는 작품이라 할 수 있습니다. 그런데 만약 사진기자가 아닌 일반인이 이런 장면을 목격하게 되었다면 어떻게 했을까요? 아마도 본능적으로 달려가 어린이를 구했을 것입니다.

그래서 이 사진은 기자가 직업의식에 투철한 나머지 사람이 죽어가는 모습을 보고도 구조는 뒷전으로 미룬 채 우선적으로 취재를 하는 것이 옳은 일인지에 대한 윤리문제를 말할 때 거론하는 대표적인 사진이 되었습니다.

사진기자는 먼저 인명을 구조하는 노력을 해야 하는가? 아니면 다시는 오지 않을 장면을 놓치지 않기 위해 촬영을 해야 하는가? 결국 사진을 찍을 것인지 아닌지를 결정하는 것은 사진기자의 몫일 것입니다.

케빈 카터 기자는 사진 촬영을 마친 뒤 어린이를 구호소에 데려다 주었다고 합니다. 케빈 기자는 또한 독수리는 살아있는 사람이나 동물은 먹지 않는다는 상식을 잘 알고 있었을 것이라고 사람들은 말합니다. 어쨌든 그는 이 작품으로 비난의 대상이 되었으며 퓰리처상을 수상한 3개월 뒤, 33살이라는 젊은 나이에 자살로 생을 마감합니다.

그가 자살한 것은 일반적으로는 자신에게 쏟아지는 비난의 화살이 괴로워서였다고 추측되고 있지만, 좀 더 가까이 그의 삶을 들여다본 사람들은 그가 자살할 당시 사람들로 부터 비난을 받은 것 외에 다른 동기도 많았다고 전합니다. 동료 사진기자의 죽음, 경제적인 어려움, 수많은 참상을 직접 목격하는 고통 등이 복합적으로 작용했다는 것이지요.

그의 죽음을 통해 우리가 생각할 수 있는 것은 어떤 경우든 인명구조가 최우선이라는 명제와 국민의 알 권리를 위해 취재활동을 해야 한다는 명제가 충돌할 때 어떻게 해야 할 것인지, 현장에서 부딪치는 기자들로서는 어려운 과제라는 점일 것입니다.

3. 기업과 언론의 이해상충

(1) 기업과 언론의 이해상충 구조

이해상충(conflict of interest)이란 개인이나 조직, 제도가 가지고 있는 복수의 이해관계가 서로 충돌하는 현상을 말합니다. 예를 들면 언론인은 국민의 알 권리에 봉사하는 공적 사명에 충실해야 합니다. 그러나 개인적으로 자신이 출입하는 기업으로부터 금품 또는 향응을 받아 본연의 업무에 어긋나게 행동하는 경우도 있지요. 이 두 가지 사안이 충돌하는 것을 이해상충이라 합니다.

전 현직 언론인 및 대기업 홍보 책임자들의 인터뷰를 통해 이런 현상을 살펴볼까요?

● **대기업일수록 언론사 고위직과 인맥을 형성**

대기업일수록 언론사의 고위직 즉 부장이나 편집국장 또는 사장 등과 접촉하고 인맥을 형성하는 경향이 있다. 또한 대기업일수록 재단이나 연구소 등을 통해 언론사 간부 및 기자들과 인맥을 형성하고 자기 사람을 심어두는 전략을 구사한다.

(모 언론사 경제부장)

● **대기업들은 돈과 조직의 영향력으로 언론을 관리**

정치권력은 건드려도 기업은 못 건드린다는 말이 있다. 대기업들은 독과점상태에서 돈과 조직의 우월한 영향력을 바탕으로 언론들을 관리할 수 있기 때문이다. 대신에 언론들은 과열경쟁 난립상황이다. 이 상황에서 언론들은 기업의 공정경쟁을 얘기하지 못하고 '침묵의 카르텔'을 형성하고 있다.

고유가 시대 정유사들은 독과점적 이윤을 챙기고 정유사 직원들은 억대 연봉을 받고 있는데도 언론들은 소비자, 시민을 대신하여 공정경쟁을 외치지 못한다.

(모 언론사 경제부장)

● 기업 광고는 홍보거리의 제공과 맞춰 집행

광고는 홍보거리의 제공과 맞춰서 집행하는 경우가 많다. 예를 들면 군산에 조선소를 기공하는 이벤트가 있을 경우 기공식이 있는 날이나 다음 날 언론에 광고를 내면 대체로 기사가 잘 나간다. (광고를 내주면 기사를 잘 써준다는 의미) 신문과 달리 방송은 그것이 잘 안 된다. 방송심의가 있고 방송은 한 차례 광고할 수 있는 시스템이 아니고 중간에 한국방송광고공사(KOBACO)가 있어서 자유롭지 못하다.

(모 대기업 홍보팀장)

● 광고는 홍보와 같이 갈 수밖에 없다

광고는 홍보와 같이 갈 수밖에 없다. 대개 홍보담당 이사가 광고에 관한 결재권이 있는 연계성을 가지고 있다. 그것은 기업이 광고를 통해 언론에 대해 '갑'의 관계를 가질 수 있기 때문이다.(광고를 줌으로써 언론사보다 우위에 설 수 있다는 의미)

(모 대기업 홍보팀장)

● 편집국장이 바로 광고국장으로

예전에는 신문사 편집국장을 하다가 광고국장으로 옮겨가는 일이 거의 없었다. 그러나 요즘에는 편집국 부국장을 하다가 광고국장으로 갔다가 다시 편집국장으로 가는 경우도 있고 편집국장을 하던 사람이 바로 광고국장으로 가는 사례도 있다.

이와 관련해 대기업에서 불리한 기사를 빼달라고 부탁을 할 때 담당 기자나 부장, 국장 등에게 청탁하기도 하지만 광고국을 통하는 일도 많아졌다. 광고국이 큰 고객인 대기업의 입장을 대변해 주는 역할도 맡고 있다.

(모 신문사 편집국장)

● 비중이 큰 광고주에 취약할 수밖에 없다

한국 언론에 자생구조가 전혀 없다. 일부 메이저 신문마저도 어려운 상황이니 작은 신문은 더 말할 나위도 없다. 비중이 큰 광고주의 입김에 취약할 수밖에 없다.

(모 대기업 출입기자)

●'저 친구는 돈을 주면 받는다'는 판단이 서면 준다

촌지는 100% 없어졌다고 말할 수도 없고 늘 준다고 말할 수도 없다. 언론사와 기자들마다 다르다. '저 친구는 돈을 주면 받는다'는 경험과 판단이 서면 준다. 삼성 이건희, 한화의 김승연, 현대자동차의 정몽구 회장과 같이 기업의 오너가 문제가 생기는 특별한 경우에는 돈이 뿌려질 수도 있겠다. 그러나 대체로 메이저 언론들은 안 받는다.

(모 대기업 홍보팀장)

● 골프는 엄청 친다

골프는 엄청 친다. 경제지의 산업부장은 많은 기업 간부들과 골프 파트너의 대상이기 때문에 기업 쪽에서 부킹하기가 힘들 정도다. 명절 때 선물도 엄청나게 들어온다.

(모 대기업 홍보팀장)

● 기업에 불리한 기사는 신문에서는 일절 다루지 않는다

대기업의 영향력에서 그나마 자유로운 것은 방송 3사와 YTN, 한겨레, 경향 정도이다. 가령 GS-칼텍스 오너가 자녀에게 부정 상속을 했다든지 KT가 개인정보를 유출했다든지 하는 기업에 불리한 기사는 신문에서는 일절 다루지 않는다. 평소의 인맥관리와 광고를 통한 협상 그리고 때로는 촌지와 향응 제공으로 나름대로 위기관리를 한 결과이다.

(모 언론사 간부)

● 골프 등 선물 제공이 만연해 있다

촌지는 거의 사라졌다고 하지만 기업에서 제공하는 휴양 이벤트나 부대 서비스, 골프와 선물제공이 만연해 있다. 특히 건설 회사는 골프장을 가지고 있기 때문에 수시로 골프 접대를 하고 정부 부처는 건설 정책을 수행하는 국토해양부 출입 기자가 여러 가지 음성적인 혜택을 받는 것으로 알려져 있다.

(모 언론사 경제부장)

● 기업들은 언론사 경영진에게까지 영향력을 행사

대기업들은 불리한 기사가 터지면 충분히 막을 수 있다. 광고 집행을 통해서 가능한데 그것은 선진국처럼 언론사가 광고국과 편집국이 분리되지 않았기 때문이다. 경제지뿐만 아니라 종합지들도 다 넘어간다. 기업들은 광고담당 직원, 기자, 편집 간부뿐만 아니라 경영진에까지 영향력을 행사하기 때문

이다.

(모 언론사 경제부 차장)

● **촌지 액수가 적다고 되돌려 주기도**

1980년대 언론사에서 해직된 김모 씨는 대기업의 홍보과장으로 일하던 중 유력 신문의 김모 기자에게 촌지를 주었다가 촌지 액수가 적다고 되돌려 받는 수모를 당했다. 당시 유력 신문의 경제부 기자이던 김모 씨는 현재 이 신문사의 고위층이 되었다.

(전 대기업 홍보팀장)

● **보도가 잘못되었을 때 정공법으로 대처하는 일이 많아졌다**

과거에 비해 달라지고 있는 현상이 두 가지 있다. 사회공헌 활동을 통한 이미지 제고 전략이 과거에 비해 늘어나고 있다. 이를 보도하기 위해 평소 관계를 잘 유지하려는 노력을 하고 있다. 그리고 잘못이 있는 보도가 나갈 경우 정공법이 과거에 비해 상대적으로 늘어난 것도 달라진 점이다. 광고를 통하여 이를 막기에는 비용이 너무 크다는 판단을 한다. 매체가 너무 많기 때문이다.

(모 대기업 홍보이사)

외제 유리를 끼워 자동차 충돌 시험을 한 것을 TV에 방영

대기업 홍보실의 언론플레이 중에 실감나는 사례를 하나 들어볼까요?

필자는 1980년대 군사독재 정권의 기자 대량해직으로 언론계를 떠나 잠시 현대자동차 홍보실에서 근무한 적이 있었습니다.

1984년 현대자동차에서 처음으로 전륜구동 승용차 엑셀을 출시했습니다. 그 이전에 출시된 국산 승용차는 모두 후륜구동 차였지요. 전륜구동은 후륜구동에 비해 기술적으로 우수한 제품이었기 때문에 국내 자동차 업계의 기술이 한 단계 업그레이드되었다는 측면에서 전륜구동의 등장은 큰 뉴스거리가 되었습니다.

국내 언론은 이 기사를 크게 보도했고 TV방송은 본사에서 카메라기자가 직접 울산의 현대자동차 공장까지 내려가 엑셀 승용차의 생산 과정 등을 촬영하였습니다. 엑셀 승용차가 출시되기 전에 각종 테스트를 거치는 장면(시속 200km 이상으로 주행테스트를 하는 장면을 비롯한 각종 실험 장면)은 현대 측에서 홍보용으로 촬영한 화면을 방송사가 넘겨받아 방송하였습니다.

그러나 방송사 측에서는 테스트 장면 중 하이라이트인 충돌시험 장면은 직접 촬영하고자 했습니다. 현대 측이 촬영한 화면을 사용하지 않고 자신들이 직접 촬영해 방송하겠다는 것이었지요. 이에 현대자동차 측은 실험용 차량을 한 대 제공하여 TV 카메라 앞에서 실험을 하였습니다.

충돌 실험의 규정대로 테스트를 한 결과 승용차의 앞 유리창은 크게 부서지지 않고 유리 속에 삽입되어 있는 필름이 찢어지는 정도로 가볍게 파손되었습니다. TV 뉴스에는 이 장면이 그대로 방영되었지요.

뉴스를 본 시청자들은 국산차도 웬만한 충돌에는 앞 유리창이 크게 부서지지 않을 정도로 안전하다고 느꼈을 것입니다. 그러나 이것은 속임수였습니다. 현대자동차 측에서 충돌 테스트를 하는 승용차의 앞 유리를 외제 유리로 바꿔 끼워 넣고 테스트를 한 것이었지요.

(2) 기업과 언론의 공생관계

2008년 10월 김용철 변호사의 삼성비자금 폭로 사건은 온 나라를 뒤흔들었습니다. 이로 인해 삼성의 전방위 로비와 고위공직자 뇌물수수 등 삼성과 권력층간의 유착관계가 만천하에 드러났습니다.

또 이 사건은 언론과 삼성의 관계를 알아볼 수 있게 했습니다. 보수언론은 삼성의 입장을 옹호하는데 무게를 실었는데, 진보언론은 비판적인 논조를 취했지요.

이 사건을 계기로 대기업과 언론과의 관계가 주목받기 시작했습니다.

언론은 국민의 알권리를 충족시켜야 하는 사명감을 안고 있습니다. 그런데 언론사도 기업이기 때문에 경영자 입장에서는 안정적인 수입원을 확보해야 합니다. 수입원은 주로 기업으로부터 수주받는 광고입니다.

기업은 경영에 도움을 받기 위해 언론사를 통해 광고를 하고, 뉴스를 자신들의 홍보수단으로 이용합니다.

월터 크롱카이트는 이렇듯 언론이 기업으로부터 자금 공급을 받고 기업이 언론을 통해 성장함으로써 상호의존적인 공생관계를 유지하고 있는 것에 대해 다음과 같이 말합니다.

> "방송사와 신문사들은 기업에서 오는 광고 수입으로 생존한다. 저널리즘은 기업계가 이런 자금을 공급할 만큼 건전할 동안에만 번성할 수 있다. 반면 기업은 자신의 성장을 촉진하기 위해 저널리즘에 의존한다. 기업은 뉴스와 광고를 이용한 정보의 확산을 통해 성장이 가능하다."

4. 보도 피해구제

(1) 잘못된 뉴스 보도로 피해를 입으면 어떻게 하나?

① 오보로 인하여 피해를 입으면 방송사에 직접 정정보도 요청

현대사회에서 뉴스는 우리 생활과 떼려야 뗄 수 없게 되었습니다. 뉴스는 이제 우리 곁에 가까이 와 있습니다. 그런 만큼 뉴스가 잘못 보도되어 즉, 오보로 인하여 피해를 입게 되는 경우도 많아졌습니다. 뉴스로 인하여 피해를 입으면 피해 당사자는 우선 당황하게 마련이지요.

본인이 생각해 분명한 오보라고 판단되면 당사자가 방송사에 직접 정정 보도를 요청할 수 있습니다. 만약 이 요구에 방송사가 불응하면 언론중재위원회에 중재 신청을 할 수가 있지요.

언론중재위원회는 정정보도를 청구한 사람과 뉴스를 보도한 방송사 관계자를 불러 기사의 진위 여부를 따진 뒤 잘못된 보도인 경우 정정기사를 내도록 조정을 하게 됩니다.

보통 언론중재위원회에 정정신청 등을 접수한 뒤 한 달 정도 지나면 정정보도에 대한 결론이 나게 됩니다.

또한 피해 당사자는 언론중재위원회에서 조정이 이루어지지 않거나 불만이 있을 경우 법원에 소송을 제기하여 자신의 권리를 주장할 수 있습니다.

② 해마다 늘어나는 언론중재 요청

시민들이 언론중재위원회에 조정을 신청하는 건수는 해마다 늘어나고 있습니다. 2008년에는 954건의 조정 신청이 있었는데 이는 1981년의 44건에 비해 거의 22배 늘어난 수준입니다.

〈언론중재 신청 건수〉

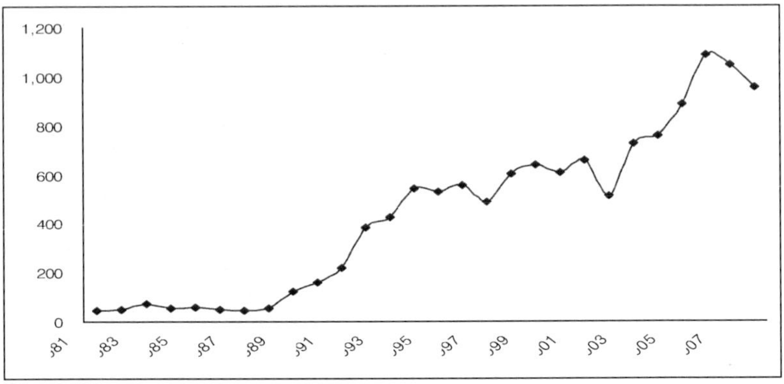

이렇게 언론중재 신청 건수가 늘어나는 이유는 두 가지로 해석할 수 있습니다. 첫째 원인은 언론기관들의 오보가 늘어남에 따라 이에 대한 정정보도 요청이 늘어난데 있습니다. 둘째는 시민들의 권리의식이 향상되어 언론기관에 적극적으로 대응하는 일이 많아졌기 때문이지요.

〈언론중재 피해구제율〉

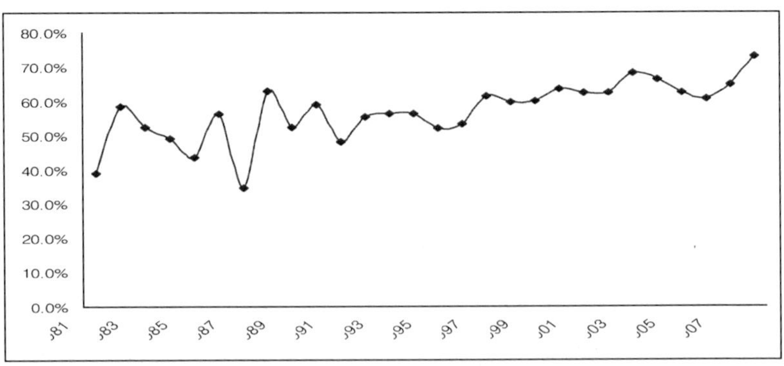

같은 기간 피해구제율도 상승했습니다. 1981년 39% 정도

였던 피해구제율이 2000년대에 들어 60%대를 유지하다 2008년에는 70%를 넘어섰습니다. 이는 언론중재위원회가 적극적인 중재 활동을 벌인데다가 중재 신청을 한 시민들의 주장이 그만큼 타당성이 있었다는 것을 입증합니다.

③ 언론중재위원회에서 조정이 이루어진 사례

참고로 언론중재위원회에서 조정이 이루어진 사례를 소개해볼까요?

다음은 2008년 8월 8일 <SBS 뉴스와 생활경제 1부>에 보도된 내용입니다.

<SBS> 의정부 지법 '고양 덕이 지구, 택지 개발 취소'

(2008년 8월 8일 기사)

> 현재 공사가 진행 중인 경기도 고양시 덕이 지구에 대해 "절차상 하자가 있다"는 이유로 공사를 중지하라는 법원의 판결이 나왔습니다.
>
> 의정부 지법 행정 1부는 일산 덕이 지구 내 토지 소유주 라 모 씨 등 3명이 "조합원 총회 없이 대의원회만 거쳐 개발사업을 추진해 위법하다"며 고양 시장과 조합을 상대로 낸 개발계획 등 인가처분 취소 청구소송에서 원고 승소 판결을 했습니다.
>
> 이에 대해 고양시와 조합 측은 "판결을 받아들일 수 없다"며 곧바로 항소했으며 확정 판결이 나올 때까지 덕이 지구 개발 사업은 계속 진행됩니다.

이 보도가 나간 뒤 고양 일산 덕이 구역 도시개발 사업조합은 "법원이 조합원 총회의결 누락이라는 절차상 하자가 있다는 이유로 덕이 지구의 공사를 중지하라고 판결했다는 보도는 사실이 아니다"고 주장하며 언론중재위원회에 중재신청을 했습니다. 이에 언론중재위원회는 일부가 잘못되었다고 판단하고 SBS에 대하여 다음과 같이 정정 보도를 하게 했지요.

> **2008 서울조정 260 주요 합의내용**
>
> 1. 보도문
>
> 가. 제목 : 바로 잡습니다.
>
> 나. 내용 : 지난 8월 8일 의정부지법이 고양시 덕이 지구 도시개발 사업에 대해 '절차가 하자가 있다'는 이유로 공사를 중지하라고 판결했다는 SBS 보도와 관련하여 의정부 지법의 판결은 고양시가 내린 실시계획 인가처분을 취소하라는 내용이었으며, 공사

> 를 중지하라는 내용의 판결은 아니었으므로 이를 바로 잡습니다.
>
> 2. 피신청인은 위 보도문을 2008년 9월 12일까지 피신청인이 방송하는 오전 10시 40분 <SBS 뉴스와 생활경제 1부>(dmb방송) 및 오후 2시 <u2시 뉴스>(dmb방송) 프로그램의 말미에 방송하되, 진행자가 원프로그램의 진행보다 빠르지 않은 속도로 낭독하며 위 보도문의 제목을 화면 하단에 자막으로 표시한다.

(2) 언론 보도에 의한 명예훼손

① 사회적 평가를 떨어뜨릴만한 구체적인 사실이 있는 경우

명예란 개인의 경우 그 사람의 품성, 덕행, 명성, 신용 등 세상으로부터 받는 객관적인 평가를 말합니다. 법인의 경우는 사회적 명성, 신용을 지칭하는 것이지요. 명예훼손이라는 것은 명예 주체에 대한 사회적인 평가를 저해하는 즉, 떨어뜨리는 행위를 의미합니다.

개인이나 법인이 언론보도로 인하여 명예가 훼손되었다고 판단하는 기준은 사회적 평가를 떨어뜨릴만한 '구체적인 사실의 적시(摘示)'가 있어야 한다는 것입니다.

방송보도의 경우 방송기사의 객관적인 내용과 함께 보도의 전체적인 흐름, 구성방식, 사용된 통상적인 의미, 문구의 연결방법 등을 종합적으로 고려해서 시청자에게 주는 전체적인 인상이 개인이나 법인의 평가를 떨어뜨렸다고 판단되면 명예훼손에 해당한다고 할 수 있습니다.

명예훼손은 방송보도가 구체적인 사실에 대하여 직접적인 표현을 했을 때 뿐만 아니라, 간접적이고 우회적인 표현을 했더라도 시청자들이 볼 때 사실로 믿을 수 있게 한 경우에도 해당됩니다. TV 카메라가 뒷모습을 촬영하여 방송했다든지 기사에서 이름을 빼고 성(姓)만 알리거나 영문 이니셜로 성을 표시했다 하더라도 표현 내용과 주변 사실을 고려하여 누구인지 알 수 있을 정도가 되면 명예훼손죄가 적용되지요.

② 오로지 공공의 이익에 관한 것일 때는 처벌받지 않는다

그런데 언론에서 흔히 문제가 되는 사항이, 형법 제310조에 있는 것으로 '진실한 사실로서 오로지 공공의 이익에 관한 때에는 (명예훼손죄로) 처벌받지 아니 한다'라는 항목입니다.

이 말은 언론이 사실을 보도하여 개인의 명예를 훼손하였더라도 즉, 방송 보도가 개인의 명예를 훼손하였더라도 그 목적이 오로지 공공의 이익을 위한 것일 때에는 기자나 방송사가 책임이 없다는 것입니다. 물론 보도된 사실이 진실이라는 증명이 있어야 하지요. 또는 진실이라는 증명이 없더라도 보도한 기자가 그것을 진실이라고 믿었고 또 그렇게 믿을만한 상당한 이유가 있으면 명예훼손의 책임이 없다는 것이지요.

이 같은 논거는 방송 심의에 관한 규정 제20조에도 명시되어 있습니다. 방송은 타인의 명예를 훼손해서는 안 되고 사자(死者)의 명예도 존중하여야 하지만 방송의 내용이 진실한 사실로서 오로지 공공의 이익에 관한 때에는 예외로 한다는 것입니다. 언론중재법(제5조 2항)도 중대한 공익상 필요가 있다면 인격권을 준수하지 않아도 된다는 조항을 두고 있습니다. 여기서 인격권의 주요 요소는 명예와 사생활의 비밀, 초상권, 성명권, 음성권, 저작권 등입니다. 이 가운데 명예훼손은 언론보도와 가장 많이 충돌하는 인격권 침해에 해당하는 것입니다.

제 7 장

뉴미디어 시대의 방송

제 7 장 뉴미디어 시대의 방송

1. 혁명적인 상황에 처한 미디어

(1) 미디어가 바꾸는 인간세계

미디어(media)를 사전에서 찾아보면 미디엄(medium)의 복수형임을 알 수 있습니다. 미디엄의 사전적 의미는 매개, 수단, 방편 등으로 되어 있습니다. 우리가 흔히 쓰는 미디어라는 단어는 통상적으로 '매체'라고 번역하여 쓰고 있지요.

커뮤니케이션을 연구하는 학문에서는 미디어라는 명칭을 매체라고 번역하지 않고 대부분 그대로 '미디어'라는 말로 사용합니다.

미디어는 인간이 의사소통을 하는 도구입니다. 인간이 표현하는 메시지를 실어 나르는 용기(容器)에 해당하지요. 커뮤니케이션 이론가인 마셜 맥루한은 기술이 사람의 몸에 붙어있는 여러 가지 기관과 기능의 연장(延長)이라는 전제에서 볼 때, 미디어 기술은 인류사회 변화의 지배적인 요인이라고 말했습니다.

예를 들면 책은 시각의 연장이고, 라디오는 청각의 연장, TV는 시각 · 청각을 동시에 연장시켜주는 미디어라는 것이지요. 사람의 감각 기관은 각각 다른 방식으로 세상을 지각하기 때문에 사람들이 어떤 미디어를 사용하느냐에 따라 대상에 대한 인식이 달라질 수 있으며 장기적으로는 사고 체계, 사회관계, 문화도 바뀌게 된다는 것이지요.

(2) 시공(時空)을 초월하는 뉴미디어

새로운 미디어가 등장할 때마다 인간의 역사는 새로운 장을 맞이하였습니다. 서적이 주요 미디어였던 문자시대에는 사람들의 사상과 행동이 조직화되어 분석적이고 합리적인 행동을 할 수 있게 되었습니다. 이 시기에 관료제도가 형성되고 세계종교가 탄생하게 되었습니다.

이후 산업화 사회로 들어서면서 신문, 라디오, TV 등의 매스미디어가 등장하였습니다. 매스미디어의 등장은 선전, 선동 등의 대중을 상대로 한 커뮤니케이션 기술을 발전시켰지요. 이를 통해 인력과 물자의 효율적인 대량 동원이 가능하게 되었습니다. 대량 생산이 이루어지고 또 한편으로는 세계대전과 같은 대량 파괴도 일어나게 된 것입니다.

현대사회가 TV에서 인터넷 시대로 넘어가면서 사람들은 전 세계에서 일어나는 사건을 동시다발적으로 접촉하게 되었습니다. 이 과정에서 생각을 같이 하는 동류 집단들이 형성되면서 국경을 초월하여 정보를 교환하고 상호 연대가 가능하게 되었습니다.

종래에 개별적으로 운영되던 미디어는 이제 하나의 미디어 안에서 그 기능이 통합 · 운영되는 시대를 맞이하게 되었습니다. 통신과 방송이 융합되면서 전화기 하나로 통화는 물론 문자 메시지 및 데이터 송수신, 영상촬영, TV 시청 그리고 인터넷까지 가능하게 된 것이지요. 마찬가지로 TV 수상기를 통해서도 통신과 인터넷 등을 할 수 있는 시대가 도래하였습니다.

사람들은 또한 길거리에서나 달리는 열차 안에서도 뉴스전광판이나 DMB, 스마트폰 등을 통하여 시시각각으로 뉴스를 접하고 있습니다. 공공장소까지 미디어 기능이 실현되고 있는 것이지요. 이제 미디어는 시공을 초월하여 언제 어디서나 접할 수 있는 커뮤니케이터(communicator)로서 자리매김하고 있습니다.

그리고 원웨이(one way, 일방통행)에서 투웨이(two way, 쌍방통행)로 미디어 기능이 변화하고 있습니다. 미디어를 통하여 일방적으로 메시지를 수신하기만 하던 소비자들이 자신들의 의견을 송신자에게 보내고 송신자는 이를 반영하여 재송신하는 상호소통의 장(場)이 펼쳐지고 있는 것입니다. 오늘날 미디어는 전례 없는 혁명적인 상황을 맞고 있다고 할 수 있을 것입니다.

미디어와 전쟁의 역사

미디어의 발달은 항상 인간의 역사와 함께 했습니다. 그리고 역사를 생생히 담아내는 역할을 하였지요. 그때그때 사용된 미디어는 달랐지만 그 영향력은 대단했습니다.

제1차 세계대전 당시 사람들은 라디오가 시시각각 전해주는 전황에 귀를 기울였습니다. 1945년 8월 15일 일왕의 항복 소식도 라디오를 통해 전해졌습니다. 미국 등 선진국들은 2차 대전 전황을 TV로 시청했습니다. 베트남전에서는 컬러텔레비전이 전쟁의 참혹한 장면을 미국 국민들의 안방에 전해주었습니다. 이로 인해 사람들은 전쟁의 참상을 알게 되고 반전 분위기가 조성됐지요.

1991년 걸프전 때는 24시간 방송하는 케이블TV인 CNN이 전쟁 상황을 실감나게 전해 주었습니다.

2003년 이라크 전쟁은 인터넷과 디지털 장비를 통해 전 세계에 전해졌습니다. 이로 인해 사람들은 전생 상황을 보다 가까이서 다면적으로 접할 수 있게 되었습니다.

2. 추락하는 지상파 뉴스

(1) 지상파 뉴스의 영향력 감소 추세

① 인터넷 언론의 확산과 미디어 이용 행태의 변화

우리나라의 3대 지상파 방송인 KBS, MBC, SBS의 메인 뉴스인 9시 종합뉴스(SBS는 8시) 시청률 합계(AGB 닐슨미디어리서치의 조사)는 1995년에 50% 초반 대이던 것이 2011년에는 40% 초반 대로 떨어졌습니다. 뉴스 시청률은 1997년과 1998년 IMF 경제위기 때 일시적으로 50% 중반 대로 상승했으나 이후 완만하게 하락 추세를 보였습니다. 한일 월드컵이 개최된 2002년 잠시 50% 대에 육박한 적은 있으나 최근에는 40% 안팎에서 오르내리고 있습니다.

지상파 3사 종합뉴스 가구시청률 변화 추이

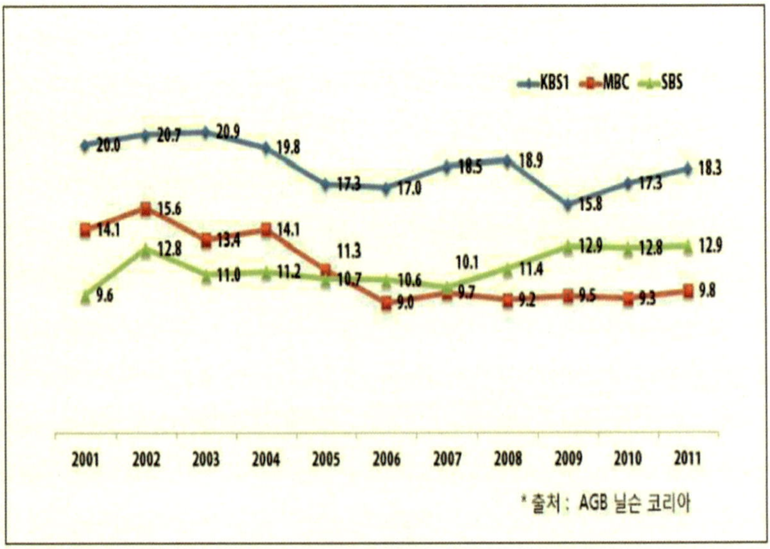

지상파 방송의 뉴스 시청률이 하락하고 있는 상황에 대해 조사기관(AGB 닐슨미디어리서치)은 인터넷 언론의 확산과 미디어 이용 행태의 변화 등 다양한 뉴스 외적 요인이 작용했기 때문이라고 분석합니다.

시청률 조사도 수용자들의 뉴스 소비방식이 다양해지기 때문에 지금까지와 같이 가정에서 시청하는 행태를 조사하는 가구당 시청률 조사방법은 개선되어야 할 것입니다.

DMB, 다시보기(VOD), 앱, 모바일 미디어, N-Screen 서비스 등의 이용에 대해서도 고려해 볼 필요가 있다는 것이지요. 특히 2012년 8월 현재 스마트 폰 이용자가 3,000만 명이 넘어서서 스마트 미디어 등으로 뉴스를 보는 사람들이 크게 늘어나게 된 상황에서 기존의 시청률 조사 방법은 문제가 있다고 할 수 있습니다.

2010년 한국광고주협회가 조사한 바에 따르면 수용자들이 뉴스(기사)를 이용할 때 주로 활용하는 미디어는 TV 51.1%, 인터넷 24,3%, 신문 16,6%, 라디오 6,3% 등으로 나타나 인터넷이 TV 다음으로 뉴스 이용도가 높은 것으로 나타났습니다.

② 시청률이 50%에서 18%로 추락한 미국 TV뉴스

TV뉴스의 선진국인 미국 역시 지상파 뉴스의 영향력이 크게 떨어졌습니다. 미국 뉴스의 주종을 이루는 ABC, CBS, NBC 3개 방송국의 메인 뉴스의 시청률이 1960년대에는 50%였는데(점유율 85%), 2006년 11월 닐슨(Nielsen)의 조사에 따르면 18%(점유율 34%)로 크게 떨어졌습니다. 여기에서 시청률은 조사대상자 가운데 해당 프로를 시청한 사람의 비율, 점유율은 TV를 켜놓고 시청한 사람 가운데 해당 프로그램을 시청한 사람의 비율을 뜻합니다.

미국 3대 지상파 방송사의 시청률이 하락한 것은 CNN등 케이블 TV가 점차 강세를 보이고 있는데다가 1980년대 중반 FOX TV(우익 성향의 상업방송으로 짧은 시간 내에 상당한 시청자 층을 확보했음)가 등장하면서 시청률을 잠식당했기 때문입니다.

ABC 등 이들 3대 방송사들은 종합미디어 그룹에 인수되면서 사세가 위축되고 뉴스 비중이 떨어지게 되었지요. 3대 방송사들은 해외특파원을 감축하고 뉴스제작에 대한 투자를 줄였습니다.

게다가 지상파 뉴스 시청자 중에서 인터넷을 즐겨하는 젊은 층이 빠져나가는 추세이기도 합니다. 워싱턴 소재 시장 조사 기관인 퓨리서치센터(Pew Research Center)의 조사에 의하면 뉴스를 보기 위해 인터넷에 접속하는 사람이 2008년의 경우 전체의 40%나 되었습니다.

CBS는 주요 시청자 층인 50대를 겨냥해 소프트(soft)한 뉴스를 편성하기 시작했습니다. 이에 따라 1994년 이래로 이브닝 뉴스에서 80%를 차지했던 정치 · 경제 · 사회 분야의 뉴스 비중이 줄어드는 대신 과학 기술 뉴스가 늘어나기 시작했습니다. 그리고 과학 기술 분야에서는 90%를 의료 관련 뉴스로 채워 50대 층의 기호에 맞추었지요.

언론의 다양성을 해치는 복합 미디어 그룹

한 때 우리나라의 유수 언론들끼리 서로를 공격하고 폄하할 때가 있었습니다. 그때 상대 언론사에 대해 쓴 말이 '재벌언론'이니 '언론재벌'이니 하는 말들이었죠.

그런데 미국의 대표 방송사인 ABC, CBS, NBC 등은 대부분 복합기업에 속해 있습니다. 복합기업이란 한국으로 말하면 일종의 재벌이지요. 이 복합기업들은 규모가 방대합니다. 이들 복합기업에 속해 있는 방송사는 내부에서 그 존재가 미미합니다.

ABC-TV는 디즈니 그룹에서, NBC는 제너럴일렉트릭(GE)에서 전체 그룹 이익의 2%도 담당하고 있지 못합니다.

미국에서는 1983년에 50개 미디어사가 있었지만 점차 흡수합병 과정을 거쳐 2000년대에는 5개 거대 미디어 그룹으로 재편되었습니다.

루퍼트 머독이 소유한 뉴스코퍼레이션(News Corporation)은 FOX뉴스, 스타TV, 월스트리트저널, 선데이 타임스 등 780개 미디어 회사를 거느리고 있습니다.

타임워너그룹은 CNN, 타임, 피플, AOL 등 300개 회사를 가지고 있습니다.

디즈니그룹에는 ABC, ESPN, 월트디즈니 픽쳐스 등의 미디어 관련 회사가 있습니다.

그 외에도 CBS, MTV, 파라마운트, 드림웍스를 가지고 있는 바이어컴 그룹과 유럽계 미디어가 다수 소속되어 있는 베텔스만 그룹이 있습니다.

미국에서는 이들 미디어 그룹은 단지 기업의 이익 극대화만을 추구하면서 정치적 영향력을 확대해 나가고 있습니다. 그런 반면에 언론의 다양성은 상실돼가고 있습니다. 그 이유는 거대 뉴스 도매상(news wholesaler)인 언론재벌에 의해 뉴스가 통제되고 있기 때문이라고 합니다. 우리에게도 시사하는 바가 큽니다.

(2) 시청자들은 TV뉴스를 얼마나 믿을까?

① 신뢰도가 가장 높은 TV뉴스

특정 사안에 대해서 TV, 신문, 인터넷, 라디오, 잡지 등 5개 매체가 동시에 보도했을 때 어떤 매체를 가장 신뢰하는지에 대한 한국언론재단의 2008년도 조사 결과를 보면 TV가 60.7%, 인터넷은 20%, 신문 16%, 라디오 2.7%, 잡지 0.4%로 나타나 TV에 대한 신뢰도가 가장 높은 것으로 나타났습니다.

추세를 살펴보면 신뢰하는 매체는 신문에서 TV로 변화하는 경향을 보였습니다. 1990년대 중반까지는 신문이 가장 신뢰하는 매체로 인정되었습니다. 그러나 1998년 이후부터 TV가 가장 신뢰하는 매체가 되었습니다. 2008년에는 인터넷이 신뢰도 2위의 매체가 되고 신문은 3위로 밀려나게 되었습니다. 신문의 신뢰도가 크게 떨어지고 있는 추세라 할 수 있습니다.

② 사실보도가 부족한 TV뉴스

그러나 한국언론재단이 2006년 전국의 시청자들을 대상으로 조사한 바에 따르면 '지상파 TV뉴스가 국민의 이익보다 자기 회사 이익을 생각한다'고 응답한 사람이 52.6%였습니다. TV뉴스가 '정치나 경제에 대해 제대로 비판을 못하고 있다'는 응답도 54.4%나 됐습니다. 또한 TV뉴스가 '사실과 기자의 의견이 제대로 구분되어 있지 않다'고 답변한 사람도 47.7%로 나타났습니다. 특히 '정치 · 경제에 대한 비판 미흡'과 '사실보도와 기자의 의견이 모호하다'는 항목에 대한 조사에서는 부정적인 점수가 매우 높은 것으로 나타났습니다. 이같은 조사 결과는 매체 중에서는 TV가 가장 믿을 만하지만

TV뉴스에 대해서는 불만이 있는 시청자들이 많다는 의미로 해석됩니다.

③ 응답자 9%만이 신뢰한다고 답한 미국 TV뉴스

미국의 경우 2004년 퓨리서치센터가 미국의 시청자를 대상으로 TV뉴스에 대한 신뢰도를 조사한 결과 응답자의 53%가 '뉴스를 신뢰하지 않는다'고 대답했습니다. '신뢰한다'고 대답한 사람은 9%에 불과했습니다.

한 때 미국 사회의 부정을 폭로하는 기관으로서 시청자들로부터 신뢰를 받고 명성을 떨쳤던 미 지상파 TV뉴스가 이토록 추락한 배경에 대해, 컬럼비아대학 언론대학원 교수 스피나스 스리니바산(Speenath Sreenivasan)은 "9·11 테러 직후 백악관 대변인이 <우리 편이 아니면 적>이라고 말한 후 미국 언론인들이 겁을 내기 시작했다"면서 이 영향이 크지 않을까 생각한다고 말했습니다. TV뉴스가 권력에 대한 견제 기능을 하지 못하고 정부 정책에 순응하는 모습을 보이자 시청자들이 외면하기 시작한 것입니다.

시청률 조사의 맹점

시청률이란 조사대상자 가운데 해당 프로그램을 시청한 사람의 비율을 말합니다.

현재 국내 TV뉴스의 시청률 조사는 AGB 닐슨 미디어 리서치와 TNS 미디어 코리아가 수행하고 있습니다. 각각 전국의 1천 내지 2천 가구를 표본으로 조사하고 있지요. 표본 가구를 선정할 때는 성별, 연령, 직업, 지역 등등 각종 요소를 감안하여 이들

표본 가구가 전 국민을 대표하는 샘플이 되도록 합니다. 조사 대상 가구의 TV에 피플미터기라는 기계가 부착돼 1분 단위로 시청률이 자동으로 조사됩니다.

그런데 현재 TV 뉴스 시청률 조사 방식이 가구 단위 조사이기 때문에 은행을 비롯한 증권사 객장, 접객업소, 공공장소, 관공서 등에서의 시청률은 집계되지 않는 맹점이 있습니다.

또한 케이블 TV는 지역별로 채널이 다른 곳이 많기 때문에 지금의 조사방식으로는 케이블 TV시청률이 제대로 나오지 않습니다.

2007년의 경우 YTN의 평균 시청률은 0.73%, MBN은 0.24%로 매우 낮게 나타나고 있는데 실제 시청률은 이보다 높을 것으로 보입니다. 또한 인터넷을 통하여 뉴스를 보는 젊은 층이 증가하는 추세임을 감안할 때 현재 방식으로 조사되는 시청률은 한계가 있어 보입니다.

앞으로 TV 뉴스 시청률 조사는 방송환경을 종합적으로 감안하여 실제적인 결과치를 도출해낼 수 있도록 조사방식을 개선해야 할 것입니다.

시청률 조사는 담당 회사의 성실성이 매우 중요합니다. 시청률 조사를 위한 기초조사(시청 환경, 인구통계 등), 패널확보 및 관리를 잘 해야 합니다. 그리고 근본적으로는 디지털 방송의 확산으로 변화된 매체 환경에 맞추어 정확한 시청률이 산출될 수 있도록 하는 노력이 필요합니다.

3. 방송뉴스가 살아날 길은?

(1) 위기에 처한 TV뉴스

TV뉴스가 위기를 맞고 있습니다.

시청률 하락, 신뢰도 하락으로 시청자들로부터 외면을 받고 있습니다.

TV뉴스가 추락하고 있는 것은 비단 우리나라만의 현상이 아닙니다. 미국, 영국 등 선진국에서도 똑같은 현상이 나타나고 있습니다.

텔레비전 뉴스의 시청률 하락에 대해서는 여러 가지 원인 진단과 분석이 나오고 있습니다.

가장 큰 원인은 첫째, 경쟁 매체의 등장입니다. TV뉴스 시청자 가운데 젊은 층이 인터넷 등으로 이동하고 있는 것입니다. 이들은 텔레비전 뉴스가 방영되는 시간을 기다리지 않습니다. 인터넷 등을 통하여 이미 뉴스를 접했기 때문에 뉴스가 방영되는 시간에는 케이블 TV나 인터넷으로 다른 프로그램을 즐기는 것이지요.

둘째, 전반적으로 뉴스 이용자가 줄어들고 있다는 것입니다. 신문 구독자는 말할 것도 없고 방송뉴스 이용자도 줄어들고 있는 추세입니다. 특히 20~30대의 젊은 세대가 뉴스를 외면하고 있습니다. 선진국도 같은 추세입니다. 문제의 심각성은 젊었을 때의 습관이 평생을 간다는 데 있습니다. 앞으로도 뉴스 이용자는 계속해서 줄어들 것이라는 사실은 불을 보듯 뻔하지요.

예전의 고정시청자 층이 텔레비전 뉴스에서 이탈하고 있는 것입니다.

문제는 TV뉴스가 매체의 특성을 살려 새로운 활로를 개척해야 하는데, 아직도 과거의 뉴스 제작방식에서 탈피하지 못하고 있다는 것입니다. 뉴스의 경쟁력을 높이지 못하고 옛날 방식을 되풀이하고 있다는 것이지요. 시청자들의 눈높이는 높아져가고 있고, TV뉴스 외의 다른 곳을 찾아 떠나가고 있는데 이들을 붙잡아둘 만한 대안을 모색하지 못하고 있는 것입니다.

(2) 정통뉴스의 길을 모색해야

TV뉴스는 시청률 하락, 신뢰도 추락을 극복하고 예전의 명성을 되찾을 길을 모색해야 하는 과제를 안고 있습니다.

TV뉴스보다 더 재미있는 프로그램을 찾는 시청자 그리고 인터넷으로 떠나간 젊은 시청자 층을 TV 뉴스로 끌어들이려면 어떻게 해야 할까요?

언론 본연의 자세를 견지해 나가는 길, 그 길에서 시청자와 만나야 합니다. 권력층의 비리와 사회의 부조리를 파헤쳐 서민들의 스트레스를 풀어주는 뉴스, 경제 위기를 맞아 국민들에게 희망을 주고 어려운 생활에 도움을 줄 수 있는 뉴스를 개발하는 등 정통 뉴스의 길을 모색하는 길밖에 없습니다.

미국의 텔레비전 뉴스가 전성기 때 집중적으로 투자했던 탐사프로그램 등에 적극적으로 투자할 필요가 있습니다. 뉴스 제작자들은 고발 프로그램은 소재가 바닥났다고 말합니다. 오랫동안 고발뉴스를 만들다 보니 이제는 고발할 거리가 없어졌다는 것이지요. 그러나 아직도 사회에서는 부조리와 비리가 사라지지 않고 있습니다. 특히 일부 권력층은 이 시간에도 온갖 비리를 저지르면서 자신들의 탐욕을 채우고 있다고 해도 지나친 말이 아닐 것입니다.

다시 말하면 고발뉴스가 없는 것이 아니라 기자들이 나태하고 안일한 생각에 빠져 있는 게 아닐까요? 권력 핵심부의 비리 및 부조리에 대한 취재는 결코 쉽지 않습니다. 끈질긴 기자 정신과 집요한 근성으로 심층뉴스를 개발하는 탐사 저널리즘은 뉴스의 평판을 높이고 잃어버린 시청자를 되찾아오는 지름길이 될 것입니다.

탐사보도는 뉴스를 제작하는 저널리즘 조직의 혁신적인 노력이 뒷받침되어야 가능합니다. 인력, 장비, 예산, 제작기간 등의 충분한 지원이 뒤따라야 하지요. 인풋(in put) 없이 아웃풋(out put)을 기대하기는 어려울 것입니다. KBS가 2005년에 탐사보도팀을 발족하여 투자를 해온 결과 상당한 성과를 거둔 사례에서 볼 수 있듯이 방송사 차원에서의 강한 의지와 장기적인 실천 노력이 필요합니다.

경제뉴스 및 환경뉴스 역시 단편적인 보도에서 탈피하여 현장을 파고드는 생활 밀착형 심층뉴스로 접근하여 시청자들의 관심을 끌어 모아야 합니다.

또한 정부나 기업의 발표 자료에 대부분 의존하고 있는 뉴스에서 과감히 벗어나 발표 내용을 국민, 소비자 등 시청자 입장에서 분석하고 시청자 입장을 반영하는 뉴스를 제작해야 할 것입니다. 정부가 발표하는 정책이 특정 계층에 혜택이 돌아가고 서민층에게는 상대적으로 불이익이 돌아가는 것은 아닌지? 정부가 이해 집단의 압력에 굴복하여 국가 예산을 낭비하고 있는 것은 아닌지? 포퓰리즘 정책으로 나라 살림을 그르치고 있지는 않은지? 등등을 감시하는 뉴스를 시청자들은 기대하고 있습니다.

기업들을 파헤쳐보면 정경유착 속에 생산성 저하로 인한

경쟁력 약화, 기술개발의 부진, 노사갈등 심화, 오너 일가의 비리 등 많은 약점이 숨겨져 있습니다. 기업들은 이를 은폐한 채 미사여구로 포장해서 홍보하고 있는 경우도 많습니다. 이러한 것들을 놓치지 않고 짚어가는 것 역시 TV뉴스가 시청자의 관심을 끌어들이는 방법입니다.

또한 관료 집단의 무사안일, 전시행정, 구조적인 비리 등은 기자가 얼마든지 심층 취재하여 파헤칠 수가 있습니다.

TV뉴스는 안일하게 제작되어서는 안 됩니다. 기자들이 발표 내용만 피상적으로 전달하면 시청자들에게는 전혀 도움이 안 되는 뉴스가 될 것입니다. 외형적으로 드러난 사실의 밑바탕에 깔려 있는 사건의 배경, 정부와 기업의 발표 뒤에 숨어 있는 진실을 파헤쳐 시청자들에게 전해줄 때 시청자들은 뉴스의 가치를 인정하고 방송사를 신뢰하겠지요.

(3) 앵커시스템의 재고

앵커시스템도 재고해 볼 필요가 있습니다. 저널리스트의 경륜이 일천한 미모의 젊은 여성 아나운서를 활용하는 현재의 방식은 재검토해 보아야 할 것입니다. 앵커는 취재력이 있고 현장 경험을 두루 갖추어 뉴스를 보는 혜안이 있는 저널리스트여야 합니다. 이에 적합한 사람을 선발하여 뉴스의 흐름을 리드해 나갈 수 있도록 해야겠지요.

뉴스 진행시 과감한 연출 또한 요구됩니다. 앵커멘트에서 리포트로 이어지는 획일화된 방식 대신에 앵커와 기자의 역할 변화, 생방송의 확대 등이 필요한 것이지요. 앵커가 근엄한 모습에서 좀 더 부드러운 모습으로 시청자들에게 다가가고, 남녀 앵커가 서로 대화하면서 리포트 기자 그리고 뉴스 연출자와

소통하는 방식으로 자연스럽게 뉴스를 진행해야 합니다.

이제 TV뉴스는 뉴스 시간의 편성에서부터 아이템 선정, 뉴스 내용의 정리, 기자 개개인의 전문성 제고, 사실보도에 충실한 저널리즘 조직의 역량 강화 등을 원점에서 재검토하여 뉴스의 혁신을 기해야 할 것입니다.

시청자에게 보다 가까이 다가가는 것, 잃어버린 시청자를 되찾아 오는 것, 이런 모든 것은 저널리스트와 그들이 몸담고 있는 조직이 원칙에 충실하기 위해 최선을 다 할 때 비로소 달성될 수 있을 것입니다. 시시각각 변화하는 미디어 환경에 적합한 뉴스 콘텐츠를 개발해 나가는데 앵커, 기자, 뉴스PD 등이 지혜를 모아야 할 때입니다.

4. 뉴미디어 시대의 공영방송

(1) 공공의 복지를 위한 방송

방송 사업은 크게 국영, 공영, 민영(상업) 방송으로 나눌 수 있습니다. 소유와 운영의 주체 그리고 재원의 형태를 기준으로 분류한 것이지요.

공영방송에 대해 한마디로 정의를 내리기는 어렵습니다. 공영방송에 대한 개념은 나라마다 역사적인 배경과 특수성을 바탕으로 하여 형성됐기 때문입니다.

우리 사전에서 공영방송에 대한 정의를 찾아보면 '방송의 목적을 영리에 두지 않고 시청자로부터 징수하는 수신료 등을 주요 재원으로 하여 오직 공공의 복지를 위해 행하는 방송'으로 규정되어 있습니다.

학계에서는 '희소 주파수, 공적 재원 등 사회적 혜택을 기반으로 차별화된 공적서비스 제공의 의무를 수행하는 방송'으로 정의하고 있지요.

정리하면 공영방송은 구조적 측면에서는 전파라는 공공재를 사용하고 국가권력이나 자본의 간섭으로부터 독립하여 소유, 재원조달, 운영면에서 공공적인 통제를 받으며, 콘텐츠 측면에서는 국가 정체성을 확보하기 위한 공익적 관심을 가지고 프로그램을 통하여 다양성과 중립성을 구현하는 방송입니다.

참고로 영국 정부는 백서를 통해 공영방송으로서 BBC가 추구해야 할 목표를 다음과 같이 제시하고 있습니다.

먼저 시청자의 이익을 우선으로 하고 시청자에게 프로그램의 다양성과 선택의 기회를 제공하여야 하며 국가의 중요한 이벤트를 방송함으로써 국가의 정체성을 반영하여야 한다고 말하고 있습니다.

또한 예술에 대한 지원을 통해 국가적인 문화유산을 풍요롭게 하고 모든 제작물의 고품질화를 기하며 편집권의 독립성을 유지해야 한다고 BBC에 권고하고 있습니다.

(2) 수신료는 공영방송의 책무에 대한 대가

국민들은 KBS에 대해 공영방송의 책무를 다하라는 뜻에서 수신료를 납부하는 것입니다. 그런데 수신료만 가지고 재원을 충당하지 못하니까 광고를 해서 수입을 올리고 있는 것이지요.

우리나라 TV방송은 원래 KBS가 공영이고 MBC, TBC(동양방송, 삼성그룹 계열사)가 민영방송인 체제였는데, 신군부가 1980년 언론 통폐합을 하면서 TBC를 KBS로 합쳐 KBS, MBC 두 방송을 공영체제로 만들어 버렸습니다.

그런데 우리나라의 공영방송은 외형상으로는 공영체제이지만 속을 들여다보면 내용적으로는 공영이 아닌 점이 많습니다. KBS가 광고비율이 50%, MBC가 90%대입니다. 공영방송은 광고비율을 최대로 잡아도 전체 재원의 20% 이하가 되어야 한다고 말합니다. 특별히 정해진 기준은 없으나 원칙적으로는 광고가 없어야 하겠지요.

외국의 경우에도 영국의 BBC, 일본의 NHK, 덴마크의 DR, 노르웨이의 NRK, 벨기에의 BRT, 스웨덴의 STV 등이 광고를 거의 하지 않고 수신료만으로 방송을 합니다. 영국의 BBC는 인사제도의 독립성, 공정보도, 격조 높은 다큐멘터리 프로그램 등으로 전형적인 공영방송으로 인정받고 있지요. 일본의 NHK는 전체 수입에서 수신료 비중이 2008년 기준 96.6%로 재정면에서 공영방송의 틀을 갖추고 있고 재난 재해 방송, 국제방송 등에서 공영방송의 역할을 잘 수행하고 있다고 평가받고 있습니다. 그러나 정부와 의회 등의 간섭으로부터 자유롭지 못하다는 논란이 그치지 않고 있습니다.

(3) 수신료만으로 부족해 광고를 하는 공영방송들

독일의 공영방송인 ARD, ZDF, 이탈리아의 RAI, 네덜란드의 NOS 등은 수신료 수입만으로는 경영에 어려움이 많아 광고를 하고 있지요. 광고를 하지 않았던 미국의 공영방송 PBS도 협찬(underwriting) 방식을 통해 상업광고를 하고 있습니다.

프랑스의 공영방송은 2011년 11월 30일 부터 광고방송의 전면적 폐지를 계획했으며 현재 1단계(부분폐지)를 거쳐 2016년 1월 1일부터 모든 공영방송사의 프로그램에서 광고를 없앨 방침입니다.

공영방송의 상업성을 줄이고 공공성을 높이겠다는 방송개혁 정책에 따른 것이지요. 프랑스 지상파 방송은 1개의 민영방송(TF 1)과 여러 개의 공영방송(TF 2, 3, 5) 채널로 구성되어 있습니다.

각국 정부가 공영방송을 지원하는 이유는 공적 기능을 제대로 수행하면서 우수한 프로그램을 공급하여 국민들의 다양한 욕구를 충족시키고 문화수준을 높이는데 기여토록 하겠다는 방침에 의한 것이지요.

공영방송이 지향하는 방향은 국민입니다. 공영방송이 제대로 역할을 하려면 정치권력이나 사적 자본으로부터 간섭받지 않을 수 있도록 독립적이어야 합니다. 방송사의 소유구조, 재정, 인사 등등이 공영방송을 할 수 있도록 뒷받침되어야 합니다.

5. 지역방송이 사는 길

많은 사람들이 모인 자리에서 어떤 사람이 의견을 피력하려 할 때 사람들이 주목을 하지 않고 제각각 떠들어대면 흔히 "지방 방송 꺼!"라고 말합니다.

지방방송에 대해 홀대하는 상징적인 표현이라면 지나친 말이 될지 모르겠으나, 실제로 우리나라 사람들은 지역방송에 대해 편견을 가지고 있습니다. 이는 서울 사람들뿐만 아니라 아이러니컬하게도 지방에 사는 사람들도 마찬가지입니다. 지역방송에서 제작한 프로그램이 시시하기 때문에 보기가 싫다고 하면서 그 시간에 서울에서 방송되는 프로그램을 보여 달라고 요구하는 지역민들이 많은 게 현실입니다.

지역방송은 나름대로 인력과 자금을 투입해서 제작한 뉴스, 다큐멘터리 등 로컬 프로그램이 지역민들로부터 홀대받는 것을 섭섭해 하지요.

지역 방송국에서는 지역민들의 사랑을 받기 위해 더욱 노력해야 한다는 것을 절감하고 있지만 근본적으로 로컬 방송에 적합한 소재는 그 성격상 스케일이 작고 디테일(detail)해서 재미가 없을 수밖에 없습니다. 웬만큼 노력해도 한계가 있는 것은 어쩔 수가 없지요.

서울 본사에서 제작하는 프로그램은 장기간에 걸쳐 막대한 물량, 장비, 자금 등을 투입하고 우수한 인력이 동원돼 만들어집니다. 이와 대조적으로 로컬 방송은 훨씬 열악한 조건에서 프로그램을 제작합니다. 뉴스를 포함해서 제반 방송 프로그램의 품질이 차이가 나는 것은 어쩔 수 없는 현실이지요.

그러나 지역방송의 존재 이유는 지역보도에 있다는 사실을 명심해야 합니다. 지역방송이 중점을 두어야할 분야는 로컬 뉴스 제작입니다. 지역민들은 자기들 권역에 있는 방송사가 정치, 경제, 사회, 문화뉴스 등 모든 분야에서 자신들의 생활에 필요한 정보를 제대로 전해주기를 바라고 있습니다. 따라서 지역방송은 지역의 현안과 쟁점 사안을 심도 있게 보도해야 합니다. 중앙정부에서 이슈가 되고 있는 뉴스가 지역주민들에게 어떤 이해관계가 있고 어떻게 영향을 끼치는지를 분석 보도해야 합니다. 지역방송은 각종 이슈들에 대해 단순한 사실 보도 차원을 넘어서서, 공정하게 비판하고 합리적인 대안을 제시하는 방향으로 보도함으로써 주민들로부터 신뢰를 받아야 존재가치가 있습니다.

그러기 위해서는 인력을 보강하고 장기적인 계획을 세워 수준 높은 뉴스를 기획하여 심층보도물로 제작, 방송해야 합니다. 지역방송은 출입처에서 내보내는 보도자료 위주로 뉴스를 제작하는 안일한 방식에서 과감히 탈피하여 주민들에게 생활밀착형 뉴스를 제공하는데 총력을 기울여야 합니다. 이를 위해 지역민들과 활발한 정보 교환을 하고 그들의 의견을 적극 반영하는 등 소셜 네트워크를 잘 활용할 필요가 있습니다. 지역의 유력 신문, 블로거, 시민기자, 시민VJ 등과 연계하여 다양한 시각을 뉴스에 반영함은 물론 지역의 의제(Agenda)를 선도해 나가야 합니다.

제 8 장

시청자가 뉴스를 만드는 시대

제 8 장 시청자가 뉴스를 만드는 시대

1. 시민저널리즘

(1) 시민에 의한, 시민을 위한 저널리즘

로젠(Jay Rosen)과 메리트(Davis Merritt)는 시민과의 연계를 통해 공공 생활과 민주주의를 활성화하는 저널리즘을 시민 저널리즘이라 정의하였습니다. 하지만 이 정의는 기존 언론의 관점에 국한된 측면이 많습니다. 즉, 기존언론이 주체가 되고 시민이 참여하는 소극적인 의미로 시민저널리즘을 정의한 것이지요.

여기서 나아가 시민저널리즘은 그보다 넓게 정의될 수 있습니다. 기존 언론 뿐 아니라 1인 미디어를 통한 1인칭 저널리즘 즉, 시민 하나하나가 저널리스트가 되는 것 역시 시민저널리즘의 개념에 포함시킬 수 있는 것입니다.

이런 관점에서 일반 시민을 프로그램에 참여시키는 것은 말할 것도 없고 일반시민이 스스로 뉴스를 제작하는 모든 활동을 일컬어 시민저널리즘이라 말할 수 있습니다.

한편 캐나다 <나우 퍼블릭 닷컴>의 공동 창설자 마이클 티펫은 성공한 시민저널리즘은 주류 언론이 다루지 않은 뉴스를 현장에서 본 그대로 생생하게 전달하는 것이라고 말합니다.

(2) 이용자가 직접 제작하는 콘텐츠(UCC)

시청자들은 TV뉴스에서 시뻘건 불길이 하늘 높이 치솟는 화재 현장의 생생한 장면을 볼 수 있습니다. 현장감이 넘치는 이런 화면은 대부분 소방서에서 직접 촬영하여 방송사에 제공한 영상입니다. 화재는 대형 화재가 아니면 대부분 단시간 내에 진화되기 때문에 방송사 카메라가 현장에 도착했을 때는 이미 현장 상황이 종료돼, 불이 나고 있는 장면을 촬영할 수가 없게 됩니다.

화재 신고를 받고 출동하는 소방관들이야말로 가장 먼저 현장에 도착하기 때문에, 생생한 화재 순간을 촬영할 수 있는 기회를 잡을 수 있는 사람들이지요. 소방방재청은 이 점에 착안하여 1993년부터 소방관들에게 촬영교육을 시켜서 6mm 카메라로 화재현장을 촬영하여 방송사에 제공하고 있습니다. 그 결과 시청자들은 생생한 화재 현장의 영상을 볼 수 있게 되었지요. 소방관들이 촬영한 영상이 일종의 UCC입니다.

UCC(User Created Contents)는 이용자가 직접 제작한 콘텐츠라는 말입니다. 여기에는 동영상뿐만 아니라 사진, 글, 그림, 오디오 그리고 각종 데이터 등 모든 콘텐츠가 포함됩니다.

UCC 활성화의 배경에는 인터넷 환경의 변화와 기술 발전이 자리잡고 있습니다. 디지털 카메라, 비디오, 스마트 폰 등 저가형 개인 영상 미디어의 보급 그리고 고속 네트워크와 동영상 압축 기술의 발달, 대용량 콘텐츠를 저장 · 전송할 수 있는 서버와 전송장치의 발전 등 인터넷 환경의 변화가 그것입니다. 이로 인해 시민 저널리스트들의 활약이 가능하게 되었지요.

영상 미디어 기술의 발달은 뉴스의 수요 공급 체계를 무너뜨리고 있습니다. 언론사의 전문 카메라맨이 독점하던 뉴스 영상의 공급 구도가 무너지면서 일반 아마추어 사진사들이 그 자리를 메우고 있습니다. 언론사들은 폐쇄적이던 뉴스의 창을 시청자들에게 개방하게 되었지요.

(3) 대중적 영상 저널리즘 시대

동영상에 대해서 좀 더 자세히 알아볼까요?

TV뉴스의 영상이 전문가인 카메라기자에 의해 독점적으로 생산되던 시대는 끝나고, 개인 등 수많은 아마추어 카메라맨들이 참여하는 소위 '대중적 영상 저널리즘' 시대가 열리고 있습니다.

이제 TV뉴스는 대형사건이 발생할 때마다 일반인들이 촬영하여 제공하는 콘텐츠의 도움 없이는 뉴스를 제대로 만들 수 없다고 할 정도로 아마추어 카메라맨들의 역할이 중요한 시대가 되었지요.

사건 현장에서 수많은 아마추어 사진사, 카메라맨들은 방송사나 신문사의 전문 촬영기자들도 포착하지 못한 생생한 장면을 방송사에 보내오고 있습니다.

로이터사의 CEO Tom Glocer가 "쓰나미가 강타하던 날, 로이터는 전 세계에 2300명의 저널리스트를 배치하고 있었다. 그러나 그 해변에는 아무도 없었다....현장에는 아무도 없었다. 현장 상황을 포착할 수 있는 유일한 방법은 관광객인 아마추어 사진사 밖에는 없었다......"라고 하면서 아마추어와 프로페셔널 모두에게 언론의 장(場)을 개방해야 한다고 말한 대목은 시사하는 바가 크다 할 것입니다.

우리나라에서도 대중영상저널리즘의 시대가 열리고 있습니다. 2008년 미국산 쇠고기 수입 반대 촛불 집회에서 보여준 아마추어 카메라맨들의 활동이 대표적인 사례이지요. 당시 현장에는 아마추어 동호인 사진사, 시민단체, 인터넷 언론 소속 사진사 등 수 백 명이 몰려들어 촬영하였습니다. 경찰관이 여대생을 폭행하는 현장, 시위대가 물대포를 맞고 쓰러지는 모습, 경찰이 시위대에 집단폭행을 당하는 장면 등이 시민 저널리스트들의 카메라에 포착되었고, 어떤 것들은 인터넷으로 생중계되어 네티즌들의 반응이 즉각즉각 올라오기도 했습니다.

인터넷상에서 형성된 여론 및 지상파 방송의 보도 등이 상호 상승작용을 하면서 촛불시위는 정국을 뜨겁게 달구었고 격앙된 민심은 사회적인 혼란으로 이어지며 일촉즉발의 위기상황으로 치닫기도 했습니다.

〈촛불집회〉

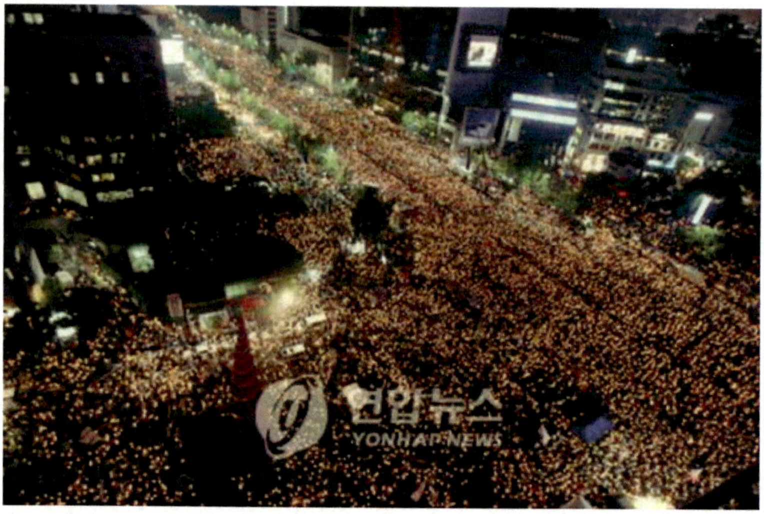

(4) 시민 참여를 이끄는 세계의 언론사들

시민 저널리스트들의 활약은 미국의 경우 9·11사태, 2007년 버지니아 공대 총격 사건 그리고 영국은 런던의 지하철 테러 사건 등에서 그 진가를 보였지요. 이제 세계의 오프라인 언론사들은 시민 저널리스트들을 적극적으로 끌어들여 활용하고 있습니다.

미국은 ABC의 <I-Caught>, CNN의 <I-Report>, 영국은 BBC의 <Have Your Say> 섹션을 통해 시청자들의 참여를 유도하고 있습니다.

BBC는 시민기자를 양성한다는 목표 아래 BBC 시민미디어 프로젝트를 실시해 디지털미디어 제작기기를 영국 전역에 보급하고 시민저널리스트들을 교육하였습니다. 그리고 이 프로젝트는 2005년 런던 지하철 테러사건에서 성과를 보았습니다. 테러가 발생한 7월 7일 불과 6시간 만에 1천장이 넘는 사진과 20개의 아마추어 비디오, 4백개의 텍스트 메시지, 2만개의 이메일이 접수되었습니다. BBC는 다음 날 저녁뉴스를 시청자들이 보내준 비디오를 편집하여 방송했습니다.

CNN은 2007년 4월 16일 발생한 버지니아 공대 총격사건 때 버지니아텍 대학원생인 알바구티(Jamal Albarghouti)가 휴대폰 카메라로 찍어 CNN <I-Report>에 보낸 영상을 10초짜리 영상으로 편집하여 전 세계의 주요 언론사에 배포하기도 했습니다.

시민들이 촬영한 영상콘텐츠를 활용하는 것은 비단 방송사만이 아닙니다. 신문사 역시 독자들이 찍은 사진과 동영상을 올리는 코너를 마련하여 활용하고 있지요. 신문사의 사진기자들도 이제 스틸(still)사진과 함께 동영상을 웹사이트에 올리고 있습니다. 미국의 뉴욕 타임스, USA 투데이, 영국의 가디언(Guardian) 등 외국 신문사의 경우에도 웹사이트를 통해 동영상을 제공하는 등 신문사 웹사이트는 멀티미디어 콘텐츠 중심으로 바뀌어 가고 있습니다.

우리나라 방송사도 시민저널리즘 활성화를 위한 노력을 기울이고 있습니다.

KBS의 VJ리포트, MBC의 시민기자 24시, SBS의 U포터,

YTN의 Cyworld YTN 미니홈피 등은 시민들에게 참여의 장을 열어놓고 있습니다.

KBS는 또한 방송법에 의거해 매달 100분 이상의 텔레비전 방송 프로그램을 시청자가 직접 제작한 시청자 참여 프로그램으로 편성하도록 의무화되어 있습니다. 예를 들면 장애인, 이주노동자, 다문화가정 등 소수 및 소외계층을 위한 영상이나 역사 유적 탐방, 주부VJ특공대 등 지방의 독특한 문화나 생활모습을 소개하는 영상을 방송하는 것이 그것이지요.

종합 유선방송 사업자도 시청자가 제작한 프로그램의 방송을 요청하는 경우에는 특별한 사유가 없는 한 방송을 하도록 되어 있지요.

또한 시청자가 제작한 프로그램에 대해서는 방송발전기금을 지원할 수 있도록 하고 있습니다. 그런데 2003년부터 2007년까지 KBS 등 지상파, 케이블 텔레비전, 시민방송(RTV, 시청자 제작 프로그램 전문채널) 등에서 방송된 시청자 참여 프로그램을 보면 5년간 총 9225편에 120억 원이 지원되었습니다. 지원된 평균 비용을 분석해 보면 KBS는 1편 당 700만원 정도, 시민방송은 150만원 정도, CATV와 기타 지상파 방송은 1편 당 40~50만원으로 미약하기 짝이 없습니다.

프로그램 내용을 제작비만 가지고 판단할 수는 없을 것입니다. 그러나 방송의 품질이 인력, 장비 등을 포함한 제작비의 비중에 크게 좌우된다는 점을 감안할 때 CATV와 기타 지상파 TV(KBS를 제외한)의 시청자 참여 방송 프로그램의 품질은 보지 않아도 알만 하지 않을까요?

1편 당 40~50만원의 지원금으로 공익성이 있는 양질의 방송 프로그램을 기대하기는 어려울 것입니다.

(5) 시민저널리스트의 한계

아마추어가 촬영한 영상은 속보성, 현장성에서는 큰 장점이 있으나 여기에도 한계는 있습니다. 우선 언론사의 전문 카메라맨이 찍은 것에 비해 질적으로 떨어집니다. 방송사의 첨단 장비와 오랜 경험으로 다져진 전문기술을 갖춘 카메라맨이 찍은 영상과는 비교할 수가 없겠지요. 또한 아마추어는 기자로서의 자질이 부족하기 때문에 저작물에 대한 책임감이 뒤떨어질 수밖에 없고 객관성을 담보할 수 없는 문제점이 있습니다. 시민들이 자신의 입장에만 치우쳐 제작한 영상은 저널리즘의 왜곡현상을 초래할 위험이 있지요. 저널리즘의 가장 중요한 요소인 신뢰성을 담보하는 문제가 시민 저널리즘의 과제라 할 수 있습니다.

2. 온라인 저널리즘

(1) 온라인 저널리즘이란?

① 가상공간에서 의견이나 정보가 교환 · 분배 · 전달되는 행위

기존의 방송 · 신문 등 주류 미디어를 오프라인 저널리즘이라 하며, 가상공간에서 또는 가상공간을 이용하여 의견이나 정보를 교환 · 분배 · 전달하는 행위 영역을 온라인 저널리즘이라고 합니다. 사이버 저널리즘 또는 디지털 저널리즘, 인터넷 저널리즘이라고도 하지요.

롤랜드 월크(Roland De Wolk)는 온라인 저널리즘을 '사람들이 컴퓨터나 다른 유사한 장치를 통해 읽거나 보고 들을 수 있는 인터넷, 특히 월드와이드웹에 올려진 뉴스와 정보'라고 정의하였습니다. 하지만 이는 다소 좁은 의미에서 온라인 저널리즘을 정의내린 것입니다. 즉, 기존의 저널리스트만이 온라인 저널리즘의 주체가 될 수 있다고 정의내린 것이지요.

반면 듀즈(M. Deuze)는 개인들이 가상공간에서 다양한 정보나 의견을 교환하는 행위 즉, 인터넷상에서 저널리스트가 아닌 개인들이 경험담을 이야기하고 사상과 의견을 교환하는 개인 저널리즘 현상까지도 온라인 저널리즘이라고 규정합니다. 이에 따르면 포털 '다음'의 <블로거 뉴스>, 게시판 <아고라> 등도 넓은 의미의 온라인 저널리즘에 포함되지요.

② 온라인 저널리즘의 4가지 유형

온라인 저널리즘은 네 가지 유형이 있습니다.

첫째, 오프라인 미디어인 방송사와 신문사가 인터넷을 이용해 뉴스서비스를 하는 것입니다.

둘째, 오프라인에는 존재하지 않고 온라인에만 존재하는 방송 · 신문입니다.

셋째, 포털 업체들이지요. 포털업체들은 방송 · 신문의 뉴스를 공급받아 유통시키는 역할을 합니다.

넷째, 각종 게시판, 토론방 등입니다.

③ 온라인 뉴스의 특징

온라인상에서는 누구라도 기자가 되어 기사를 올릴 수 있습니다. 따라서 개인들이 각자가 관심을 가지고 있고 흥미 있다고 생각하는 얘깃거리를 기사로 올리는 경향이 높지요. 자연히 기사 가치 선정에 개인의 주관적인 생각이 크게 작용하게 됩니다. 개인의 주의 · 주장이 펼쳐지는 장(場)이 될 수가 있습니다.

이와 함께 특정집단이 온라인을 점령함으로써 가치개입적인 뉴스가 부각될 수 있습니다.

오프라인 뉴스가 일반적이고 포괄적이라면 온라인 뉴스는 전문적이고 세분화된다고 볼 수 있습니다. 예를 들면 스포츠, 건강, 문화, 금융, 과학, 기술 분야 등에서 전문가들이 참여하여 온라인상의 뉴스사이트를 꾸미게 될 때 수용자들은 대단히 전문성이 높은 정보를 접할 수 있게 될 것입니다.

이밖에도 인터넷을 이용한 온라인 저널리즘의 특징은 하이퍼텍스트(hypertext) 형식으로 뉴스를 제작할 수 있다는 점입니다. 하이퍼텍스트는 이용자들이 링크의 흐름을 스스로 선택할 수 있기 때문에 단선적으로 한 쪽의 정보를 취하지 않고, 다양하게 정보를 접할 수 있습니다. 오프라인 매체에서와 같이 일방적이고 권위주의적인 뉴스 전달이 아니라 다양하고 유연한 전달방식이지요.

④ 온라인 저널리즘의 장단점

온라인 저널리즘의 장점은 다음과 같습니다. 오프라인 매체에 비해 수요자들의 입장에서는 접속이 자유롭습니다. 생산자의 입장에서는 매체에 진입하는 비용이 적게 듭니다. 기동성이 뛰어나 이슈를 중심으로 쉽게 이합집산하며 의사소통이 원활합니다.

반면 오프라인 매체에 비해 게이트키핑 기능이 취약하여 정보의 신뢰성이 낮은 단점이 있습니다.

학자들은 방송 · 통신 등 기존의 전통적인 미디어가 거대한 장비를 갖춘 골리앗이라면 새로운 매체인 온라인 저널리즘은 유비쿼터스[15] 장비를 갖춘 다윗으로 비유하기도 하지요.

오프라인 미디어가 쇠퇴하는 저널리즘이라면 온라인 미디어는 새롭게 부상하는 저널리즘이라고 합니다. 이미 미디어의 권력이동이 이루어지고 있다고 보아야 하겠지요.

(2) 오프라인 저널리즘과 온라인 저널리즘의 융합

① 오프라인 저널리즘의 지속적인 영향력 약화

오프라인 저널리즘에 속해 있는 전통적인 미디어들은 폐쇄적인 생산구조, 시민사회와의 단절, 시장 변화에 대한 대응 미숙으로 영향력이 날로 약화되어 가고 있습니다.

이에 반해 온라인 저널리즘은 인터넷과 이동통신의 확산으로 인한 미디어 융합 그리고 사회의 민주화 등에 편승하여 힘을 키워 나가고 있지요.

전통적으로 주류 미디어인 오프라인 매체들은 인터넷에 기

---

15) Ubiquitous : 언제 어디서나 자유롭게 통신망에 접속할 수 있는 환경

반을 둔 온라인 미디어들을 처음에는 무시하고 혐오해오다가 그 다음에는 두려워하게 되었고 이제는 권위를 벗어던지고 그들과 협력하는 방안을 모색하고 있습니다.

온라인 미디어의 영향력은 날이 갈수록 커져가면서 오프라인 매체를 압도해 나가는 추세입니다. 특히 인터넷이 비약적으로 발달하고 있는 우리나라는 그 현상이 두드러지고 있습니다. 좋은 예로 우리나라와 같이 인터넷이 선거판을 뒤흔든 사례는 세계적인 연구 대상이라고 하지요. 일본의 교도 통신이 인터넷의 정치 영향력을 조사하기 위해 '오마이뉴스 현상'을 연구한 사례가 있을 정도입니다.

최근 들어 인터넷이 활성화되면서 사회적인 이슈들이 인터넷상에서 뜨겁게 논쟁이 이루어지고 있습니다. 기존 언론들이 국민들의 욕구를 제대로 반영하지 못하고 불신을 받게 되는 상황에 이르게 되자 온라인에서 시민들의 의견이 모아지게 되고, 이것이 오프라인 상으로 활동 영역을 넓히면서 시민들이 거리로 나서게 되는 사태도 빚어졌지요.

② 온라인과 융합하는 오프라인 저널리즘

오프라인 저널리즘의 약화는 온라인 저널리즘의 장점을 오프라인이 수용하게 만드는 계기가 되었습니다.

방송과 신문 등 기존의 오프라인 저널리즘에서 인터넷 상에 포털 사이트를 열어 기사를 게재한 것이 온라인과 오프라인 저널리즘 융합의 초기 형태였습니다.

온라인 저널리즘은 방송시간과 신문지면 그리고 마감시간의 제약이 없으며 출고한 기사 내용 또한 필요에 따라 수정할 수 있고, 네티즌 등 수용자들의 반응을 즉각적으로 알 수 있어 쌍방향 소통이 가능한 장점을 갖추고 있습니다.

오프라인 저널리즘에 종사하는 기자들이 개인 블로그나 인터넷 게시판에 취재 뒷이야기와 흥미 있는 얘깃거리를 올리기 시작하였고 네티즌들에게 큰 호응을 얻게 되었습니다. 인터넷 상에서 오프라인 기자와 네티즌간의 소통이 이루어지게 된 것입니다.

이러한 추세 속에서 오프라인을 기반으로 한 기존 언론들은 자사 온라인 사이트를 가벼운 흥미 위주의 기사(인포테인먼트, infortainment)로 채워 나가기 시작했습니다.

이러한 온라인 저널리즘의 연성화 경향은 온라인을 넘어 오프라인 저널리즘인 방송, 신문 등에 영향을 미치는 단계에까지 이르렀지요. 오프라인과 온라인이 서로 영향을 미치게 된 것입니다. 온라인 · 오프라인 저널리즘의 상호간에 이슈 재생산 현상도 발생하게 되었습니다. 2008년 촛불집회 보도 과정에서 두 저널리즘간의 상호소통이 이루어진 것이 대표적인 예라 할 수 있겠지요.

③ 온라인과 오프라인이 융합된 BBC 뉴스보도

오프라인 저널리즘과 온라인 저널리즘의 대표적인 협업 사례는 영국 BBC에서 찾아 볼 수 있습니다.

BBC는 2005년 9월 아프가니스탄 현지에서 특집방송을 내보냈습니다. 기자 한 명이 노트북 컴퓨터와 위성전화를 가지고 아사드 킬(Asad Khyl)이라는 작은 농촌 마을에 들어가 탈레반이 파괴한 마을에서 비참한 생활을 하고 있는 약 3백가구의 주민들 모습을 보도했습니다.

BBC는 시청자들에게 웹사이트에 들어와 주민들에게 직접 질문을 할 수 있게 했는데 미국, 일본, 한국 등 세계 여러 나라에서 질문이 들어왔습니다. 이 방송은 공간을 뛰어 넘어 세계적인 방송을 하게 되었지요.

2005년 10월 파키스탄과 인도에서 지진이 발생했을 때도 지진 현장의 피해 상황을 담은 생생한 영상 자료와 사진, 메일 등이 즉시 날아와 BBC뉴스 웹사이트에 실렸습니다. 웹사이트는 지진 피해자 가족들과 연락을 바라는 사람들의 게시판으로 활용되기도 했습니다.

④ 매스미디어 시대는 끝나...

20세기를 지배하던 매스커뮤니케이션, 매스미디어 시대는 종언을 고하고 있습니다. 21세기 시민들은 미디어가 일방적으로 강요하는 뉴스에 만족하지 않습니다. 사람들은 더 이상 무의식적으로 뉴스를 받아들이는 존재가 아니지요.

전통적인 미디어인 오프라인 저널리즘이 생존하려면 UCC, 블로그, 이동통신, 게시판과 같은 새로운 미디어를 자유자재로 구사하는 시민 저널리스트를 적극적으로 파트너로 대우하여 자신의 영역으로 끌어들여야 하겠지요.

21세기 저널리즘은 더 이상 기존 언론의 전유물이 아닙니다. 모든 사람이 참여해서 참된 여론을 형성해 나가는 커뮤니케이션의 장이 되어가고 있습니다.

오프라인과 온라인 저널리즘이 융합하여 상호 개방하고 공유하며 소통하는 길을 열어나가는 것이 21세기 저널리즘의 지향점일 것입니다.

3. 디지털 방송

〈디지털 방송의 진화〉

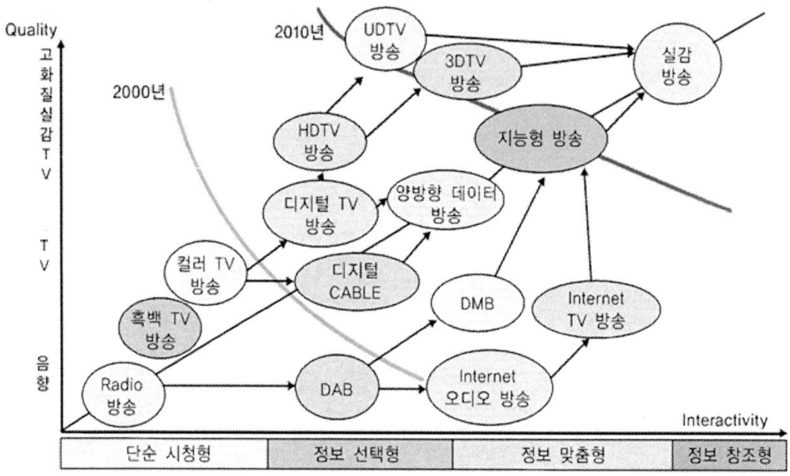

Source : ETRI(2003)

(1) 디지털이란 무엇인가?

① 디지털은 정보의 처리와 전달 과정에만 존재

디지털은 전자기기 등에 자료를 인식하고 저장하는 방식의 하나로서 아날로그와 대비되는 개념입니다. 아날로그는 연속적인 신호와 현상을 그 자체의 물리량으로 나타내는데 반해, 디지털은 0과 1 두 가지 숫자만을 조합하여 모든 정보를 표현하는 것이지요.

예를 들면 사람의 목소리를 아날로그로 표시하면 연속 파형의 형태로 나타나지만 디지털화하면 0과 1의 조합으로 표시됩니다. 디지털은 정보를 변환하고 저장, 전송, 복원하는 즉, 정보의 처리와 전달과정에서만 존재하는 것입니다.

사람이 보고, 듣고, 느끼는 모든 신호 즉, 음성이나 화상 신호 자체는 아날로그 신호입니다. 이 아날로그 신호가 발신자와 수신자 사이에서 전달되고 가공 처리되는 과정에서 디지털 신호로 전환되는 것이지요.

② 디지털 기술의 특징

디지털 기술은 몇 가지 특징이 있습니다.

첫째, 광속성(光速性)입니다. 빛과 같은 속도로 이동하면서 정보를 전달합니다.

둘째, 여러 번 반복해서 사용해도 정보가 줄어들거나 질이 떨어지지 않습니다.

셋째, 정보 가공이 쉽고 다양한 형태로 변형할 수 있습니다.

넷째, 정보의 쌍방향 전달이 용이합니다.

다섯째, 방대한 정보처리를 할 수 있는 압축 기술이 뛰어나다는 것입니다.

이 같은 디지털 기술은 1950년대 컴퓨터가 상용화되면서 텍스트와 숫자 등 데이터 부문에 먼저 도입되었다가 다음에는 음성 부문에서 디지털화가 진행되었고 이어 압축 기술이 개발되면서 영상 부문으로 확산되었습니다.

이제 디지털 기술은 온라인 네트워크와 접목되면서 사회 전반의 구조를 변화시키는 디지털 혁명으로 이어지고 있지요.

방송 부문에 디지털 기술이 도입되면서 TV수상기로 화질이 좋은 영상과 입체적인 음향을 즐길 수 있음은 물론, TV수상기를 통하여 전화 통화도 하고 인터넷도 하면서 홈쇼핑이나 홈뱅킹 등을 이용할 수 있게 됐습니다. 한마디로 디지털 기술의 발달로 방송, 통신, 인터넷 등의 경계가 무너지면서 융합이 되어간다고 할 수 있겠지요.

③ 디지털 TV의 영상과 음향은?

디지털 영상 기술의 변화는 크게 두 가지 흐름으로 진행되고 있습니다.

첫째, 효율성(efficiency) 측면입니다.

DMB 서비스나 광대역 통합 네트워크망(DCN : Digital Convergence Network)을 기반으로 한 방송과 통신의 융합과 같이 영상미디어가 사람들에게 일상화되도록 하는 개념입니다. 즉, 언제 어디서나 TV를 시청하고 통신서비스를 활용하는 것이지요.

둘째, 화질(picture quality) 개념입니다.

디지털 TV는 영상의 고화질화 및 고품질화(high picture quality and rich contents) 측면에서 획기적으로 향상되었습니다.

디지털 TV는 1980년대 컬러TV 등장 이후 가장 큰 변화로서 'TV 혁명'으로 불립니다. 디지털 방송의 화질은 35mm 영화와 비슷하여 기존의 아날로그 방송보다 화면이 7배 선명하다고 합니다.

화면은 기존의 TV가 가로 세로 4:3 비율인데 반해 디지털 TV는 16:9로 시청자로 하여금 사실감 있고 현장감 있는 시각적 경험을 할 수 있게 했습니다.

또한 하나의 TV 화면에서 2~3개 방송사의 화면을 동시에 볼 수 있는 다중화면(多重畵面)을 구성할 수 있습니다. 화면에 나타난 순간의 동작을 정지시켜 확대해 볼 수도 있고 기억된 동작을 다시 확인하거나 프린터로 뽑아 볼 수 있는 등 기능이 다양합니다.

이밖에도 스포츠 경기를 시청할 때 선수들에 대한 각종 데이터를 찾아볼 수도 있고 선수를 다양한 각도에서 촬영한 여러 화면을 선택하여 볼 수도 있지요. 드라마를 시청하면서 지난 줄거리나 촬영 장소에 대한 정보를 얻을 수도 있고 탤런트가 입은 옷이나 액세서리 등을 주문할 수 있는 홈쇼핑도 가능합니다.

음향은 5.1채널 서라운드 음향입니다. 시청자의 전방 좌우측, 전방 중앙, 후방 좌우측 그리고 중저음용 서브우퍼(SW: Sub Woofer)까지 모두 6개의 스피커로 구성되어 입체감 있는 소리를 냅니다.

④ 디지털 TV 서비스의 구체적인 내용

디지털 TV 공급 방식은 크게 세 가지가 있습니다.

첫째는 텔레비전 수상기를 통해 공급하는 것입니다. 여기에는 각각 지상파 채널, CATV채널, 위성채널, IPTV채널의 디지털 방송이 있습니다.

현재 일부분 디지털 방송을 시행하고 있는 지상파 방송과 일부 CATV는 2013년부터 본격적으로 디지털 방송으로 전환할 예정입니다.

두 번째는 컴퓨터를 이용한 디지털 TV서비스가 있습니다.

세 번째는 티보(TiVo) 형식의 서비스로서 디지털 비디오 레코더(DVR : Digital Video Recorder)를 이용한 것인데 이것은 시청자가 원하는 프로그램을 선별하여 시청할 수도 있고 광고를 건너뛰고 프로그램만 시청할 수도 있습니다.

디지털 방송의 핵심은 디지털 채널의 제공, 양방향 서비스(interactive service), PPV(pay per view 프로그램 유료 시청제) 서비스 등이지요.

(2) 지상파 디지털 TV는 언제부터 전면 시행되나?

① 정부 계획으로는 2013년부터

우리나라는 현재 지상파 방송의 모든 프로그램에서 디지털 방송과 아날로그 방송을 동시에 송출하고 있습니다. 과거에 각 방송사는 아날로그 방송만 송출했으나 2001년 10월부터 아날로그 방송과 디지털 방송을 수도권에 동시에 송출하기 시작했으며, 2004년 7월에는 광역시 권역에서, 2005년 12월부터는 도청 소재지 지역에서, 그리고 2006년 7월부터는 전국의 시·군 지역에서 5년여에 걸쳐 단계적으로 확대해 송출하고 있습니다.

원래 정부의 계획은 2010년에는 아날로그 방송을 완전히 중단하고 디지털 방송만 송출하기로 했으나 2012년 말까지로 연기되었습니다. 2013년부터는 디지털 방송을 전면적으로 실시하기로 계획되어 있습니다.

그리고 아날로그 방송은 2012년 12월 31일 새벽 4시를 기해 일시에 종료하기로 결정했습니다. 물론 단계적으로 종료하는 방식에 대해서도 검토했으나 장단점을 고려한 끝에 이와 같이 결정했습니다.

일시 종료와 단계별 종료는 각각 장단점이 있습니다. 일시 종료는 효율적이고 비용이 덜 든다는 장점이 있는 반면 준비가 완벽하지 않으면 많은 사람이 TV를 시청할 수 없는 사태가 발생해 큰 혼란이 빚어질 수 있습니다.

아날로그 방송을 지역별로 구분하여 순차적으로 종료하는 것은 시간차가 있기 때문에 먼저 종료한 지역에서 발생한 문제점을 참고해 시행착오를 줄일 수 있는 장점이 있습니다. 반면에 이러한 단계별 종료는 디지털 전환이 늦어지고 투자비용이 많이 들어갑니다. 또한 방송사의 전파가 여러 지역에 동시에 전달되므로 한 지역만을 따로 독립시켜 종료하는 데 어려움이 있습니다.

외국의 경우 스웨덴은 2005년부터 2년 동안 전국을 5단계로 구분하여 2007년 10월에 순차적으로 종료했고, 영국도 이 방식을 쓰고 있습니다. 핀란드는 2007년 9월 1일 오전 4시를 기해 아날로그 방송을 일제히 종료했습니다. 미국도 2009년 6월부터 아날로그 방송을 종료한 다음 디지털 방송을 시행하고 있습니다. 미국은 일부 지역에서 아날로그 방송을 계속 송출하고 있습니다. 일본은 2011년 7월 24일 세계에서 가장 성공적으로 아날로그 방송을 종료하고 디지털 방송으로 전환했습니다.

② 공익 철학에 입각한 디지털 방송을 해야

전문가들은 지금 디지털 사업에 투자하지 않으면 방송 산업과 전자 산업이 공멸할 수 있고 국제 경쟁에서 뒤처지게 된다고 말합니다. 그런데 디지털 방송은 막대한 자금이 투입되는 사업인 만큼 여러 가지 요인을 깊이 있게 성찰하여 시행해야 합니다.

전반적인 경제 상황을 고려하고 특히 소비자의 재정적 부담을 최소화하는 방안을 강구해야합니다. 최대한 많은 국민들에게 디지털 방송의 혜택이 돌아가도록 배려해야 합니다. 디지털 방송은 국민의 기업, 국민의 채널이 돼야 합니다. 정부, 통신 사업자, 가전 사업자 등이 일방적으로 지배하는 결과가 돼서는 안 된다는 것입니다.

디지털 방송은 전반적인 경제 상황, 소비자의 재정 상태,

방송시장의 수급 균형, 매체의 재원 구조 등을 총체적으로 평가하고 국민의 여론을 폭넓게 수렴한뒤 국민들이 참여하여 국민들이 통제권을 갖는 공익 철학에 입각해 추진돼야 할 것입니다.

(3) IPTV(Internet Protocol Television)란?

① 방송, 통신, 인터넷이 통합되는 과정에서 탄생

미디어의 주도권은 신문에서 TV로 넘어왔고 TV는 여러 차례의 변신을 거쳐 IPTV로까지 진화하기에 이르렀습니다. IPTV는 방송, 통신, 인터넷이 각자의 영역을 무너뜨리고 통합되는 과정에서 탄생한 산물입니다.

박정희 정권 때 흑백 TV로 텔레비전 방송이 시작되었습니다. 전두환 정권이 들어서면서 컬러 TV가 도입되었고, 김영삼 정권 때는 CATV, 김대중 정권에서는 위성방송인 스카이라이프, 노무현 정권 때는 휴대폰이나 PDA로 텔레비전 방송을 볼 수 있는 DMB(Digital Multimedia Broadcasting)가 선을 보였지요. 이명박 정권은 IPTV를 본격 도입하는데 주력하고 있습니다.

② IPTV는 어디까지 와 있나?

IPTV는 초고속 인터넷망을 이용하여 방송과 통신서비스를 복합적으로 제공하는 방송통신융합 서비스로 스마트 TV의 일종입니다. 인터넷 멀티미디어 방송이라고도 하지요. TV수상기로 텔레비전만 시청하는 것이 아니라 인터넷도 하고 전화도 하는 것입니다. 시청자는 IPTV를 통하여 자신이 편리한 시간에 보고 싶은 프로그램을 볼 수 있을 뿐만 아니라 프로그램과 관련된 부가정보를 제공받을 수 있습니다.

이러한 특성을 고려해 방송통신위원회는 '일정수준의 품질이 보장된 네트워크에서 양방향 IP방식을 통해 TV 혹은 유사한 단말기에 실시간 방송프로그램, VOD, 데이터방송, 전자상거래 등을 제공하는 멀티미디어'로 IPTV를 정의하고 있지요.

IPTV는 KT, SK브로드밴드, LG유플러스 등 3개 회사가 정부의 허가를 받아 2009년부터 본격적으로 사업을 개시했습니다.

IPTV의 방송 내용을 살펴볼까요?

우선 기본적으로 KBS, MBC, SBS 등 지상파 방송을 실시간 전송합니다. 또한 부가서비스가 많지요.

예를 들면 축구 중계방송을 보면서 박지성 선수에게 맞춘 카메라를 선택하면 박지성의 움직임을 빼놓지 않고 볼 수 있지요. 드라마를 시청할 때 탤런트가 입고 있는 옷과 똑같은 것을 구입하고 싶으면 홈쇼핑을 할 수도 있지요.

교육방송을 보면서 질문사항을 채팅창에 올리면 생방송 중에도 즉시 답변을 해줍니다.

양방향 콘텐츠 드라마도 있습니다. 드라마에 대한 의견을 게시판에 올리면 시청자들의 의견을 반영해 드라마의 스토리를 끌고 나갑니다. 시청자들의 의견에 따라 주인공이 죽을 수도 또는 살 수도 있고, 해피엔딩으로 끝날 수도 비극으로 끝날 수도 있습니다.

또한 방송되는 프로그램을 녹화하지 않고도 IPTV상에서 찾아 시청할 수 있습니다. 드라마와 영화 등을 VOD(video on demand) 서비스를 통해 볼 수도 있지요.

IPTV는 컴퓨터 기능도 수행하기 때문에 인터넷 검색을 할 수 있고 홈뱅킹 업무도 가능합니다. 자금 이체와 공과금 결제 등 다양한 금융 업무를 볼 수 있는 것이지요.

문자메시지(SMS) 전송이 가능함은 물론 인터넷 전화와 연결해 TV로 전화를 할 수도 있습니다. 얼굴을 보면서 하는 화상채팅도 가능하지요.

IPTV는 기술적으로는 수백 개의 채널을 제공할 수 있습니다. 쌍방향 서비스 등 다양한 서비스가 가능하고 컴퓨터, 통신 등의 기능까지 아우를 수가 있는 등 만능이라 할 수 있습니다. IPTV의 성공 여부는 이 같은 서비스가 빠른 시일 내에 정착될 수 있느냐에 달려 있을 것입니다.

그럼 현재 IPTV사업은 어디까지 와 있을까요?

2008년 초 IPTV 관련 「인터넷 멀티미디어 방송사업법」이 시행되고 같은 해 8월에 시행령이 마련됨에 따라 관련 상품들이 본격적으로 출시되었습니다. 이에 KT, SK브로드밴드, LG유플러스가 IPTV를 차세대 전략사업으로 선정하고 경쟁 중이지요. IPTV 가입자 수는 2012년 5월 기준으로 500만 명을 돌파했는데 사업자의 공격적인 마케팅으로 그 수가 계속 늘어나고 있습니다. 하지만 콘텐츠 부실이라는 근본적인 문제가 IPTV 사업의 빠른 성장을 저해한다는 지적이 있습니다. 케이블TV에 비해 스포츠 · 보도 채널 등 주요 콘텐츠가 절대적으로 부족하다는 것이지요. 이를 해결하기 위해 IPTV 사업자가 스스로 콘텐츠를 제작해 제공하는 '직접사용채널'을 허용함으로써 콘텐츠 문제를 해결하는 방안이 검토되고 있습니다. 이제는 방송과 통신을 따로 구분할 수 없는 스마트 미디어 시대를 맞아 양질의 콘텐츠, 사용자 편의성, 생태계 협력이 IPTV 사업에 있어서 경쟁력의 핵심 요소가 되고 있습니다.

참고문헌

강미은(2007), “경제 보도의 나아갈 방향 모색”, 《2007 언론사 경제부장 세미나》(2007년 6월), 숙명여자대학교 언론정보학부 · 삼성언론재단.

고려대학교 신문방송연구소 편(2003), 《이라크 전쟁과 언론 보도》, 삼성언론재단.

고영신(2007), 《디지털시대의 취재보도론》, 나남.

고혜련(2001), 《신문 취재와 기사작성》, 중앙 M&B.

국립국어원 · MBC(2006), 《보도가치를 높이는 TV뉴스 문장쓰기》, 시대의 창.

김승수 외(2006), 《신문도 TV도 죽었다》, 중앙일보시사미디어.

김무곤(2002), “선거보도의 현황과 과제”, 《2002 삼성언론재단 정치부장 세미나》(2002년 6월), 삼성언론재단.

———(2005),“네거티브 정치의 현상과 대응방안”, 《2005 언론사 정치부장 세미나》(2005년 9월), 삼성언론재단.

———(2007), “한국 사회의 미디어 지형변화와 편집”, 《2007 언론사 편집부장 세미나》(2007년 4월), 삼성언론재단.

김옥조(2001), 《미디어 윤리》, 중앙 M&B.

김종배(2002), 《보도기사 가이드 북》, 삼보문화사.

김태희(2007), 《한국언론의 범죄보도와 관련된 제문제 고찰》, 법무연수원.

김해도(1999), “한국언론과 보도유보”, 《언론중재위원회 웹진》(1999년 겨울), 언론중재위원회.

루돌프 아우크슈타인 ; 요한뵐쉐 엮음, 안병억 옮김(2005), 권력과 언론 : 슈피겔의 신화 루돌프 아우크슈타인의 위대한 기록, 열대림.

류희림(2007), 《우리는 뉴스에 속고 있다》, 글나래.

마동훈(2009), 《저널리즘의 취재와 편집의 미래》(2009년 6월), 고려대학교 언론학부·삼성언론재단.

마셜 맥루언, 김성기·이한우 옮김(2010), 미디어의 이해, 민음사

문화방송(2002), 《보도기사 가이드 북》, 문화방송 보도국.

박영상(2005), "사회면 기사, 이대로 좋은가", 《사회부장 세미나》(2005년 4월), 한양대학교 커뮤니케이션 연구센터·삼성언론재단.

변영욱(2008), 《김정일.JPG : 이미지의 독점》, 한울.

방송문화진흥회 편(2003), 《방송문화사전》, 한울아카데미.

빈센트 키어넌, 이종민 옮김(2008), 《엠바고에 걸린 과학 : 엠바고와 과학 저널리즘의 짧은 역사》, 알마.

빌 코바치·톰 로젠스틸, 이종욱 옮김(2005), 《저널리즘의 기본요소》, 한국언론재단.

설원태(2007), 《저널리즘이란 무엇인가》, 엔북.

성호철(2008), 《소통하는 문화권력 : TW세대》, 휴먼비즈니스.

손태규(2004), 《서술적 보도와 해석적 보도》, 미디어연구소.

심재철(1999), 《경제보도의 이상과 현실 : IMF체제 극복을 위한 논쟁》, 삼성언론재단.

———(2005), "시장자본주의와 경제저널리즘", 《언론사 경제부장 세미나》(2005년 5월), 삼성언론재단.

송종길(2005), "한국정치와 선거방송토론위원회의 역할", 《시·도선방위사무국장워크숍자료》, 중앙선거방송토론위원회.

안민호(2009), "디지털 시대 경제 위기와 경제 위기 보도", 《2009 언론사 경제부장 세미나》(2009년 5월), 숙명여자대학교 언론정보학부·삼성언론재단

양영철·최영재(2007), 《방송뉴스》, 한림대학교 출판부.

엔드루 보이드, 이경자·이인희 옮김(1997), 《방송보도실무》, 한

울아카데미.

오영상(2007), "TV토론 제도의 발전방안 연구", 전남대학교 행정대학원.

윤영철(2007), "디지털 사회의 의제설정과 언론보도", 《2007 언론사 사회부장 세미나》(2007년 6월), 연세대학교 커뮤니케이션 연구소·삼성언론재단.

이강형(2006), "선거방송 대담·토론회 활성 방안", 《선거관리》(제52호), 중앙선거관리위원회.

이광엽(2007), 방송뉴스 기획에서 보도까지, 커뮤니케이션북스

이남표(2004), "사회갈등과 방송의 공정성", 《전국 민주언론운동시민연합 회원수련회 워크샵》 발표문(2004년 8월).

이냐시오 라모네, 원윤수·박성창 옮김(2001), 《커뮤니케이션의 횡포》, 민음사.

이민웅(1996), 《한국TV저널리즘의 이해》, 나남출판.

이종수(2008), "웹 2.0시대 포토저널리즘의 변화와 전망", 《2008 언론사 사진부장 세미나》(2008년 10월), 한양대학교 커뮤니케이션 연구센터·삼성언론재단.

이재경(2002), 《기사쓰기 이렇게 공부하라》, 나남.

———(2004), 《기사작성의 기초》, 나무와 숲.

이화섭(2002), "재난 방송의 폭력적 영상 연구", 고려대학교언론대학원.

장호순(2004), "언론과 문화 : 한국언론의 문화관련보도 현황과 발전방향", 《문화부장 세미나》(2004년 4월), 삼성언론재단.

전영주(2003), "보도의 자유와 피의자의 인격권 ; 피의 사실 공표를 중심으로", 동국대 대학원.

정남구(2008), 《통계가 전하는 거짓말》, 시대의 창.

정연구·최영재(2008), "대기업과 언론의 어색한 만남 : 이해상충 모델", 《한국언론학회 진단과 대안 토론회7》 발표문(2008년 5월 30일).

중앙선거관리위원회(2008), 《(제17대 대통령선거 2007. 12. 19에 관한)유권자 의식조사》, 중앙선거관리위원회.

최현철(2006), "한미 FTA 현황과 전망 및 언론 보도 비교 분석", 《2006 언론사 경제담당 논설위원 세미나》(2006년 9월), 고려대학교 언론학부·삼성언론재단.

피터 마이어, 김흥규 엮음(1993), 《방송뉴스론》, 나남.

피터 슈메이커, 최재완 역(2001), 《게이트키핑의 이해》, 커뮤니케이션북스.

한국언론학회(2004), 《대통령 탄핵 관련 TV방송 내용 분석》보고서(2004년 5월29일).

필립 패터슨·리 윌킨스, 장하용 옮김(2000), 《언론윤리 : 이론과 실제》, 동서학술서적.

헬렌 토머스, 한국여성언론인연합 공역(2000), 《백악관의 맨 앞줄에서》, 답게.

SBS 뉴스를 만드는 55인의 카메라기자(2009), 《그때 카메라가 내 눈물을 닦아주었습니다》, 사이.

정기간행물

《미디어 인사이트》, 2008년 4월호, 한국언론재단.

《방송기자저널 제114호》, 2008년 12월 4일 목요일, 현장! 인터뷰-박영환 'KBS 뉴스9' 앵커

《방송기자저널 제124호》, 2009년 5월 21일 목요일, 현장! 인터뷰-임장원 'KBS 뉴스12' 앵커

한국언론재단(2006), 《2006 언론수용자 의식조사》, 한국언론재단.

————(2008), 《2008 언론수용자 의식조사》, 한국언론재단.

한국언론진흥재단(2011), 《한국의 뉴스미디어 2011》, 한국언론진흥재단

외국 문헌

Eric Barendt(1993), 《Media law》, Dartmouth Publishing Co.

Graber, Doris A. and Weaver, David(1996), "Presidential Performance Criteria", The Harvard International Journal of Press, Vol.1.

Laurie Taylor and Bob Mullen(1986), 《Uninvited Guests : The intimate secrets of television and radio》, Chatto and Windus.

Stuart Allan and Barbie Zelizer(2004), 《Reporting War : Journalism in Wartime》, Routledge, Taylor and Francis Inc.

Westerstahl, J.(1983), "Political Roles of Journalist", in Graber, D., P.Norris & D.McQuail, eds., The Politics of News, The News of Politics, Washington, D.C.: CQ Press, pp. 17~32.

大石裕, 岩田溫, 藤田眞文(2006), 《現代ニュース論》, 有斐閣.

小玉美意子(2008), 《テレビニュースの解剖學 : 映像時代のメディア・リテラシー》, 新曜社.

服部孝章(2000), 《21世紀のマスコミ02 : テレビは21世紀のマスメディアたりえるか 放送》, 大月書店.

ビデオサロン責任編集(2003), 《はじめてのビデオ撮影術》, 玄光社.

참고 웹사이트

기상청 www.kma.go.kr
동네예보 www.digital.go.kr
동아일보 www.donga.com
문화방송 www.imbc.com
미디어오늘 www.mediatoday.co.kr
방송통신위원회 www.kcc.go.kr
서울방송 www.sbs.co.kr
언론중재위원회 www.pac.or.kr
조선일보 www.chosun.com
중앙일보 www.joins.com
한국방송 www.kbs.co.kr
YTN www.ytn.co.kr

TV뉴스의 이해

초 판 발 행 | 2009년 10월 30일
개정판발행 | 2012년 9월 10일
지 은 이 | 양영철
발 행 인 | 노건일
발 행 처 | 한림대학교 출판부
인 쇄 | (주)보림에스앤피
주 소 | 강원도 춘천시 한림대학길 1 한림대학교 출판부
출판등록 | 제48호(1983.3.10)
전 화 | 033-248-2875-6
팩 스 | 033-248-2879
e-mail | press@hallym.ac.kr
정 가 | 15,000원
I S B N | 978-89-6402-026-5 03070